영국인 기자의 눈으로 본
근대 만주와 대한제국

MANCHURIA AND KOREA

BY

H. J. WHIGHAM

AUTHOR OF "THE PERSIAN PROBLEM," ETC.

WITH A MAP AND ILLUSTRATIONS

LONDON

ISBISTER AND COMPANY Limited

15 & 16 TAVISTOCK ST. COVENT GARDEN

1904

011
그들이 본 우리
Korean Heritage Books

영국인 기자의 눈으로 본

근대 만주와
대한제국

헨리 위그햄 지음
이영옥 옮김

살림

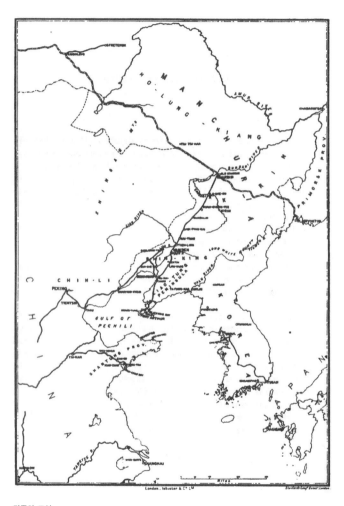

만주와 조선.

'그들이 본 우리' — 상호 교류와 소통을 위한 실측 작업

우리는 개화기 이후 일방적으로 서구문화를 수용해왔습니다. 지금 세계는 문화의 일방적 흐름이 극복되고 다문화주의가 자리 잡는 등 세계화라는 다른 물결 속에 있습니다. 이제 우리가 주체적으로 우리의 문화를 타자에게 소개함에 있어 진정한 의미에서의 상호 소통을 통한 상호 이해가 필요함은 주지의 사실입니다. 그리고 타자와 소통하기 위한 첫걸음은 그들의 시선에 비친 자신의 모습에 대한 진지한 탐색입니다. 번역은 바로 상호 교류를 통해 자신의 정체성을 확보하기 위한 작업이며, 이는 당대의 문화공동체, 국가공동체 경영을 위해 중요한 과제 중의 하나입니다. 우리가 타자에게 한 걸음 다가가기 위해서는 타자와 우리의 거리를 정확히 인식하여 우리의 보폭을 조절해야 합니다. 그런 의미에서 서구가 바라보았던 우리

근대의 모습을 '번역'을 통해 되새기는 것은 서로의 거리감을 확인하면서 동시에 서로에게 다가가기 위한 과정입니다.

한국문학번역원이 발간해 온 〈그들이 본 우리〉 총서는 바로 교류와 소통의 집을 짓기 위한 실측 작업입니다. 이 총서에는 서양인이 우리를 인식하고 표현하기 시작한 16세기부터 20세기 중엽까지의 우리의 모습이 그들의 '렌즈'에 포착되어 기록되어 있습니다. 그들이 묘사한 우리의 모습을 지금 다시 읽는다는 것에는 이중의 의미가 있습니다. 우선 우리는 그들이 묘사한 우리의 근대화 과정을 통해 과거의 우리를 확인할 수 있습니다. 하지만 이 작업은 다른 면에서 지금의 우리가 과거의 우리를 바라보는 깨어 있는 시선에 대한 요청이기도 합니다. 지금의 우리와 지난 우리의 거리를 간파할 때, 우리가 서 있는 현재의 입지에 대한 자각이 생긴다고 할 수 있습니다. 이런 의미에서 이 총서는 시간상으로 과거와 현재, 공간상으로 이곳과 그곳의 자리를 이어주는 매개물입니다.

이 총서를 통해 소개되는 도서는 명지대-LG연암문고가 수집한 만여 점의 고서 및 문서, 사진 등에서 엄선되었습니다. 한국문학번역원은 2005년 전문가들로 도서선정위원회를 구성하고 많은 논의를 거쳐 상호 이해에 기여할 서양 고서들을 선별하였으며, 이제 소중한 자료들이 번역을 통해 일반인들에게 다가감으로써 우리의 문화와 학문의 지평을 넓혀줄 것으로 기대합니다. 한국문학번역원은 이 총서의 발간을 통해 정체성 확립과 세계화 구축을 동시에 이루고자 합니다. 우리 문학을 알리고 전파하는 일을 핵심으로 하는 한국문학번역원은 이제 외부의 시선을 포용함으로써 상호 이해와 소통이 현실적으로 가능하도록 더욱 노력하겠습니다.

끝으로 이 총서가 세상에 나오게 힘써주신 여러분들께 감사드립니다. 특히 명지학원 유영구 이사장님과 명지대—LG연암문고 관계자들, 도서 선정에 참여하신 명지대 정성화 교수님을 비롯한 여러 선생님들, 번역자 여러분들, 그리고 출간을 맡은 살림출판사에 감사드립니다.

2009년 5월
한국문학번역원장 김주연

옮긴이의 말

최근 중국에서 관심의 대상으로 떠오르는 곳이 만주가 포함된 동북 3성이다. 그 이유는 크게 세 가지다. 먼저, 중국 정부는 개혁 개방의 과정에서 소외되었던 지역 여론을 달래기 위해 동북 개발의 청사진을 제시하였고, 과거 동북 3성에 존재하였던 왕조들을 중국사에 귀속시키기 위해 동북공정을 추진하면서 재정 지원을 아끼지 않았다. 다음으로, 북핵 문제가 대두되면서 동북 3성의 군사적 중요성이 더욱 높아졌다. 중국 정부는 북핵 문제가 원만하게 해결되지 않을 경우 러시아·북한·몽골과 국경을 접한 동북 3성의 안정을 해칠 수 있고, 그것은 다시 중국의 안보와 경제성장에 악영향을 끼칠 수 있다고 우려한다. 끝으로, 청사淸史 연구자들 사이에서 만주족을 중심에 놓고 청나라의 역사를 연구해야 한다는 필요성 때문에

'만주'라는 지역과 만주어 사료에 대한 관심이 높아지고 있다.

위그햄H. J. Whigham, (1869~1954)이 쓴 『만주와 조선Manchuria and Korea』 (NewYork : Charles Scribner's Sons, 1904)은 의화단 운동이 끝난 뒤 만주에서 벌어지던 열강들의 경쟁·철도의 부설·치안의 공백 같은 만주의 모습을 생생하게 보여 주고 있다. 위그햄은 스코틀랜드 출신의 작가이자 아마추어 골프 선수였다. 그는 1895년부터 1897년까지 「시카고 트리뷴Chicago Tribune」에서 드라마 비평을 담당하였고, 미드웨스턴에 있는 대학들에서 강사 생활을 하였으며, 아마추어 골프 선수로 활동하였다. 그 뒤, 1898년부터 7년 동안 종군기자로 활동하였다. 그는 『만주와 조선』 이외에 『골프를 치는 법How to Play Golf』 (1897)·『페르시아 문제Persian Problem』(1903)·『새로운 거래 : 영국과 미국The New Deal: English and American』(1936) 등의 저서를 남겼다.

1901년 6월, 위그햄은 상하이를 출발하여 즈푸·다롄·뉴좡 등을 거쳐 만주 지역을 여행하였는데, 그 목적은 '만주 내 러시아의 움직임을 보려는' 것이었다. 당시 러시아는 만주 지역에 군대를 주둔시키고 실질적으로 관할하고 있었다. 따라서 그는 우선 상하이의 러시아 영사관에서 뤼순의 방문을 허가하는 비자를 받아야만 하였다.

첫 방문지인 다롄은 "그리스 로마 신화의 미네르바처럼 모두 성장하여 완벽하게 무장한 채로" "세계를 향해 도약할 것"으로 보였다. "다롄에 항구를 건설하는 것은 매우 엄청난 비용을" 필요로 하였지만, 만주 철도의 종착지로서 미래가 매우 밝았다. 러시아는 의화단 운동의 혼란을 틈타서 점령지를 확장하고 있었고, 현지에서는 러시아 영사관이 발급한 비자가 아니라 시베리아 총독의 허가를 필요로 하였다. 위그햄은 가까스로 기차를 얻어 타고 랴오양에 도착하였다.

랴오양에서 가장 인상적이었던 것은 장로교 선교사들의 활동이었다. 그들은 의화단 운동으로 피폐해진 지역에 병원을 세우고 생명을 구하는 일에 헌신하였다. 또한 그들은 "정말로 그곳 사람들을 알았고, 그들의 언어로 이야기했으며, 그들의 사고방식을 올바르게 인식하였다." 그 결과 러시아인들까지도 "선교회의 도움 없이는 만주에서 아무것도 할 수 없게 되었다."

하얼빈에 도착했을 때, 그곳에서 가장 인상적이었던 것은 많은 장군들과 축음기였다. 축음기는 미국으로부터 자유롭게 수입되었고, 마치 집집마다 '엘 캐피탄El Capitan'이라는 노래가 흘러나오는 듯하였다. 위그햄은 하얼빈에서 러시아와 중국의 군대로 구성된 원정대를 따라 홍후쯔紅鬍子(붉은 수염)라고 불리는 비적 떼의 소탕 작전을 직접 목격하였다. 그는 러시아가 의도적으로 비적 떼를 날뛰게 하고 있다고 믿었다. 왜냐하면 러시아는 비적 떼가 날뛸수록 상인들에게 보호비를 거둠으로써 이득을 챙길 수 있었기 때문이다.

위그햄은 제11장 전체를 통해 러시아의 만주 정책에 대한 불만과 불신을 드러냈다. 왜냐하면 러시아는 군대를 철수하겠다는 약속을 지키지도 않았고 시간을 끌면서 동북 3성에서 자국의 지위를 탄탄히 하고 있었는데, 반면 영국은 중국에서 러시아를 견제하지도 자국의 세력 범위를 지키지 못하고 있는 것으로 보였기 때문이다. 그는 러시아가 만주에서 거리낄 것 없이 행동하도록 내버려 두면, 조선도 결국 러시아에게 넘어갈 것이라고 우려하였다.

서울을 방문하는 동안, 위그햄은 조선의 황제와 관료들이 얼마나 무능력한가를 목격하였다. 그는 "황제와 그 관료들은 당장 쓸 돈만 얻을 수 있다면, 그들이 팔거나 줘 버린 이권이 무엇인지, 그들 국가의 신용이 얼마나 저당 잡혔는지에 대해 최소한의 관심도 가지지 않았다"며 조롱하였다. 위그햄은 이러한 상황 인식 속에서 영국이 일본과 동맹을 굳건히 하고, "일본은 만주에서 러시아의 행동에 대한 대응으로 조선에 대한 지배권을 주장하는 것이 가능하다"고 주장하였다.

결국 위그햄의 결론은 이렇다. 당시 영국과 미국에 필요한 것은 다른 것이 아니라, 만주에서 러시아가 지닌 실질적인 힘을 인정하면서도 견제하고, 철도가 경제적 이득을 가져 올 수 있다는 점을 명확히 인식하여 러시아뿐만 아니라 여러 열강이 만족할 만한 새로운 형태의 질서를 만들어 내야 한다는 것이었다.

이 책의 가장 큰 장점은 위그햄의 눈을 빌려 1901년 당시 만주의 상황을 살펴볼 수 있다는 것이다. 청사 연구자에게 당시 중국에서 가장 중요한 문제는 의화단 운동이 가져온 정치 외교적 파장이었다. 또한 청조 자체의 존립이 심각한 위기에 처해 있었기 때문에 지방 차원의 문제는 관심의 대상에서 벗어나 있었다. 하지만 늘 위기는 약한 지점을 뚫고 나오기 마련이다. 당시 만주는 중앙 정부의 행정력이 미치지 못하였다. 그것을 기회로 러시아를 비롯한 열강들은 만주에서 자국의 이익을 챙기기에 바빴다.

역사학자는 사료를 통해 1901년 만주의 상황을 치밀하게 서술할 수 있지만, 그곳에서 살고 있던 사람들의 움직임과 생각을 생생하게 재현해 내기는 쉽지 않다. 위그햄은 언론인이라는 신분을 이용하여 만주를 여행할 수 있었고, 그 과정에서 자신이 지닌 국제 정세의 지식을 바탕으로 만주를 둘러싼 열강의 세력 관계와 미래에 대한 전망을 제시할 수 있었다. 그리고 여행을 통해 만난 사람들의 모습을 묘사함으로써 독자들에게 1901년 만주를 더 가깝고 생생하게 느낄 수 있는 기회를 제공하였다.

위그햄은 제국주의 열강 중 하나였던 영국인의 눈에 비친 '조선'이라는 나라가 어떤 모습이었는지를 살펴볼 수 있는 기회도 제공하였다. 당시 우리는 자신의 운명을 스스로 결정하지 못하였다. 그러한 모습에 대해 무덤덤하게 이야기하는 저자의 말투와 시선 속에서 맥이 풀리는 느낌을 가질 수도 있을 것이다. 하지만 어찌 보면 제삼국 관찰자의 입장에서 자국의 과거 상황을 객관화시켜 보는 것도 의미 있는 일이다.

번역문이 완성되는 과정에서 우여곡절이 있었다. 번역을 많이 하지는 않았지만, 이제는 입이 없는 번역가가 아니라 입이 있는 저자가 되는 일도 해 봐야 하는 때가 되지 않았나 싶다. 책이 나오는데 도움을 주신 모든 분들께 감사드린다.

차례

제 1 장
다롄_{Dalny, 大連}의 기원

1901년 여름, 그 유명한 8개국 연합군의 중국 원정이 끝나 가고 있었다. 1년 남짓 동안 베이징에서 청조 중앙과 열강들 사이에 지루한 공방은 계속되었다. 그리고 마침내 서태후의 영악한 대리인은 협상에서 승리를 거두었다. 열강들은 서로의 이권을 양보하지 않으려고 지루한 입씨름만 반복했기 때문에, 이제 지칠 대로 지쳐 있었다. 결국, '최종적으로' 협상한 의정서 내용의 절반 정도는 이미 그들이 애초에 가졌던 의도와 무관한 것이 되고 말았다. 그리고 8월 12일이 다가오자 나머지 요구들은 마치 하원에서 법령이 통과되듯이 신속하게 처리되었다. 청조 중앙은 베이징으로 돌아갈 준비를 하며 이 오만한 칙령을 공표하였다. 열강의 군대는 철수하기 시작했고, 이제 그 영향력은 봄눈 녹듯 서서히 사라지고 있었다.

그러나 열강 중 러시아는 소수의 군대를 남겨 놓고 그대로 머물러 있었다. 러시아 군대는 이미 오래전에 즈리直隷에서 철수하였다. 이는 차르가 중국의 우방이자 원조자로서 유리한 위치에 서 있고자 내린 결정이었다. 그래서 만주로 통칭되는 동북 3성 지역은 여전히 증강된 러시아 군대가 점령하고 있는 상태였다. 러시아는 의화단이 파괴한 중동 철로Chinese Eastern Railway를 빠르게 복구하였다. 그리하여 6월에는 블라디보스토크Vladivostok에서 하얼빈Kharbin, 合爾濱을 경유하여 뤼순Port Arthur, 旅順까지 가는 직통 열차가 개통되었다. 심지어 개항장인 뉴좡牛莊까지도 이전과는 달리 러시아 정부가 관할하고 있었다. 어느 누구도 만주에서 과연 무슨 일이 벌어지고 있는지 제대로 알지 못하였다. 러시아 정부는 모종의 대대적인 계획을 이미 세워 놓고 있었다. 그리고 외국 정부들과 언론들은 러시아가 중국에서 철수하기 위해 그 계획을 세웠다고 믿었다. 심지어 일본의 유력 신문은 뤼순이 중국에 양도될 것이고 헤이룽 강the Amur, 黑龍江[1] 경계까지 반환될 것이라고 시사하였다. 영국과 미국 언론 모두 속아 넘어갔으며, 특

---

1 강을 의미할 때는 헤이룽 강, 성을 의미할 때는 헤이룽장으로 표기함.

히 미국의 경우가 그러하였다. 나는 그 당시 뉴욕의 유력 기관지에 실렸던 비판적인 논설을 잘 기억하고 있다. 그 논설의 내용은 영국 신문의 한 기사를 미심쩍게 바라보면서, 러시아에 대해 터무니없는 적개심을 드러내고 있다고 호되게 꾸짖는 것이었다. 러시아가 과연 만주에서 철수할 것인지에 대한 논의는 계속되었다. 하지만 그 누구도 수고를 무릅쓰고 실제로 무슨 일이 벌어지고 있는지 조사하려고 들지 않았다. 그렇다고 러시아의 계획이 진행되고 있는 현장을 직접 방문하려고 하지도 않았다. 그래서 1901년 6월에 나는 러시아가 북쪽에서 과연 무엇을 하고 있는지 내 눈으로 직접 보아야겠다는 생각을 하게 되었다.

영국 국민이 만주를 여행하는 일이 어렵다는 것은 당연한 사실이다. 게다가 여행의 어려움 때문에 상하이에 있는 러시아 영사에게 비웃음을 샀다는 것은 말할 필요도 없다. 게다가 그는 내게 긴 헤이룽 강 루트를 택하기보다는 오히려 만주 철도Manchurian Railway를 거쳐서 유럽으로 귀환하는 편이 순조로울 거라고 조언하였다. 그는 만주 철도가 완공되었고 정상적으로 운행되고 있다고 내게 확신을 주며 말하였다. 그의 조언은 분명 옳은 것 같았다. 하지만 나는 성징Mukden, 盛京 너머까지 철로가 놓이지 않았다는 사실을 다른 곳에서 우연히 알게 되었다. 이렇게 쉽게 확인할 수 있는 사실에 대한 것조차 매우 다른 이야기가 오가는 모순은 상하이에만 국한된 것이 아니었다.

북쪽을 향해 가던 길에 즈푸Cheefoo, 芝罘=煙臺[2]에서 나는 한 영국인 관리를 만났다. 그는 만주를 거쳐 시베리아 철로Siberian railroad로 가려고 하는 중이었다. 그리고 이를 위해 철도국에 가서 자세히 문의하려고 뤼순을 가로지르는 수고도 마다하지 않았다. 그곳에서 그는 뉴좡에서 상트페테르부르크St. Petersburg까지 어느 경로를 택하든 기차를 타고 간다면 전혀 어려움이 없을 것이라는 말을 들었다. 물론 이 말은 구간마다 160킬로미터가 넘는 두 개의 협곡과 마주쳐야 하고, 어떠한 여행객도 성징을 지나갈 수 없다는 사실을 무시한 것이었다.

내게 이 여행의 목적은 유럽으로 돌아가는 것이 아니라 가능한 한 만주 내 러시아의 움직임을 보려는 것이었다. 나는 러시아의 보증서를 신용하지 않는 편이라 그다지 중요하게 생각하지 않았다. 하지만 형식상으로는, 러시아 영토를 여행할 수 있는 비자와 여권을 상하이의 러시아 영사관에서 확보하였다. 그런 후에 즈푸를 경유하여 뤼순을 향해 출발하였다.

당시에는 상하이에서 다롄으로 직항하는 증기선이 없었다. 단지

---

2 제3장부터 '옌타이'라는 지명이 나오기 때문에 구분하기 위해 즈푸라고 함. 저자는 제15장에서는 'Cheefoo'를 'Chi-fu'로 표기하고 있는데, 혼동을 피하기 위해 지푸라고 하지 않고 즈푸라고 하였음.

이따금씩 양쯔 강 지역에서 뤼순으로 가는 배만이 있었다. 그래서 먼저 즈푸로 가는 증기선을 타야 할 필요가 있었다. 그곳에는 밤마다 뤼순으로 가는 소형 기선이 있었기 때문이다. 그 기선은 우편물을 운반하는 배였으나, 일자리를 찾아 철로 공사를 하는 곳으로 가려는 산둥山東 지역 쿨리들 역시 함께 태워 주었다. 배의 갑판은 쿨리들로 꽉 차서 앉을 수조차 없었고, 모두 서서 가야만 하였다. 그나마 여정이 대략 10시간 정도로 길지 않다는 사실이 다행이었다. 만주로 일자리를 찾아 가는 노동자들의 물결은 끊이지 않았다. 왜냐하면 그들 대부분이 만주에 정착하지 않고, 일단 얼마간의 루블ruble를 모으면 곧 산둥의 가족에게로 돌아왔기 때문이다. 만주에 일하러 온 노동자들은 한 두어 달을 지낼 수 있는 양의 쌀을 가져와 그것만을 먹으며 지냈고, 몇 푼의 찻값 외에는 일절 돈을 쓰지 않았다. 함께 배를 탄 산둥 지역의 쿨리들은 건강했으나 악취를 풍겼다. 새벽이 조금 지나서 랴오둥遼東 반도의 해안이 보이자 안도감이 들 정도였다. 해안에 다가가자, 두 갈래로 나누어졌다가 하나로 합쳐지는 삭막하고 거친 바위산이 보였다. 그 산은 완만하게 이어져 있었는데, 그 능선이 다다른 막다른 끝에 있는 곳이 바로 뤼순이라는 것을 알 수 있었다. 그냥 보기에 뤼순은 초라하고 보잘것없는 곳이었다. 항구는 사실상 육지로 둘러싸인 거나 마찬가지여서 몇 킬로미터 거리에서는 단단한 바위 요새처럼 보였다. 뤼순은 난공불락의 지형을 가진 산티아고와 비슷하다. 산티아고는 스페인-미국 전쟁에서 샘슨 Sampson 제독의 함대가 공격했을 때 근대적인 무기를 거의 갖고 있지 못했는데도 함락되지 않았다. 하지만 산티아고와 뤼순이 비슷한 점은 지형뿐이었다. 뤼순의 만 입구는 매우 형편없이 좁았고, 아쉬운 대로 마을이라고 할 만한 것이 입구 바로 뒤에 있었다. 만일 적국 함대의 포격이라도 있게 된다면 이 마을은 금세 폐허가 될 것 같았다. 게다가 항구 안쪽에 있는 수용 설비도 매우 부족했으며 오로지 아주 작은 함대로만 방어가 가능했다. 뤼순에는 교역을 위한 그 어떤 공간도 없었다. 상선은 항로에 정박해야 했지만 상륙 시설은 그다지 좋지 않았다.

염두에 두어야 할 것은, 러시아는 결코 뤼순을 상업항으로 만들고자 했던 것이 아니라는 사실이다. 그러므로 그곳을 교역항으로 만드는 데 실패하였다고 러시아를 비난하는 것은 크게 잘못된 것이다. 하지만 사실 뤼순은 군사 기지로서도 만족스럽다고 할 수 없다. 그렇지만 이를 성급히 판단하는 것은 잘못이다. 만 입구가 협소하다는 사실은 그 단점만큼이나 장점도 지니고 있다. 다만 그곳은, 때때로 내가 보아 왔듯이, 단 한 척의 배를 가라앉혀서 모든 출구를 막는 것과는 거리가 있다고 하겠다. 산티아고 항의 입구는 뤼순보다 더

협소하였다. 이곳에서 과연 어떻게 두 척의 배가 항로를 가로막지 않고 침몰되었는지는 역사가가 밝혀야 할 일로 남아 있다. 입구 안쪽에는 육지로 둘러싸인 두 개의 내만이 있었다. 큰 곳은 서쪽, 작은 곳은 동쪽에 있었다. 서쪽에 있는 내만은 너무 얕아서 어뢰정만을 수용할 정도였고, 지금은 거의 사용되지 않고 있었다. 동쪽에 있는 내만은 작고 지저분한 마을이 다닥다닥 모여서 주변을 둘러싸고 있었는데, 큰 규모의 함대를 지원하기에는 너무 좁았다. 그러나 러시아는 서쪽 항구를 준설하고, 거주 지구와 공공 지구를 만들겠다는 계획을 세웠다. 그리고 그 장소를 만의 북쪽에 이미 구획하고 있었다. 모든 것이 완료될 때 ― 이것은 시간과 엄청난 돈이 드는 일이다 ― 뤼순은 난공불락의 효율적인 해군 기지가 될 것이다. 내가 갔을 때, 실제로 그곳은 한창 바쁘게 돌아가고 있었다. 항구 앞 해안선을 따라 견고한 요새가 구축되고 있었고, 조선소에서는 빠른 속도로 어뢰정이 건조되면서, 그 소음이 아침부터 밤까지 쉴 새 없이 들려왔다. 그 한편에서는 사격 연습을 하며 오르내리고 있는 구축함을 쉽게 볼 수 있었다. 그곳에는 무엇인가를 열망하는 듯한 기운이 감돌고 있었다. 러시아 장교들은 수개월 안에 전투 준비에 들어가리라는 확신이 있었다. 그렇지만 병사와 선원들이 이와 같은 상황이 어떻게 전개될지 언제나 정확하게 예상하고 있는 것은 아니었다. 확실히, 일본은 뤼순을 급습하여 점령하려는 시도를 하기보다는 바다를 건너 지브롤터Gibraltar나 크론시타트Kronstadt를 차지하는 편이 나았다. 우리는 항구 뒤에 있는 높은 언덕에서 육군 부대와 같은 캠프와 막사들을 내려다보았다. 해안선을 따라 대포가 늘어서 있는 것을 쌍안경으로 볼 수 있었다. 그리고 동시에, 바다에서 사격 연습을 할 때 터져 나오는 빠른 폭발음과 끊임없이 강철판에 못을 박는 망치 소리를 들을 수 있었다. 그 당시에는 러시아가 만주에 대한 계획을 후회하고 있으며 어쩌면 뤼순에서 철수할지도 모른다는 소문이 널리 퍼져 있었다. 그러나 우리는 이 모든 것들을 바라보며 당시 예상에 대해 웃음이 터져 나오는 것을 억누를 수 없었다.

모든 것이 부족할 것이라 여겼던 항구에서 하루를 보냈다. 무엇보다도 호텔 숙박 시설이 최악이었다. 그렇게 된 이유는 분명, 그곳에서 오랫동안 머물렀던 떠돌이 영국인들 때문인 것 같았다. 나는 즈푸에서 만났던 친구와 뉴좡까지 동행하였다. 아직 정식 노선으로 개통되지 않았기 때문에, 둘 다 기차 여행이 조금 힘들 것이라고 예상하였다. 하지만 우리는 통행 허가를 요청할 필요가 없다는 이야기를 들었다. 게다가 우리가 가려는 길에는 장애가 되는 그 어떤 것도 없었고, 더군다나 기차 삯도 부과되지 않았기 때문에 기차로 가는 것이 꽤 훌륭한 계획임을 알게 되었다. 심지어 다롄까지 우리는 1등석 객차를 타고 갔고, 42.6킬로미터 정도였던 여정은 4시간 이상 걸리지 않았다. 그래서 대략 저녁 6시쯤 뤼순을 출발하였다. 하지만 우리가 탄 기차가 뤼순과 뉴좡을 연결하는 간선에서 다롄으로 향하는 지선으로 분기되는 환승역에서 오래 멈춰 섰기 때문에, 자정이 되기 바로 전에야 다롄의 신식 호텔에 도착해 쉴 수 있었다.

다롄 만의 남쪽에는 시베리아 횡단 철도의 동쪽 종착역이 있다. 시베리아 횡단 철도라는 거대한 조직망의 끝자락에 있는 그곳은, 위치적 요건만으로도 다롄 만에 있는 새로운 항구의 중요성을 더해 줄 것이다. 하지만 철도와의 연계성을 별개로 하고도, 현재 다롄은 그것이 출현하게 된 방식과 성장 과정 때문에 세계의 모든 항구 가운데 어느 곳보다도 더욱 독특한 초기 형태를 지니게 되었다. 사실 다롄의 자연 환경은 새로운 종착역이 미래의 대도시가 될 수 있도록 하는 데 별다른 영향을 끼치지 못하였다. 랴오둥 반도의 남쪽 끝은 여기저기 솟아오른 민둥산들이 장중한 산맥을 향해 이어져 있고, 그 안쪽으로 다롄 만은 자연적으로 형성된 항구조차 없이 수킬로미터에 걸쳐 이어져 있다. 다롄 만의 해안은 얕고 완만하게 경사져 있는데, 그 해안 구역의 범위가 넓어서 바다는 격렬한 폭풍우에 매우 취약하였다. 주변 땅에는 나무가 거의 자라지 않았으며, 사람들은 척박한 언덕 사이로 가려진 계곡에서만 농사를 지었다. 이곳 주민들은 썩 많다고 할 수 없는 양의 수수를 재배하고 있으며, 가까스로 자급하거나 굶주리는 상황 속에서 간신히 살아가고 있다. 이와 같이 희망이 없는 곳에 러시아 정부는 대규모의 항구 도시를 세우는 중이다. 이 항구 도시에 거대한 도크와 부두가 건설되고, 눈부시게 아름다운 바다와 인접한 편리한 철도역이 생길 것이다. 그리고 넓은 거리와 큰 길 그리고 그늘을 만들어 줄 공원 역시 조성될 것이다. 게다가 이곳에 만들어질 상업 지구는 동부에 있는 모든 외국인 정착지와 맨체스터 혹은 필라델피아와 같은 이름난 대도시의 교외 거주 지역을 무색하게 할 것이다. 물론 이 모든 것이 현재는 계획일 뿐이다. 러시아 정부는 도크와 부두, 철도 그리고 길을 만들고 필요한 나무들을 제공한다. 집들은 앞으로 이곳에서 살게 될 주민들이 지어 나갈 것이다. 현재 미완성 상태일지라도 다롄은 오늘날의 경이로움 가운데 하나이다. 국경과도 수백 킬로미터 떨어져 있는 데다가 절대적으로 척박한 땅임에도 불구하고, 지출을 정당화하기 위해 당장은 단 한 푼의 가치도 없는 교역을 하면서까지 정부가 나서서 이 같은 규모의 도시와 항구를 세웠던 사례는 전 세계 어디에도 없다. 사실 다롄은 '갑작스럽게 등장할' 아무런 이유도 없이 '갑작스럽게 등장한' 도시이다. 그러나 다른 측면에서 살펴보면, 이 급속한 성장은 세부적인 모든 사항들까지 고려하여 완벽한 대도시를 건설하겠다고 굳게 결심한 러시아 정부의 작품이다.

　이렇게 러시아 정부가 창조한 다롄의 모습에는 화려하면서도 동양적인 요소가 섞여 있고 거칠어 보이는 무언가가 있다. 다른 열강이라면 철도를 건설하거나 시험적으로 항구를 개설해서 교역이 이루어지도록 하는 것에 만족했을 것이다. 그러나 러시아는 그렇지 않았다. 다롄은 그리스 로마 신화의 미네르바처럼 모두 성장하여 완벽하게 무장한 채로 자신의 아버지인 주피터, 즉 러시아의 머리에서 나와 세계를 향해 도약할 것이다. 다롄에 항구를 건설하는 것은 매우 엄청난 비용을 들여야만 하는 일이다. 259만 제곱미터를 단위로 하여, 흙으로 만을 다지고 준설 공사를 하여 인공 항구와 방파제 그리고 건조 도크를 건설할 것이다. 거대한 선박들이 부두를 따라 바다 위에 떠 있는 채로 정박할 수 있도록 대규모로 완성되는 다롄은, 마침내 모든 선박들을 언제라도 끌어모을 수 있는 동아시아의 항구가 될 것이다. 1901년 당시 간조 때에도 물에 잠겼던 바다 속의 땅 위에, 해안 거리가 조성되고 창고가 세워질 것이다. 도시의 행정

다롄의 전경.

지구는 이미 만들어져 있다. 그다음으로 지금 산허리를 파내어 만들고 있는, 자갈이 깔린 넓은 거리로 상업 지구가 조성될 것이다. 그리고 이 너머에서는 대략 500만 제곱미터의 언덕을 평평하게 골라서 주변 지역을 가로지르는 훌륭한 도로를 만들고 있다. 이제 이곳은 거주 지역이 될 것이다. 도시 뒤편에는 협곡이 산을 가로질러 멀리 외해 쪽으로 곧장 이어지고 있다. 길을 만들 수 있는 협곡의 공간에 11~12킬로미터 정도의 아름다운 수목이 우거진 도로가 건설될 것이다. 이 길의 끝은 백사장을 향해 이어질 테고, 그렇게 되면 이 백사장 주변에는 다롄에 있는 미래의 백만장자들이 여름을 지내는 방갈로가 생길 것이다. 이 도로는 이미 절반 정도 완성되었지만, 다롄에는 러시아인 관리와 건축업자를 제외하고는 사람이 거의 없었다. 다른 반도 지역에서와 마찬가지로, 이곳에서도 계곡을 따라 나무를 심고 보존하고 있었다. 이는 앞으로 언젠가는 메마른 산 중턱에서 소나무가 자라고, 골짜기는 오크나무와 히코리나무로 둘러싸여 초록빛으로 뒤덮이도록 하기 위해서이다. 또한 러시아 정부는 중국인에 대한 사항들도 소홀히 하지 않고 있었다. 그들이 지내는 이 도시는 고향과 멀리 떨어져 있지만 구획도 잘 되어 있고 괜찮은 극장도 있다. 중국인 노동자들은 임금을 모아 산둥에 있는 가족에게 보내는 대신, 이 극장에서 영화를 보기 위해 얼마간의 돈을 쓰게 될 것이다.

모든 것이 정교하게 짜인 이 거대한 계획은 올해, 즉 1903년까지
완성될 예정이었다. 후에 이 계획이 완성될 때쯤이면, 이곳에서 지
낼 인구에 대한 부분을 제외하고는 이제 아무런 부족함이 없게 될
것이다. 이미 1902년에 부분적으로나마 통상 활동을 할 수 있도록
항구가 개방되었다. 그리고 소규모 방파제는 흘수가 6미터 이상 되
는 대형 선박 몇 척을 동시에 수용할 수 있었다. 택지 또한 첫 경매
에서 40만 루블에 팔렸다. 이보다 큰 인공 항구와 동쪽 방파제는
1901년에 이미 준설하기 시작하였고 지금은 거의 완성된 거나 다름
없다. 그래서 바다 위를 다니는 초대형 대양 정기선이 부두를 사용
하고 있다. 우리가 2년 전에 러시아의 항구 건설 계획을 조사하였을
당시 그것은 거의 비현실적으로 보였다. 게다가 건축업자들에게 그
공사 계획은 매우 굉장한 것이었다. 그러나 오늘날 그 계획은 실현
되었고, 단지 선박만이 없을 뿐이다.

새로운 항구를 만드는 것이 당연하다고 여기는 예상 말고는 그
어느 것도 없었던 민둥산에 이토록 커다란 도시가 만들어졌다는 사
실을, 당신이 다롄에 오지 않는 한 믿기 힘들 것이다. 그리고 당신이
그곳을 본다면, 또한 러시아 정부가 항구를 건설하며 아낌없이 지출
하는 광경을 눈으로 보았다면, 그 사업이 적어도 절반 정도는 완성

을 위해 미래의 그곳 상인들에게 맡겨졌을지도 모른다는 사실에 주목할 수밖에 없을 것이다. 다롄의 자치 당국이 실질적으로 존재하기도 전에, 산을 잘라 11~12킬로미터 정도 이어지는 너비 12미터의 만족스런 도로를 낸 것은 어쩌면 직무 이상의 행위로 보일 수도 있다. 한편으로 다롄은 세계에서 가장 위대하고 장대한 철도가 끝나는 곳이다. 때문에 러시아 정부 입장에서 이 종착역의 명성을 위해 약 100만 루블이나 지출하는 일은, 전함에 금박 소용돌이 장식을 하려고 비용을 소모하는 경우보다도 심각한 사안이 아닐 것이다. 왜냐하면 다롄은 이제 확고부동한 종점이기 때문이다. 철도는 남쪽에서부터 헤이룽장 성을 거쳐 만주에 이르고 있으며, 설계가 여러 번 바뀌었다. 그러나 조금만 다시 생각해 보면, 러시아의 입장에서 보았을 때 남쪽을 향해서는 중국 내 다른 어떤 항구도 쓸 만하지 않다는 사실을 알게 된다. 설사 러시아가 조선을 차지하였다 하더라도, 다롄은 마산포馬山浦보다 더 훨씬 유리한 위치에 있다.

결국 다롄은 유일하지는 않아도 러시아가 선택할 수 있었던 최적의 장소인 셈이다. 돈을 들인 덕에 항구는 상당히 확장될 수 있었으며, 이는 도시 역시 마찬가지라고 할 수 있다. 유추하기를 좋아하는 사람들은 다롄에서 동아시아의 뉴욕으로 성장할 미래를 보는데, 이러한 과장은 그렇게 우스꽝스러울 정도로 거창한 것이 아니다. 다롄은 큰 규모의 대양 기선이 쉽게 짐을 부릴 수 있는 홍콩 북쪽의 유일한 항구이며, 설사 지금은 그렇지 않더라도 앞으로 그렇게 될 것이다. 왜냐하면 우쑹吳淞 지역은 악천후일 때마다 거룻배들이 정박할 수 없는 경우가 종종 있으며, 칭다오靑島에 있는 독일 항구는 대양을 다니는 선박들을 이끌어 오기에는 다롄보다 교역에 대한 전망이 밝지 않기 때문이다. 그러나 시베리아 횡단 철도를 별개로 하고도 다롄은 만주와 연결되는 미래의 항구 도시로서 엄청난 중요성을 지닌다. 다른 외국인들, 특히 중국에 있는 영국인들은 다롄이 뉴좡의 교역을 따라잡을 것이라는 생각을 비웃는다. 그러나 이제 막 그 같은 예상대로 되려고 하고 있다. 수입 면에서, 미국과 일본은 만주의 가장 큰 두 교역국이다. 오늘날 미국 상품을 상하이로 보내면 그곳에서 다시 뉴좡으로 운송된다. 다롄에서 뉴좡까지의 철로는 321킬로미터이다. 아직까지 중국 연안에서 화물선의 운송 비용은 매우 비싸기 때문에, 상품을 상하이로 보낸 뒤 또다시 배를 이용해 뉴좡으로 운반하는 것보다는, 다롄으로 곧장 수송해서 기차를 이용해 뉴좡과 성징으로 운반하는 편이 더욱 비용이 적게 들 것이다. 뉴좡은 결코 대양 기선에 적합한 항구 도시가 되지 못할 것이다. 게다가 뉴좡은 1년 중 4개월 동안은 폐쇄된다. 그러나 다롄은 1년 내내 개방되어 있으며, 그곳으로 가려는 모든 선박들을 수용할 것이다. 동아시아에서 미국과의 무역을 중개하고 있는 미국 교역 회사는 다롄 만에서 상품을 곧장 실어 나를 것이다. 일본의 경우도 다롄은 뉴좡보다 더욱 편리한 위치에 있다. 그래서 이제 곧 다롄은 만주 교역의 50퍼센트를 차지하게 될 것이다.

다롄이 실패작이며, 심지어 러시아 정부조차 그 문제를 인식하고 다롄에 대한 지출을 줄이고 있다는 풍문은 이미 널리 퍼져 있다. 이러한 견해는 아무리 어림잡아 말한 것이라고 해도 다소 성급한 것이다. 다롄은 전적으로 만주의 철도 체계에 기대고 있다. 그리고 이 철도 체계는 아직까지 내륙의 교역을 통제할 수 있을 정도는 아니다. 또한 그 지역의 교역 역시 러시아의 점령이 공인되고 안정적인 정부가 들어설 때까지 번창하지 않을 것이다. 지출을 줄이는 문제에서, 비테M.Witte는 단지 보통의 상식적인 지시만을 따르고 있을 뿐이다. 이러한 지시 사항은 그가 방문하기 전부터 좀 더 중요하게 다루었어야 했다. 아마도 식민지 건설의 전체 역사에서, 이렇게 많은 돈이 만주에서와 같이 비효율적으로 탕진된 적은 일찍이 없었을 것이다. 그때 비테는 자신의 하급자들이 무엇을 하려는지 알고 있었다. 더욱이 다롄을 건설하는 계획이 착수된 이래 러시아인들이 뉴좡의 가치뿐만 아니라 러시아를 위해 그 항구 도시를 확보할 가능성에 대해서 깨달았던 것은 사실이다. 또한 랴오허遼河가 언제까지나 광대한 교역 루트가 될 것임은 당연한 이치이다. 그렇지만 이런 사항들 가운데 어떤 것도 다롄이 대양과 맞닿은 시베리아 횡단 철도의 종착역이 되는 것을 막을 수는 없다. 다롄은 이미 그 자체로 세계적인 가치를 지니고 있으며 혹은 가까운 미래에 그렇게 될 것이다. 그러나 한편으로, 다롄은 가장 현대적인 필수 요건들을 모두 고려하면서 계획되었음에도 러시아식 경영이 가진 결함을 벗어날 수 없었다. 우리가 그곳에 갔을 때 아주 훌륭한 호텔이 하나 있었다. 아주 훌륭하였다는 것은, 말하자면 건축 양식과 설비 면에서 그러하였다는 것이다. 이 호텔은 러시아 정부가 건축하여 러시아인 호텔 주인에게 매달 15루블이라는 싼 값에 빌려주었다. 그 호텔 주인은 오로지 보드카를 마시는 일에만 열중하였던, 가장 형편없는 부류의 남자였다. 그 결과 새로운 항구 도시의 대규모 사업에 종사하는 수많은 관리와 건축업자들에게 제공되어야 했을 그 호텔은, 보기 흉한 꼴이 되어 대부분의 시민들에게 외면당하였다. 엄청난 비용을 들여 건물을 세우고서는 그 건물을 만성적인 술꾼에게 넘기는 것이 러시아 방식의 특징이었다. 이러한 방식은 모든 러시아식 행정의 전형이기 때문에, 필연적으로 항구 도시의 대부분 행정이 이와 비슷한 방식으로 운영될 것이다. 하지만 그럼에도 다롄은 그 이전보다 위대한 미래를 지녔다고 하겠다.

제 2 장
러시아는 어떻게 뉴좡을 점령하였는가?

　　다롄에서 뉴좡으로 가는 철도 여행은 거의 묘사할 것이 없다. 그리고 그 여행은 의심할 여지 없이 1901년보다 훨씬 쾌적해졌다. 당시 이 노선은 공식적으로 개통되지 않았지만 실제로는 매우 제한된 수의 기차가, 수용할 수 있는 만큼의 여객과 상품을 수송하며 이용되고 있었다. 유럽인 승객들은 결코 운임을 지불하지 않았다. 그리고 기차의 차장들이 필요에 따라 철도를 자주 이용하는 엄청난 수의 중국인들에게 운임을 부과했고, 그들은 모든 수익을 착복하였다. 이러한 식으로 러시아 정부는 상당한 양의 세입稅入을 잃고 있었다. 그러나 다른 한편으로는 승객과 화물이 철도로 여행하는 것을 막을 수 있는 권리를 확보하였다. 사실 북쪽으로 성징까지 가는 여정에는 어떠한 장애물도 없었다. 우리가 운임을 내지 않은 사실은 노선의 경영에 대한 신랄한 비판을 미연에 방지하였을 것이다.

철도의 첫 부분은 구릉이 많고 메마른 랴오둥 반도를 굽이져 통과하며, 나머지 절반은 랴오허 삼각주의 평탄한 지형을 지난다. 해안이 결코 멀리 떨어져 있지 않기 때문에 철로는 많은 개천을 가로질러야만 한다. 만약 이러한 지형이 아니라면 극복해야 할 기술적 난관은 없었을 것이다. 당시 의화단의 소요에도 불구하고, 적어도 뉴좡으로 향하는 지선의 분기점인 다샤자오TaSiaChiao는 古城村까지는 노선 전체가 자갈이 잘 깔린 무난한 상태를 유지하고 있었다. 그리고 아직 완공되지 않은 다리 하나만이 있었을 뿐이었다. 이런 주변 여건을 고려했을 때, 뤼순 항 또는 다롄에서 뉴좡으로 가는 데에는 평균 시속 48킬로미터를 넘지 않고도 6시간이면 충분했을 것이다. 그러나 여행은 많이 지체되었고, 우리가 랴오허에 있는 러시아인들의 정착지에 도착하기 전에 이미 이보다 두 배 정도의 시간이 흘렀다. 다롄과 뉴좡을 연결하는 지선에서 간선으로 분기되는 두 환승역에서 오랫동안 기다렸던 것은 분명히 불가피한 일이었다. 그러나 이 두 곳에서 정차했던 것 말고도, 그보다 더욱 비정상적인 정차를 식당이 있는 역마다 했던 것이었다. 그 역들 대부분이 공사가 진행

중이었고, 식당은 모두 매우 형편없는 오두막이었다. 그 식당에서 철도 노선의 기술자들과 다른 피고용인들은 가장 맛없는 음식들을 많은 양의 보드카와 함께 억지로 삼키는 데 익숙해져 있었다. 우리가 탄 기차의 기관사와 화부火夫는 러시아인들이 '뷔페'라고 부르는 이 식당들을 하나하나 방문하였다. 그리고 기차가 달려온 거리가 늘어나고 태양의 열기가 더해 감에 따라 그들이 보드카를 마시는 양은 늘어만 갔다. 그 결과 기관차는 매우 힘차게 달렸고, 결국 한낮에 중국인 쿨리 한 명을 치고 말았다. 그 사고로 우리는 적어도 1시간 동안 정차해야만 하였다. 요즘 자동차 운전자와 달리 즉시 기차를 세우고 그 불쌍한 친구를 위해 무엇을 할 수 있는지 알고자 했기 때문이었다. 희생자는 상피병象皮病에 시달려 왔으며 아마도 그 때문에 자살했을 것이라고 판명되었다.

결국 날이 어두워진 한참 뒤에야 우리는 잉커우營口라 불리는 러시아인들의 정착지에 도착하였다. 그곳은 뉴좡의 개항장에서 5킬로미터 정도 떨어진 곳이었다. 당연히 철도 종점에서 개항장까지 여객을 수송할 준비는 되어 있지 않았다. 만약 한 러시아인 관리와 그의 가족을 태우기 위해 마중 나와 있던 대형 보트를 발견하고 좌석을 확보하지 않았다면 우리는 철로 위에서 밤을 지새울 뻔하였다.

뉴좡은 관광객들이 다니는 여행 경로에서 벗어난 곳에 위치해 있다. 그리고 일반적인 중국 거주자들 역시 수렵에 관한 법규가 느슨하거나 아예 없는 양쯔 강의 작은 항구들보다도 이곳을 훨씬 적게 방문한다. 중국에서는 이러한 요소가 여행객들에게 매력으로 작용한다. 뉴좡은 청일전쟁 때 몇몇 사건들을 겪었지만, 러시아와 이 도시에 흥미를 가진 다른 열강들 사이에서 분쟁의 초점이 되기 전까지는 어떤 좋지 않은 평판도 들은 적이 없었다. 그래서 그 도시를 한 번도 방문하지 않은 작가들이 상당히 특이한 의견들을 기술해 온 것은 그다지 놀라운 일이 아니다. 그중에서 가장 경악할 만한 의견은 찰스 베레스퍼드Charles Beresford 경의 것이었다. 그는 『중국의 붕괴 Break-up of China』라는 제목의 저서에서 러시아인들이 지린吉林까지 랴오

다롄의 관공서 거리.

허를 거슬러 올라가는 항로에 자국 선박이 아니면 어떠한 기선汽船의 통행도 허용하지 않을 것이라고 주장하였다. 저자는 개인적으로 뉴좡을 방문했고 그곳에서 많은 양의 흥미로운 통계 자료들을 수집하였다. 따라서 그가 싼서후를 지난 후부터는 기선으로 랴오허를 항해하는 것이 불가능하다는 점과 그리고 그곳까지도 대형 증기 기선으로만 항해가 가능하다는 점 그리고 지린이 랴오허의 가장 가까운 지점에서 거의 320킬로미터나 떨어져 있기 때문에 비행선이 아닌 이상에야 어떠한 배도 지린에 다다를 수 없다는 사실을 몰랐다는 것은 상당히 이상한 일이다.

그러나 일반적으로 말해서 뉴좡은 만주에서 조건이 아주 뛰어난 항구로 알려져 있다. 왜냐하면 랴오허는 만주에서 가장 인구가 조밀한 지역을 거쳐 흐르고 있고, 만주의 농산물이 중국 내 다른 지역과 일본으로 이동하기에 유리한데, 뉴좡이 이러한 랴오허의 어귀에 있기 때문이다. 이런 이유들로 몇몇 사람들은 황량한 반도의 맨 끝자락에 있는 다롄 만에 남만주의 새로운 항구를 건설하려는 러시아의 시도를 어리석기 짝이 없는 짓으로 여겨 왔다. 하지만 이러한 생각을 가진 사람들과는 반대로, 뉴좡이 아무리 랴오허가 바다로 나가는 천연의 출구로서 입지 조건이 좋다고 해도 결코 전적으로 만족스러운 항구가 될 수 없다는 사실은 반드시 논의되어야 한다. 또한 뉴좡은 다롄처럼 대양과 맞닿은 시베리아 횡단 철도의 종점이 갖는 기능을 발휘할 수 없다는 사실 역시 함께 논의되어야 한다. 랴오허는 다른 강들과 마찬가지로 강 어귀에 백사장이 있는데, 그래서 흘수가 5미터 이상인 배는 통행할 수 없다. 이는 다시 말해, 대양 기선은 랴오허로 진입할 수 없다는 사실을 의미한다. 준설을 통해 이러한 난관을 극복할 수 있다고 하더라도 그 가능성이 매우 의심스러운 데다가, 매년 4개월씩 강이 얼어 있는 동안은 통행이 완전히 중단된다는 문제가 여전히 남아 있다. 따라서 다롄의 현재 상태가 어떻든 간에, 일단 정부가 안정된 형태로 만주의 자원을 개발하면, 최소한 뉴좡이 맡고 있는 정도의 역할을 다롄이 하게 되리란 사실은 분명하다. 외국의 공산품이 대양 증기선에 실려 만주로 직수입되는 날이 분명히 올 것이며, 그 배들은 오직 다롄으로만 다니게 될 것이다. 그리고 만약 대부분의 수입 교역이 다롄을 통해 이루어진다면 일정한 양의 수출 교역도 뒤따를 것이다. 그렇지만 다롄의 번영으로 인해 뉴좡이 몰락해야 할 이유도 없다. 왜냐하면 개항장의 무역에서 가장 중요한 품목은 남중국과 일본으로 수출하는 콩과 두병豆餠(콩깻묵)인데, 그것들은 연안의 증기선을 통해서도 운반될 수 있기 때문이다. 게다가 수입 루트가 하루아침에 대체되지도 않을 것이다. 중국인 상인들은 모두 뉴좡에 거주하고 있고, 그들은 상품을 상하이를 경유하여 얻는 것에 익숙하다. 외국 상사商社들이 하는 사업의 대부분은 해운업이다. 그리고 거의 모든 수입 교역은 보수적인 성향이 강한 중국인 상인들의 손에서 이루어진다. 사실 중국인 상인의 사고방식은 영국인 동업자들의 절반만큼도 보수적이지 않다. 잉츠Yingtse는 뉴좡 항 또는 줄여서 뉴좡이라 불리기 시작한 이래로 외국과의 무역에 문호를 개방하면서 성장하였다. 그 후로 개항장 뉴좡은 최근 수년 동안 6만 명의 주민이 거주하고 무역이 번성하는 곳으로 빠르게 성장하였다. 하지만 종종 그 사실을 잊고 있는 듯하다. 만약 중국인 무역상들이 다롄에 지점을 내는 것이 자신에게 이롭다는 것을 알게 되면, 그들은 곧바로 그렇게 할 것이다. 그리고 사업에서 경쟁자에게 뒤지지 않기 위해서라도 가까운 미래에는 그렇게 해야만 할 것이다.

그러나 현재 뉴좡의 무역에 대한 전망을 검토하는 것은 나의 목적이 아니다. 우리는 적어도 특수하다고 할 수 있는 정치적 상황 속에서 뉴좡에 도착하였다는 사실에 더욱 흥미를 느끼고 있었다. 뉴좡은 하나의 조약국이 전제적으로 관리하는 개항장이었으며, 이곳에서 그 조약국의 상업적 이익은 존재하지 않았다. 강에는 두 척의 러시아 소형 군함이 떠 있었으며, 러시아 국기가 중화제국 세관 건물 위에서 휘날리고 있었다. 그것은 오늘도 여전히 휘날리고 있다. 다양한 국가의 영사관 위를 제외하면, 깃발은 어디에도 보이지 않았다. 이와 같은 상황은 가장 하찮은 사건들이 제국들의 운명에 영향을 미칠 수 있다는 것을 보여 주는 훌륭한 예가 될 것이다.

의화단의 움직임이 정점에 이르렀을 때, 성징 지역에서는 외국인에 대한 적대감이 매우 빠르게 확산되었다. 그리고 의화단 세력은 뉴좡에서 겨우 이틀 행군 거리에 있는 랴오양遼陽이라는 중요한 도시를 함락시키기에 이르렀다. 개항장 자체 내에서의 위험은 톈진이나 베이징에서보다 심각하지 않았지만, 예방 조치가 필요하였다. 그래서 이 지역의 영국인들은 1900년 7월 21일부터 북중국의 해군 소장에게 편지를 써서 군함의 파견을 요청하였다. 사실 그들은 의화단에 대처하기 위한 원조보다는 러시아의 침략으로부터 자신들을 보호해주기를 원하였다. 그러나 불행하게도 요청을 받은 브루스Bruce 제독은 정치적 상황에 대한 안목이 없었다. 그는 소형 군함 한 척을 제공했는데 이는 필요한 경우 피난민을 수송하기 위해서였지, 항구를 보호하기 위해서가 아니었다. 이에 영국 영사는 누구도 탈출하기를 원하지 않으며 모든 사람이 랴오허에 대영제국이 등장하는 것을 보고 싶어한다고 답장을 보냈다. 그 사이에 러시아인은 7월 26일 방책防柵을 설치하고 7월 28일에는 도시에 위협적인 포격을 가함으로써 사태를 위기로 몰고 갔다.

의화단은 즉시 보복을 시작하였다. 도시의 외국인 구역에는 바리케이드가 설치되었고, 지원병으로 입대한 외국인들은 자신들의 구역을 방어할 준비를 하였다. 8월 4일 의화단은 바리케이드를 통과하려 시도하였다. 전면적인 경보가 발동되었고, 러시아군과 의화단이 조계 밖에서 교전을 벌였다. 그리고 두 척의 러시아 군함은 도시에 포격을 퍼부었다. 중국인들은 실제로 어떠한 저항도 하지 않았다. 게다가 뉴좡 내에서는 사태의 해결을 도대道臺에게 맡겼더라면 결코 전투가 일어나지 않았을 것이라는 여론이 일고 있었다. 분명 그곳에서 일어났던 대부분의 저항은 러시아인들이 야기한 측면이 있었다. 여느 때처럼 러시아 군대는 위협이 되지 않는 많은 중국인들을 죽였다. 다른 열강이 육군이나 해군을 동원해 참여하지 않았기 때문에, 그 후로 러시아의 깃발이 세관에 게양되었고, 도시는 러시아인들에게 넘어갔다. 이튿날 알렉세예프Alexeieff 제독이 도착했고, 러시아 영사 오스트로베르크호프M. Ostroverkoff를 도시의 민정장관으로 임명하였다. 그때부터 뉴좡은 러시아의 항구가 되었다.

영국 군함 피그미Pigmy호는 그 사건 이후에 도착하였다. 영국인 거주자들은 군함의 제독에게 러시아가 뉴좡을 점령한 상황을 주목해 달라고 하였다. 그러나 호소해 봐야 소용이 없었다. 러시아인들은, 그 사건에 대한 자신들의 관점에 따르면, 상황을 잘 수습하였다고 여겼고, 그에 따른 정당한 보상을 빼앗기지 않으려고 하였다. 만약 뉴좡에서 비교적 많은 이익을 얻고 있는 영국 정부가 자신의 이익을 보호하기 위해 군함을 보내지 않았다면, 뉴좡 내 영국 사회는 분명 러시아의 보호에 한동안 굴복했을 것이다. 아마 영국 국민들은 당시 는 실제로는 전혀 구원이 필요한 상황이 아니었으며, 러시아 해군 제독이 도를 넘은 불필요한 행동을 하였다고 주장할 것이다. 그러나 이는 톈진과 베이징에서 일어난 사태를 보았을 때 쉽게 입증할 수 없는 생각이다. 그래서 영국 정부는 적어도 신중을 기하기 위해 군 함 한 척을 보냈던 것일지도 모른다.

나는 영국 정부가 브루스 제독에게 당시 그의 행동에 대한 해명을 요구하였다는 얘기를 결코 들어 본 적이 없다. 하지만 어떠한 경우 에도 그의 해명이 상황을 바꿀 수는 없을 것이다. 브루스 제독은 훌륭하고 인망이 있는 항해자이지만 당시 정치적 상황에 대해 무지 해서, 종종 북중국 전체에서 우리가 얻는 이익에 대해 토론할 가치 가 없다고 주장해 왔다. 이런 사람을 북중국에 사령관으로 보낸 것 이 불운이었다. 브루스 제독의 관점에서는, 그가 뉴좡에 군함을 의 무적으로 보내야 한다는 생각을 하지 못했다는 사실은 그리 놀라운 것이 아니다. 그러나 브루스 제독의 편에 서서 그가 배를 할당할 수 없었다고 주장할 수도 없다. 왜냐하면 그가 두 번째 요청을 받은 뒤에 피그미호를 보냈기 때문이다. 하지만 때는 이미 너무 늦고 말았다. 아마도 우리의 현지 영사 대표는 러시아인들에게 태연한 체를 할 수도 있었을 것이다. 하지만 영사를 비난하기는 어렵다. 왜냐하면 그 당시 모든 해군력이 그를 보호하기를 거절했기 때문이다. 이쯤에서 수년 전에 일본의 점령으로 비슷한 상황에 처했을 때 얼마나 다른 일들이 일어났는지 살펴보면 참 흥미롭다. 당시에는 어떠한 대가를 치르더라도 영국의 이익을 지키는 것이 자신의 의무라고 여긴 관리가 우리의 대표였다.

　일본인들이 뉴좡에 있었을 때, 당시 우리의 영사였던 호지Hosie 씨는 어느 날 저녁 세관 감독관과 함께 식사를 하다가 일본군 사령관이 세관의 통제권을 접수하려 한다는 소식을 들었다. 호지 씨는 즉시 세관 건물에 영국 국기를 게양하도록 지시하고, 그의 제복을 가져오게 하였다. 그리고 일본군 장교가 도착하자 여왕의 이름으로 그를 영접하였다. 그러고 나서는 로버트 하트Robert Hart 경의 이름으로 등기되어 있는 세관 건물은 영국의 재산이며 다른 외국 열강에게 넘겨줄 수 없다고 통지하였다. 그 당시 세관을 찾아온 그 일본인은 그들의 입장에서는 의심할 여지가 없는 권리를 가지고 있었다. 일본은 당시 중국과 전쟁 중이었으며, 중국의 영토를 점령해 나갔다. 그래서 그들이 세관을 점유하려는 것은 자연스러운 일이었다. 그러나 호지 씨는 자신을 도와줄 병력은 단 한 명도 없는 상황이었는데도 영국의 채권 소유자들에게 담보로 잡혀 있는 세관이 일본에 접수될 경우 발생할 복잡한 상황을 예측하였다. 그리고 세관 건물이 영국의 재산으로 등기되어 있다는 자신에게 유리한 사실을 알고 있었기 때문에 즉각적으로 그리고 망설임 없이 영국의 이익을 지키는 것을 자신의 의무로 여겼다. 호지 씨가 입은 제복은 그 자체로 일본인들을 저지하기에 충분하였다. 왜냐하면 그들은 영국의 주권을 모욕하지 않고서는 그를 밀쳐낼 수 없었기 때문이었다.

1900년 7월과 8월, 우리의 입지는 분명 이전보다 강력하였다. 러시아인들은 중국과 전쟁 중이 아니었기 때문에 중국을 점령할 권리 역시 없었다. 게다가 러시아는 외국 조계의 유일한 보호자도 아니었다. 왜냐하면 당시에는 외국인 공동체의 모든 남자들이 지원병으로 전환되어 있었기 때문이다. 그리고 영국 영사가 일본에 맞서 세관을 보호할 수 있었던 5년 전과 똑같은 법적인 근거들이 1900년 당시에도 유지되고 있었다. 따라서 나는 만약 호지 씨가 의화단의 소요가 있었던 기간에 뉴좡에 있었더라면 결코 제국의 세관에 러시아의 국기가 걸리지 않았을 것이라고 확신한다. 그리고 개항장에 러시아인 행정관이 존재하는 일은 영원히 없었을 것이다. 그렇기는 하지만 내가 설명했듯이 우리의 영사 대표가 전적으로 비난받아야 하는 것은 아니다. 우리의 해군 소장에 비하면 영사 대표는 많은 잘못을 저지르지는 않았다. 브루스 제독은 북중국에 대한 지휘권을 가지고 있었지만, 특성상 상하이와 같이 거의 영국 항구나 다름없었던 항구 하나를 통째로 러시아인들에게 넘겨주었을 만큼 통찰력이 결여되어 있었다. 북중국에서 우리의 이익을 지킬 가치가 없다고 여기고 이러한 자신의 생각을 감추지 않는 장교가 왜 북중국에서 우리의 함대를 지휘하는지 그리고 정말 우리의 이익을 보호하라고 보낸 것인지 우리는 전혀 납득할 수가 없다.

나는 이 문제에 대해 상당히 길게 다루었다. 이제까지 이 문제는 이전에 결코 충분히 고려되지 않았다. 그 이유는 아마도 부분적으로 더 큰 이슈들이 문제가 되면서 잊혀졌기 때문일 것이다. 또한 이 문제의 어떤 부분들은 실상이 잘 알려지지 않았기 때문일 것이다. 매우 작은 군함인 피그미호가 뉴좡에 하루 이틀 빨리 도착했는지 혹은 하루 이틀 늦게 도착했는지 이런 사실들은 어떤 사람들에게는 사소한 문제일지도 모른다. 하지만 불행하게도 종종 매우 사소한 문제가 역사의 새로운 기점이 되기도 한다. 1898년 당시에 영국 군함과 러시아 군함 모두 뤼순 항을 떠날 가능성은 반반이었다. 만약 우리 함대가 계속 남아 있었더라면 지금 뤼순 항이 러시아의 해군 기지가 되지 않았을 것이고, 만주도 러시아가 접수하지 못했을 것이다. 피그미호가 제때 도착했던 다른 경우가 있었다. 1900년 가을 피그미호는 월터 힐리어Walter Hillier 경을 태우고 산하이관山海關에 도착하였다. 이는 육로로 행군해 온 러시아인들보다 단지 불과 몇 시간 먼저 도착한 것이었다. 곧 그는 용맹스러운 피그미호의 선원 18명을 거느리고 여섯 곳의 거대한 성채를 점령하였고 그 지역을 접수하였다. 산하이관의 점령에 대한 문제는 국제적으로 이루어져야 한다고 사전에 이미 조율된 일이었다. 그리고 우리는 당연히 그 협정에서 우리의 몫을 이행하였다. 하지만 러시아군이 산하이관을 향해 전속력으로 행군하고 있었고, 그 지역의 중국군을 철수시켜 주기로 중국 장군과 먼저 은밀한 협의를 한 사실은 분명히 잘못된 것이었다. 피그미호는 중국군이 러시아의 제안을 받고 철수한 상황임을 모르고 있었기 때문에 큰 위험을 무릅쓰고 성채에 접근한 것이었다. 만약 피그미호가 이렇게 위험을 감수하며 러시아보다 앞서 움직이지 않았더라면, 분명 러시아가 단독으로 산하이관을 점령하고 확보하여 결국 우리에게 큰 불편을 초래했을 것이다.

나는 이 사건이 종국에는 1900년 8월 4일, 랴오허 위에 영국 군함의 흰 깃발이 휘날리는 결말 쪽으로 진행되어야 했다고 말하려는 것이 아니다. 그리고 그렇게 단언할 준비도 되어 있지 않다. 내가 나중에 다시 기술하겠지만, 상업적인 측면에서 보았을 때 러시아인들은 자신들이 뉴좡을 관할하건 그렇지 않건 간에 그 도시를 항상 자신의 세력 안에 두려고 한다. 그리고 이러한 러시아의 의도는 어렵지 않게 읽을 수 있다. 다만 분명하게 말할 수 있는 것은, 만약 브루스 제독이 처음 이 문제를 접했을 때 뉴좡에 피그미호를 보냈다면 뉴좡의 개항장에 러시아의 깃발이 휘날리는 일은 결코 없었으리라는 것이다. 우리는 이 일을 기억해야 한다. 그것은 중요하다. 왜냐하면 1900년 8월 이후 때때로 우리는 러시아의 뉴좡 점령에 대해 불만을 제기해 왔기 때문이다. 그리고 분명 우리는 러시아의 점령에 대해 매우 불쾌함을 느끼고 있다. 하지만 사실 우리는 불평할 만한 것이 별로 없다. 무엇보다도 우리 지휘관의 비난받을 만한 부주의함 때문에 러시아인들은 뉴좡을 장악할 수 있었던 것이다. 게다가 그 후에도 우리에게는 즉시 공동 점령을 주장하며 실수를 만회할 수 있는 기회가 여러번 있었다.

상하이에서 무슨 일이 있었는지를 생각해 보라. 상인 사회는 군사적인 보호를 열망하였다. 우리가 군사적 보호를 시작하자마자 ─ 우리는 다소 조심스러웠다 ─ 독일, 프랑스, 일본이 조계의 방어에 참여할 것임을 시사하였다. 우리가 상하이에서 얻는 상업적 이익은 무엇보다도 중요하였다. 뉴좡에서 러시아는 사실상 상업적 이익을 거의 얻지 못했고, 우리 상인들이 깊이 관여하고 있었다. 결국 우리는 러시아 제독이 자신들의 이익을 위하여 독단적으로 도시에 포격을 가하고 항복을 받아들인 뒤 영국의 재산인 세관 건물 위에 러시아 깃발을 게양하는 것에 대해 한마디 이의 제기도 하지 못한 채 허용할 수밖에 없었다.

뉴좡의 영국 상인들 사이에서 영국 정부에 대해 우호적이지 않은 분위기를 발견하는 것은 놀라운 일이 아니다. 그들은 자연스럽게 제삼자인 나에게 이 사건이 어떠한 결과를 가져올 것인지에 대해 진지하게 물었다. 나는 뤼순 항과 다롄에 온 지 얼마 되지 않았고, 러시아의 철도가 어떤 결과를 가져올 것인지를 알 수 있었다. 그래서 러시아인들이 만주에서 철수하는 일은 상상할 수도 없었다. 또한 러시아인들이 뉴좡의 현지 세관을 통해 자신들의 관리들에게 훌륭한 수입을 안겨 주는 것을 보면서, 그들이 매우 강력한 압력을 받지 않는 이상 손쉽게 획득한 지위에서 물러설 리가 없다는 것을 알았다.

영국 상인들은 여전히 이 문제에 대해 결론을 내리지 못하고 있었다. 나는 그들이 외무장관에서부터 뉴좡의 대리영사代理領事에 이르기까지 영국인 관리들의 변함없는 주장 때문에 굉장히 잘못된 견해를 가지게 되었다고 생각할 수밖에 없다. 모든 영국 상인들은 러시아가 곧 만주에서 철수하리라고 믿고 있다는 이야기를 털어놓았다. 그리고 1901년 6월에는 겨울이 되기 전에 러시아가 뉴좡을 떠나거나 혹은 그렇게 하도록 강요받을 것이라고 노골적으로 단언하였다.

분명 영국 정부가 사태의 진상을 이해하지 못했거나, 우리 관리들이 결코 회피할 수 없는 진실을 알고 있으면서도 체면을 잃고 싶지 않았던 것이다. 어느 쪽이든지 그들은 뉴좡의 자국민들에게 너무도 부당하게 행동하고 있었다. 당시 그들은 러시아 정부의 입장을 훨씬 잘 받아들이고 있었을지도 모르는데, 뉴좡의 자국민들에게는 영국 정부가 진지하게 노력하고 있다고 믿도록 호도하였다. 영국 정부가 러시아 세력을 몰아내기 위해 적극적인 조치를 취하지 않는 이상, 러시아의 통치에 대한 적대적인 태도는 뉴좡의 영국 상인들에게 도움이 되기 어려운 것이었다.

사업적인 측면에 관한 한, 상인들이 크게 불평할 만한 일은 없었다. 러시아인들은 현지 세관의 수입에 의존하고 있었는데, 이것은 대부분 강의 교통량과 깊은 연관이 있었다. 때문에 그들은 랴오허를 따라 콩을 싣고 내려오는 배들을 보호하지 않을 수 없었다. 강은 오지로 거슬러 올라가는 배들로 매우 붐볐는데, 그 배들이 뉴좡으로 내려올 때가 되면 무역이 매우 활발해져서 많은 세금을 징수할 수 있었다. 그래서 해관Imperial Customs조차도 그 해 첫 6개월 동안 뜻밖의 많은 세입을 올릴 수 있었다. 해관의 세입은 러시아 정부가 거둬가지 않았다. 아마도 그렇게 하기에는 너무 큰 규모였을 것이다. 그러나 그 세입은 예나 지금이나 러청 은행_{Russo-Chinese Bank}으로 유입되었고, 만약 어떻게든 회피할 수만 있다면 그 훌륭한 기관이 받은 것에서 조금이라도 내놓으려고 하지 않을 것 같다. 통상 중국인들이 거두는 지방세와 해관의 관리들이 징수하고 지금은 외국인 채권자들에게 담보로 잡혀 있는 연해 수입_{coasting receipts}에서, 러시아의 행정장관 오스트로베르크호프와 그의 보좌관들은 과거 러시아 정부로부터 받았던 것보다 훨씬 많은 급료를 가져갔다. 그리고 부수적으로 매우 필요한 몇몇 공공사업을 수행할 준비를 하였다. 뉴좡은 몇 가지 알려지지 않은 이유 때문에 결코 자신의 자치 정부를 수립하지 못하고 있었다. 그곳에는 상하이, 톈진, 한커우漢口와 같이 중국인 지역에서 분리되어 있고 자신들만의 평의회가 통치하는 진짜 조계가 전혀 없었다. 그 결과 공공사업들이 제대로 진행되지 못하였다. 강의 대부분은 둑이 쌓여 있지 않았고 길은 끔찍했으며 거리에 가로등도 설치되어 있지 않았다. 만약 자치에 대한 의식이 더 일찍 발전하였더라면 그리고 의화단의 소요 이전에 진짜 조계와 조계 정부가 형성되어 있었더라면, 러시아인들은 결코 정권을 장악할 수 없었을 게 분명하다. 1901년에 시작된 자치 제도 건설 운동은 피그미호의 도착만큼이나 이미 뒤늦은 것이었고 그리고 그 논의는 오직 학문적인 관심만을 받을 수 있을 뿐이었다.

내가 뉴좡을 방문했을 때 행정장관이 약속한 공공사업은 크게 두드러져 보이지 않았다. 세관 근처에는 지붕이 있는 야외 무대와 함께 탁 트인 공간이 마련되어 있었는데, 공원이라는 이름에 맞게 기품이 있었다. 만약 내가 정확히 기억하고 있다면, 스코틀랜드 장로회 선교단 소속의 한 의사가 공중위생 담당관으로 임명되었고, 도시를 깨끗이 하는 일이 약간의 주목을 끌었다. 그러나 모든 실용적인 목적에서 보면, 뉴좡을 러시아 영사가 지배하는지 혹은 중국인 도대가 지배하는지는 크게 문제가 되는 것 같지 않았다. 나는 한 번 오스트로베르크호프에게 도움을 청한 적이 있었다. 그리고 그때, 그가 상냥하지만 활력 없는 부류의 사람이라는 것을 알았다. 그는 의화단의 소요가 시작되었을 때 휴가차 러시아로 출발한 상태였지만, 재빨리 뉴좡으로 돌아와 승진의 기회를 잡았다. 뉴좡에서 무역을 방해하는 것은 분명히 아무것도 없었다. 사실 러시아인들이 하는 유일한 일은, 콩을 실은 배들이 강을 내려가는 것을 호위해 주고 무역을 할 수 있도록 돕는 것이었다. 그러는 동안 영국인 사회는 독자적인 길을 갔다. 그들은 무도회와 음악회를 열었으며 ─ 나는 그중 한 음악회에서 앨릭 마시Alec Marsh 씨가 유쾌하게 노래했던 것을 기억하고 있다 ─ 승마, 테니스, 사냥 등 통상적인 야외 오락을 즐겼다. 이미

한여름이 되었지만 날은 그리 무덥지 않았고, 장마는 아직 시작되지 않았다. 요컨대 비록 뉴좡의 점령을 둘러싼 정치적인 투쟁은 격렬했을지 모르지만, 갈등의 초점이었던 실제 현장은 사람들이 그곳에서 중국의 여름을 보내길 원할 정도로 평화롭고 즐거운 곳이었다.

제3장
남만주

    뉴좡의 북쪽인 만주를 여행하는 일은 아무리 어림잡아 이야기한다 해도 상당히 복잡한 문제였다. 내가 개항장에 도착했을 때는 마침 발더제Waldersee 진영의 우리 측 대표였던 파웰Powell 대령이 귀환했을 때였다. 그는 하얼빈과 만주 철도를 경유하여 시베리아에 가고자 했으나 그 시도가 수포로 돌아가자 다시 돌아온 것이었다. 그를 대하는 러시아 당국의 태도는 몹시 이해하기 어려웠다. 물론 이 경우는, 다른 문명국 국민들을 대할 때와 같은 원칙을 러시아인에게 적용해서는 안 된다는 사실을 염두에 두지 않은 것이다. 파웰 대령은 해군 제독 알렉세예프의 허가와 원조를 충분히 얻은 뒤 뉴좡에서 출발하였다. 알렉세예프는 만주에 관한 한 명백히 차르 정부를 대변하는 인물이었다. 하지만 파웰 대령이 성징에서 약간 북쪽에 있는 톄링鐵嶺에 도착했을 때, 그는 톄링 이북의 모든 영역을 관할하던 동시베리아 총독의 허가 없이는 한 발짝도 더 갈 수 없다는 통고를 받았다. 이것은 새롭게 실시된 규정이었다. 그리고 갑작스레 생겨난 것임에 틀림없었다. 왜냐하면 전에는 이 규정에 관해 어떠한 언급도 들은 적이 없었기 때문이다. 그리고 후일 내가 살펴본 바로는 톄링에는 어떤 특정한 경계선도 없었다. 하지만 당시에 철로는 마침 그 도시까지만 이어져 있었다. 만약 파웰 대령이 길을 걸어서 그 철로가 끝난 지점 너머까지 나갈 수 있었더라면, 그 지역에서 무슨 일이 벌어지고 있는지에 대해서 기차 창문 옆에 앉아 있을 때보다는 더 정확한 정보를 얻을 수 있었을 것이다. 이유가 무엇이었든 간에, 파웰 대령은 동시베리아 총독의 특별 허가 없이는 1미터도 갈 수 없다는 통고를 받았다. 그리고 그 허가를 받기까지는 수개월이 소요될 것이 분명하였다. 결국 그는 왔던 길로 돌아오는 것 외에는 달리 선택의 여지가 없었다. 파웰 대령은 톄링에서 자신이 보낸 전신에 대한 답신을 기다리는 동안 사실상 구금되어 있었다. 더욱이 대령은 일반적으로 자신의 계급과 국적에 어울리지 않는 대우를 받았다. 엄밀히 말하자면, 그가 만주를 여행하는 데 필요한 것은 중국 여권

말고는 아무것도 없었다. 또한 철도를 이용할 때를 제외하고는 러시아의 허가 역시 필요하지 않았다. 나는 이 문제에 대한 러시아의 행동에 영국 정부가 어떤 공식적인 통고를 했는지는 모른다. 그리고 아직까지 이에 대해서 들은 바 또한 아무것도 없다. 결국 우리가 그러한 모욕을 감수한 것이라고 생각한다. 한 독일인 관리 역시 비슷한 시기에 제지를 받은 것은 아주 당연한 일이다. 하지만 나는 그런 일이 그렇게 당연한 것이었는지 모르겠다. 왜냐하면 파웰 대령의 경우, 해군 제독 알렉세예프의 충분한 감독과 허가를 받은 상태에서 여행하고 있었기 때문이다. 누구나 알 수 있듯이, 알렉세예프는 그러

만주 철도의 군사 초소.

한 허가에 관해 막강한 권력을 가진 인물이었다.

한 신문 특파원이 예전에 이와 비슷한 경험을 하였다. 그는 베이징에서 출발하였는데, 러시아 공사에게 받은 최고의 추천장을 갖춘 상태였다. 그리고 뤼순의 해군 제독은 그에게 엄청난 호의를 베풀었다. 그가 만주 전체를 구석구석 여행하는 길에는 아무런 장애물도 놓여 있지 않았다. 다만 그가 어떤 사람이건 간에, 성징의 제독이 승인한 허가증은 아마도 받아야 할 필요가 있었을 것이다. 그 특파원이 만약 성징을 향해 계속 갔더라면 그를 기다리던 모든 바를 얻었을 것이다. 그리고 더한 고생도 하지 않았을 것이다. 그 특파원은 그가 맡은 바를 끝까지 해 냈고, 성징행 열차에 올랐다. 얼마간 일정이 지연된 끝에 그곳에 도착하자, 그는 은행에서 자신의 기사가 실린 모든 신문이 정리된 채로 그를 기다리고 있는 것을 알게 되었다. 그러나 불행히도 길에서 오랫동안 시간을 지체하였기 때문에 그가 허가증을 얻었을 때는 막 날짜가 지나 버린 상태였다. 그것은 이미 유효하지 않았다.

이 이야기를 내게 들려준 러시아 관리가 말하였다.

"물론 우리는 그가 여행을 하도록 허락할 생각은 조금도 없었습니다. 그래서 그 방법이 그를 거절하는 가장 쉬운 방법이었죠."

러시아 당국의 입장에서 그것이 아마도 가장 쉬운 방법이었을 것이다. 하지만 그 누구도 보복할 여지를 주지 않는 권력이 하는 노련한 장난을 좋게 받아들이지 않는다.

　이미 이런 사례들이 있었기 때문에, 내 상하이 여권이 도움이 되지 않으리라는 것을 나는 매우 잘 알고 있었다. 비록 내 여권에 러시아 영사의 인장이 찍혀 있다 하더라도 말이다. 또한 현장에서 러시아 당국에게 많은 도움을 얻을 수 있으리라고 기대하지도 않았다. 형식상 나는 오스트로베르크호프 씨에게 접근하였다. 그는 내게 우선 어딘가를 순항 중인 해군 제독 알렉세예프에게 그리고 그다음으로는 동시베리아 총독에게 허가증을 받아야 한다고 말해 주었다. 동시베리아 총독은 반드시 서신으로 접촉해야만 하는데, 답신이 대개는 두 달 정도 걸릴 것이라고 하였다. 그는 내가 아주 헛된 일을 벌인다고 진지하게 충고하지는 않았다. 하지만 그 대신에, 앞으로 며칠간 만주에 가는 은행 관계자들 가운데 나를 데려가 줄 사람과 함께 가는 것이 어떠냐고 조언해 주었다. 나는 그의 제안이 고마웠다. 나는 이미 해당 관리에게 초청장을 받은 상태였기 때문에 더더욱 그것을 행동으로 옮기기로 결심하였다. 이렇게 해서 나는 지린, 그리고 가능하면 하얼빈, 또 특별히 갈 생각이 없었던 그 너머까지 가기로 하였다. 내게 일어날 수 있는 가장 최악의 일은 통행이 금지되어 항구로 되돌아가야 하는 것이었다. 내 동행인은 아마도 어려움을 겪지 않을 것이었다. 왜냐하면 그는 지린으로 동행을 데리고 가는 것에 대해 이를 금지한다는 어떤 지시도 받은 적이 없기 때문이다. 게다가 이것 말고도 내 동행인은 나를 대신해 주어야 할 어떤 책임도 없었다. 어떤 곤란한 질문에 대답해야 할 때면 나는 항상 러시아어를 모른다는 것을 핑계로 삼을 생각이었다. 그리고 내가 이 훌륭한 일행들과 동행하는 한 그러한 질문을 받을 일은 없을 것 같았다. 게다가 객차 한 량과 화차貨車 두 량 덕분에 여행에서 물질적으로는 매우 편안하였다. 이는 내 친구가 제안한 것이었다. 그는 작년에 의화단의 소요를 겪었고, 지금은 내륙에 있는 자신의 파괴된 집으로 새로운 가재도구들을 옮기는 중이었다. 4등석 객차에서 여행하는 며칠 동안 우리는 대체로 사치스럽게 지냈다. 그리고 다른 한편으로 화차에는 한 벌의 가재도구와 1년치의 식료품, 하인 여섯 명과 마부 한 명, 영국산 말 등을 실어 날랐다.

우리 여행의 첫 번째 여정은 그렇게 길지 않았다. 우리는 뉴좡에서 약 22킬로미터 떨어진, 간선으로 분기되는 환승역인 다샤자오에 도착하였다. 그리고 그곳에서 우리의 고행은 시작되었다. 홍수로 강이 흘러넘쳤고, 임시 다리가 가라앉았던 것이다. 뤼순을 출발한 기차가 예정보다 꼭 하루 늦게 도착했는데, 우리는 그때까지 대피선 안에서 24시간을 기다려야 하였다. 드디어 북쪽을 향해 출발했을 때, 우리는 다샤자오 너머의 철로에 자갈이 거의 깔려 있지 않다는 것을 알게 되었다. 게다가 다리는 순전히 임시변통일 뿐이었으며 몹시 부서지기 쉬운 구조물이었다. 선로를 받치고 있는 침목은 헐거워져서 기차가 그 위를 지나가자 진창 속에서 철벅철벅 소리를 내었다. 다리는 한 뼘씩 끊겨 있는 선로를 지탱하고 있는 침목을 쌓아 둔 것에 불과했고 우리 무게에 삐걱거렸다. 한편 철로 자체가 아예 물속에 잠겨 있는 경우도 있었다. 이러한 길을 넘어, 우리는 느리게 — 아주 느린 것은 아니었지만, 우리의 초조함에 비하면 그랬다 — 랴오양까지 밤낮으로 65킬로미터를 이동하였다. 랴오양의 역장은 랴오양과 성징 사이에 있는 커다란 다리가 가라앉는 바람에, 적어도 닷새 동안은 더 전진하는 것이 금지되었다고 우리에게 알려 주었다. 하지만 그는 결코 친절한 관리가 아니었다. 그는 한밤중에 우리를 뤼순으로 돌려보내려고 무진 애를 썼다. 그러나 그의 계획은 운 좋게도 객차의 연결이 풀리는 소리에 잠을 깬 내 친구 때문에 좌절되었다. 다음 날 아침이 되자 역장은 화가 났는지 자신이 판단하기에 1주일 동안은 랴오양을 떠날 수 없을 것 같다고 말하였다. 이러한 상황에서 우리는 그때 철도역 구실을 하던 그 늪에서 벗어나는 편이 더 현명하다고 생각하였다. 그래서 우리는 며칠 동안 장로교 선교회의 더글러스Douglas 씨와 함께 지내기로 하고 성내에 있는 그의 집으로 찾아갔다.

랴오양은 그 자체만으로는 북중국의 다른 성곽 도시들보다 흥미로운 곳은 아니다. 그렇지만 도로는 훨씬 넓고 냄새 역시 북쪽으로 멀리 떨어진 도시만큼 불쾌하지는 않다. 당시 러시아는 그곳에 2,000명이 넘는 주둔군을 보유하고 있었다. 그곳의 러시아인들은 그 도시를 매우 청결하게 만들었으며 밤에 거리를 밝힐 조명을 설치하도록 하였다. 우리는 한때 활기에 넘쳤을 것이나 이제는 폐허가 된 선교 지구를 지나쳤다. 그리고 혹자가 종종 중국에서 놀라곤 하듯이, 선교사들은 자신들의 사업이 계속 파괴가 되는데도 어떻게 그렇게 다시 시작할 용기를 쉽게 가질 수 있었는지에 대해 놀랄 뿐이었다. 글자 그대로든 은유적이든 간에 자신들의 사업이 뿌리까지 끊임없이 파괴되어 왔음에도 불구하고 말이다. 그러나 더글러스 씨는 최근의 의화단의 폭동은 상당한 결점이 있다고 지적하였다. 장로교 선교회의 본부 가운데 한 곳이 10년 동안 랴오양에 있었다. 그리고 요크셔Yorkshire의 크기보다도 훨씬 더 멀리 떨어져 있는 모든 지역에 순수 개종자가 1,100명으로 늘어나던 시기가 있었다. 이것이 아마도 그렇게 큰 숫자는 아니었겠지만, 주임 목사로서는 조금이나마 희망을 가질 수 있는 숫자였다. 이렇게 그가 믿었던 이들 중에 많아야 200명 정도만이 재난의 고통 때문에 새로운 믿음을 저버렸다.

랴오양은 만주에서 의화단의 중심지였고, 의화단이 일어났을 때 그들 기독교 개종자 가운데 재산과 생명을 걸지 않았던 이가 없다는 사실을 감안할 때, 적어도 이것은 위안이 되는 사실이다.

중국에서의 선교 사업을 놓고 비웃는 경우를 흔히 볼 수 있다. 그래서 대체로 사람들은 기독교 역사에서 무엇이 아주 흥미로운 사건이 되어야만 하는지를 쉽게 간과한다. 중국에서 여러 교회의 성직자들이 수행하는 긴 싸움의 마지막 사건이 무엇이 되든지 간에, 1900년에 있었던 사건들이 기독교 신봉자들을 축으로 하고 있는 기독교의 실질적인 영향력을 여실히 증명하였다는 것은 그 누구도 인정하지 않을 수 없다. 또한 중국인의 기질이 선천적으로 기독교 교의를 받아들일 수 없다는 것도 결코 사실이 아니라는 것 역시 입증되고 있다. 이러한 주제와 관련하여, 내가 철로에서 일하는 러시아인 기술자 가운데 한 목격자에게 들은 이야기는 다시 말할 만한 가치가 있다. 한 코사크Cossack[3]가 술김에 한 중국인을 총으로 쏘았다. 범인을 확인하기 위해 죽어 가는 희생자의 침대 곁으로 용의자로 지목된 몇 명의 남자들을 데려왔다. 하지만 그 중국인은 범인을 지목하기를 한사코 거부하면서 이렇게 말하였다.

---

3 카자흐스탄 출신 경찰.

"왜 그가 죽어야만 합니까? 내가 어쨌든 죽기 때문입니까?"

이 질문에 그들은 범인이 다만 엄격하게 벌을 받을 것이라고 설명하였다. 이에 대해 그 중국인은 자신이 범인을 용서했기 때문에 범인이 고통받아야 할 이유가 없다고 대답하였다. 그러자 처벌론자들은 범인인 코사크가 그와 같은 범죄를 되풀이하지 않도록 반드시 처벌되어야 한다고 주장하였다. 그 중국인은 이렇게 말하였다.

"하지만 내가 그를 용서한다는 것을 안다면, 그는 결코 다시는 잘못을 저지르지 않을 것입니다."

그리하여 문제는 거기서 매듭지어졌다.

중국의 선교 운동에 관한 나 자신의 경험을 여기에 기록하는 것이 부적절한 것은 아닐 것이다. 14개월 동안 나는 중국 북부와 중원의 광활한 지역을 여행하였다. 그리고 영국인, 미국인 그리고 로마 가톨릭을 비롯하여 많은 선교사들을 만났다. 진심을 다해서 그리고 실질적으로 중국을 위해 일하지 않는 이를 결코 본 적이 없다고 나는 솔직하게 말할 수 있다. 기독교 세계에는 수많은 적대적인 종파가 있다. 이들 종파들은 다른 곳에서처럼 중국에도 있었다. 하지만 종파적인 경계심에서 여타 선교회들이 하고 있는 교육과 교화 사업을 방해하는 일을 나는 결코 찾아볼 수 없었다. 중국에서의 선교 운동을 반대하는 근거로 한 가지 합당한 비난은 복음을 전파한다는 명목 아래 정치적 기반을 획득하려는 시도에 있다. 이것은 영국 혹은 미국의 신교 조직들이 결코 절실하게 받아들일 수 없는 비난이다. 하지만 이와는 대조적으로, 이 두 영어권 정부는 중국 내 신교 선교회들이 제공하는 훌륭한 정보들을 제대로 사용할 줄 몰랐다. 만약 선교회의 경고를 주의 깊게 들었더라면, 베이징의 공사관이 포위되는 일은 결코 일어나지 않았을 것이라고 해도 과언이 아니다.

만주에서 나는, 특히 장로교 선교회에 속해 있던 아일랜드인과 스코틀랜드인들의 성실과 저력에 깊은 감명을 받았다. 그들이 중국 다른 지역의 어떤 동료들보다도 실질적인 방법으로 부지런히 그들의 일에 힘쓰고 있는 것이 내게는 보였다. 그들은 종교적 교의를 가르치는 것보다 교육과 위생에 더욱 주의를 기울였다. 그리고 대부분의 지역이 의화단 때문에 파괴되어 있었으므로, 그들의 병원은 생명을 구하고 상처를 치료하는 데 커다란 공헌을 하였다. 더욱이 그들은 일본인 중개상을 제외하고는 만주에서 유일한 외국인이었는데, 그들은 정말로 그곳 사람들을 알고 있었고 그들의 언어로 이야기했으며 그들의 사고방식을 올바르게 인식하고 있었다. 그 결과, 특히 동아시아에서 영국인을 고용하는 것을 좋아하지 않았던 러시아인들은 우리 선교회의 도움 없이는 만주에서 아무것도 할 수 없게 되었다. 우선 첫째로, 내가 만난 러시아인 가운데 중국인과 유창하게 말할 수 있는 사람이 없었다. 그리고 중국인 통역인들은 공식적인 회담에 고용될 만한 부류가 아니었다. 그래서 러시아 관리들과 중국 지방관들 사이의 중요한 회견에는 우리 선교회의 도움이 필요했고, 또한 영어는 대화의 공통적인 요소가 되었다. 이러한 합의 조정은 더욱 기이한 결과를 낳았다. 만주의 중국인들은 영어를 '관화官話(공식 언어)' 혹은 양귀洋鬼(서양놈들)의 교양 있는 언어로 여기곤 했지만, 반대로 러시아어는 단지 '하층 언어coolie talk'에 불과하다고 본 것이다.

이런 방식으로 장로교 선교회는 중국을 위해 일하는 중재자로서 다양하게 활동할 수 있었다. 어떻게 웨스트워터Westwater 박사가 랴오양을 구할 수 있었는지는 오래된 이야기이지만, 그 도시의 중국인들은 그를 쉽게 잊지 않을 것이다. 의화단의 난이 일어난 후 러시아 원정군이 성징으로 진군하고 있었을 때였다. 당연히 그들은 도중에 주요 도시인 랴오양을 점령할 필요가 있었다. 도시 외곽에서는 어떠한 저항도 없었다. 그래서 대령이 그의 수하를 이끌고 성문으로 막 진입하려고 할 때였다. 랴오양 내부의 중국인들이 사격을 개시하였다. 대령 일행은 즉시 철수하였다. 그리고 군대는 공격 태세를 갖추었으며 포병대는 포격을 시작하려고 하였다. 그때, 웨스트워터 박사가 도시에 들어가 인명 손실 없이 항복을 얻어 내겠다고 자청하였다. 그는 예전에 랴오양에 거주하였던 적이 있으며, 통역이자 고문으로서 러시아 원정군에 동행하고 있던 차였다. 그는 동시에 러시아 군대가 그 도시에서 어떠한 약탈이나 살인도 자행해서는 안 된다는 강경한 조건을 내걸었다. 대령은 이에 동의하였다. 웨스트워터 박사는 무기를 지니지 않은 채 말을 몰아 홀로 성 안으로 들어갔다. 한동안 그는 텅 빈 거리를 가로질렀다. 중국인들은 대부분 잠복하고 있었다. 마침내 그는 한 중국인 개종자를 만났다. 그 중국인 개종자는 웨스트워터 박사를 알고 있었고, 상회商會의 우두머리들이 회의하는 장소로 그를 안내하였다. 그곳에서 그는 좌중에게 인사를 건넸고, 저항의 어리석음을 일깨웠다. 그리고 그들이 만약 도시를 넘겨준다면, 생명과 재산이 모두 무사할 것이라는 데에 자신의 명예를 걸었다. 중국인들은 곧 항복하였고 러시아는 도시를 점령하였다. 러시아인 대령은 약속을 충실히 이행하였다. 어떠한 약탈이나 살인도 없었다. 며칠 동안 모든 순찰병들은 질서가 문란해지지 않도록 감시할 의무를 지닌 장교와 동행해야만 하였다. 이리하여 선교사의 용기와 기민함 덕분에 랴오양은 러시아 군대가 수많은 도시와 마을에서 자행하였던 그 무시무시한 만행으로부터 자신을 지킬 수 있었다.

다른 한편, 토착민들과 가까이에서 접촉하는 이러한 사람들은 중국에서 일어나는 사건들의 이면에 대한 정보도 얻을 수 있었다. 그러한 정보는 침략자들은 결코 얻어 낼 수 없는 것이었다. 우리가 랴오양에 있을 때, 더글러스 씨는 새로운 비밀 결사와 관련된 매우 가치 있는 정보를 가지고 있었다. 비밀 결사는 지난 몇 개월 사이에 남만주에서 거대한 규모로 성장하였다. 재리회在理會라 불렸던 그 비밀 결사는, 명목상으로는 해가 없는 불교 조직이었고 그 수장은 자신들의 목적이 부처의 여성 화신인 관음을 숭배하는 데 있다고 공언하였다. 랴오양의 아름다운 사원 가운데 관음을 모신 절 또한 있었다. 새로운 개종자가 이 비밀 결사의 일원으로서 공인되면, 그 즉시 그의 영혼을 위한 다섯 글자를 받았다. 그 다섯 글자는 아무에게도 누설해서는 안 되는 것이었다. 심지어 아버지, 어머니 혹은 할아버지, 할머니에게도 말이다. 그가 항상 명령에 따르는 것은 아니었다. 그리고 그 다섯 글자가 '관세음보살'과 같은 무해한 단어임을 발견하는 데에는 별 어려움이 없었다. 그러나 비밀 결사 안에는 은밀한 조직이 있었으며, 여기에는 오로지 검증된 사람만이 들어갈 수 있었다. 그들 역시 다섯 단어를 기억하도록 되어 있었는데, 이것을 번역하면 대체로 다음과 같다. "곡식을 저장하고 가축에게 먹일 풀을 모으고 그리고 반역하라蓄糧積草板." 바꾸어 말하면, 단지 비밀 결사는 공인된 혁명 조직의 한 부류였다. 그 조직의 지도자들은 아마도 독자적인 참된 교의를 가지고 있을 것이다. 그렇지만 그 조직의 말단을 이루고 있는 것은 현재 중국의 난폭하고 무질서한 사람들이며, 그들은 오로지 방화와 약탈만 일삼았다.

더글러스 씨는 그 운동 ─ 만약 이것을 그렇게 부를 수 있다면 ─ 이 널리 퍼져 있지만, 러시아 군대가 기세등등하게 존재하는 한, 결코 쉽사리 극도로 악화되어 위기에 이르지는 않을 것이라고 확신하였다. 하지만 비밀 결사의 움직임은 중국 전역에 만연한 불안한 기운을 암시하고 있었다. 그리고 그것은 외국 세력이라는 장막이 사라질 때 위험해지는 것이었다.

랴오양 그 자체는 유달리 평화로워 보였다. 그것은 아마도 중국인들이 외국인 얼굴에 매우 익숙해져서 외국인이 거리를 지나갈 때 굳이 그를 쳐다보거나 하는 일이 거의 없었기 때문일 것이었다. 이것은 방문객들에게 큰 위안이 되었다. 우리는 도착한 다음, 오후에 한 선교회의 의사를 만나러 갔다. 그는 철로에서 뜻하지 않은 사고를 당해 러시아인 기관장의 집에 누워 있었다. 그는 오랫동안 옌타이煙臺[4] 부근의 러시아 탄광에서 일을 하고 난 뒤, 날이 어두워진 후 광차鑛車를 타고 돌아오던 중이었다. 그는 랴오양으로 돌아가기 위해 서두르다가 그곳에서 다소 위험한 상황에 처하고 말았다. 러시아

---

4 현재 덩타燈塔 시가 당시에는 옌타이로 불렸음.

철도 노동자가 그가 사용할 램프를 사야 하는 돈을 보드카를 사는 데 써 버렸던 것이다. 그리하여 그들은 그때 밑에서 철도 레일을 싣고 있던 다른 광차를 향해 쏜살같이 내달리고 말았다. 비탈길 밑에 있던 광차 역시 램프가 없었다. 그 의사는 허벅지가 심하게 찢어졌고 피를 흘렸다. 상황이 이렇게 되자 그는 부상을 입은 중국인 남자와 나란히 누워서 20킬로미터를 더 이동하였다. 기관장의 집에 도착했을 때, 그는 자신의 상처를 꿰매고 붕대를 감을 수 있었다. 러시아인들이 그를 훌륭하다 여기게 된 것은 당연한 일이었다. 왜냐하면 실제로 그를 통해 웨스트워터 박사의 경우와 같은 경험을 했기 때문이다. 그것은 선교회 의사들의 진가였으며, 그들의 도움이 없으면 러시아인들은 곤경에 빠질 것이다. 실제로, 다친 의사를 돌보고 있었던 그 기관장은 우리가 방문했을 때 내가 스코틀랜드인이라는 것을 알고 매우 반가워하였다. 왜냐하면 그가 누구보다도 칭송하였던 월터 스콧Walter Scott 경과 웨스트워터 박사가 스코틀랜드에서 태어났기 때문이었다.

우리가 그 사고에 대해 이야기를 나누는 동안, 한 대의 열차가 그 집을 지나 북쪽으로 향하였다. 우리는 그 역장의 말을 지나치게 신뢰하였다는 것을 알아차렸다. 우리는 차를 놓치고 만 것이다. 다행스럽게도 화차가 우리와 함께 남아 있었기 때문에, 단지 12시간 동안의 불필요한 지연 — 중동 철로에서는 자그마한 문제 — 을 감수하면 되었다. 철도 역장은 우리에게 이레 동안 앞으로 나아갈 수 없다고 말하였다. 하지만 사실은 바로 그때 그는 자신의 사무실에서 큰 문제가 해결되었으며 성징까지의 길은 안전하다는 것을 알리는 전신을 받고 있었다. 그 러시아인 철도 역장은 충분히 그럴 만한 사람이었다. 우리를 혼동케 할 어떠한 목적도 그에게 없었다. 다만 그는 숫자를 혐오하는 평범한 러시아 사람일 뿐이었다. 훗날 높은 계급(대령이었다고 여겨진다)에 있던 한 러시아인 경리관이 우리에게 시베리아 횡단 철도에 지출된 비용에 대해 진지하게 이야기해 주었다. 그의 말로는, 통틀어 적어도 200만 루블이라는 것이었다! 노선의 훨씬 북쪽에 있던 곳의 철도 역장은 그의 역에서 멀지 않은 곳에 160킬로미터에 걸쳐 경사가 25도인 비탈이 있는데, 그곳은 매우 위험하기 때문에 기차로는 그 이상 가지 못한다고 알려 주었다. 위험하다는 것은 전혀 적절한 말이 아닌 듯 보였고, 그래서 우리는 곧 짐칸에 몸을 실었다.

절반가량 완성된 상태인 철로에 대한 이야기는 다음 장으로 넘겨야만 하겠다. 우리는 잉커우를 떠난 지 사흘째 되던 아침, 20킬로미터 떨어진 성징 역에 도착하였다. 그리고 다시 그곳에서 매우 바삐 움직여서, 같은 날 저녁에 톄링에 닿을 수 있었다. 대략 런던과 크레

웨Crewe 사이의 거리와 맞먹는 거리를 지나온 것이었다. 게다가 72시간이라는 상당한 시간이 흘렀다. 이곳은 내게 여행의 한 고비가 된 곳이었다. 왜냐하면 이곳에서 내 전임자들은 되돌아가야만 했기 때문이다. 하지만 내 경우에는 아무런 문제도 없었다. 나는 새롭게 문을 연 러청 은행의 지점에서 정찬을 먹었고, 다음 날 아침 슬그머니 떠나는 사람처럼 간단한 절차만을 밟고 동시베리아 총독의 관할 지역을 지나갔다.

제 4 장
만주 철도

테링 북쪽으로는 가면 갈수록 철길이 완성되지 않은 상태였기 때문에 앞으로 나아가는 것이 확실하지 않고 때때로 위험하다는 것을 알게 되었다. 뉴좡에서 출발한 철로에는 여전히 자갈이 깔려 있지 않았지만, 그나마 테링까지는 어느 정도 일정하게 철둑의 틀이 잡혀 있었다. 그 도시의 북쪽으로, 새롭게 깔린 침목과 철도 레일이 기관차 한 대의 무게를 버티지 못하고 제방의 약한 부분 쪽으로 눈에 띄게 내려앉아 있었다. 그리고 전체적인 노선은 지그재그로 뻗어 있는 산악 도로를 따라 움직이고 있는 것처럼 보였다. 카이위안開原 너머, 테링에서 30킬로미터 북쪽에 있는 커다란 도시에는 ― 내가 생각하기에 ─ 우리가 나타나기 전까지 어느 여행객도 와 본 적이 없는 듯하였다. 사실, 북쪽의 하얼빈과 남쪽의 뤼순에서 오는 철로가 콴청쯔寬城子[5]의 약 30킬로미터 남쪽 지점에서 연결된 시점은 우리가 톄링을 출발한 날과 비슷한 시기였다. 그렇지만 러시아 반半공식 보고에 따르면, 하얼빈에서 뤼순 사이의 직통 노선은 적어도 3개월 전부터 있었다고 하였다. 설령 그 보고가 맞다고 하더라도, 철로를 부설하는 일과 그 위로 기차를 운행하는 일은 전혀 다른 문제였다. 실제로 카이위안에는 우리를 태울 기차가 아예 없었다. 하지만 그런 어려움은 그 구역 기관사가 와 주어서 해결되었다. 그는 약 90킬로미터 북쪽의 시핑카이Hsipingkai≒西平에 있는, 자신이 담당하는 정류장까지 우리를 데려다 주어 기차를 탈 수 있도록 호의를 베풀어 주었던 것이다. 우리는 시핑카이에서 그와 함께 저녁을 먹었고 밤을 보냈다. 이것은 나에게 여러모로 행운이었다. 왜냐하면 여행에서 돌아오는 길에 같은 기관사를 만나서, 그의 호의 덕분에 체포될 뻔한 많은 위험에서 벗어날 수 있었기 때문이다.

이때 우리의 목적지는 일단 콴청쯔였는데, 정말로 눈앞에 보이는 듯하였다. 우리는 약 120킬로미터 정도를 더 가기만 하면 되었고

─────────

5 장춘청長春廳의 치소治所가 있던 곳.

계속 기차를 타고 있었다. 그렇지만 우리의 고난은 아직 끝난 것이 아니었다. 아침 5시경에 우리 소유의 객차와 화차는 별도의 유개화차有蓋貨車 한 대와 함께 출발하였다. 그 유개화차는 기차를 타게 해 달라고 간청했던 정체를 알 수 없는 철로 일꾼들을 가득 태우고 있었다. 우리는 엄청난 충돌로 크게 흔들리는 바람에 갑작스레 잠에서 깨어났다. 우리가 탄 객차가 탈선하여 제방의 바로 가장자리에 매달렸다. 기차는 매우 날카로운 소리를 내었고, 쿨리들이 그 현장에 도착하였다. 2시간 후에 기차는 본래 자리로 돌아왔고, 다행히도 다시 출발할 수 있었다. 그러나 5분 후에 우리 객차는 다시 탈선하였다. 그리고 이때, 사고가 날까 촉각을 곤두세우고 있던 우리는 대부분 기차가 멈춰서기도 전에 밖으로 튀어나와 제방으로 굴러 떨어지고 말았다. 다행히 우리 객차는 당시에 연결된 상태로 있었는데, 만일 그렇지 않았더라면 객차가 제방 가장자리로 넘어져서 비탈에 굴러 떨어졌을 때 승객 중 몇 명은 틀림없이 내동댕이쳐졌을 것이다. 그 때 차축車軸과 목조 구조물이 커다란 손상을 입었기 때문에, 우리는 객차를 끌고 아침에 출발하였던 역으로 천천히 되돌아갈 수밖에 없었다. 결국 객차는 그곳에 남게 되었고, 이제 기차를 타고 가는 것을 사양한 러시아 친구들과는 헤어지게 되었다. 그 후에 우리는 규모는 더 작아도 더욱 안전하게 여행할 수 있었다. 화차 가운데 하나에

저자가 탄 기차의 탈선.

말과 중국인 하인들이 탔는데, 그래서 꽤 무거워진 화차가 쉽게 철로에서 튀어 오르지 않았기 때문이었다.

60킬로미터를 더 가서야 우리는 쿤다린Kundalin=公主嶺市에 도착할 수 있었다. 이곳에서 역장은 우리가 타고 온 기차를 끌고 갔다. 그리고 그는 앞쪽 철로의 경사가 25도여서 몹시 위험하다고 말해 주었다. 우리는 단번에 땅속으로 내려가는 것을 원하지 않았기 때문에, 무거운 짐을 버리고 우리가 탈 수 있는 네 대의 마차cart에 몸을 실었다. 그리고 하루 동안 엄청나게 험난한 길 위를 달려 다음 역으로 이동하였다. 그 역에서 그 구역을 담당하던 기관사는 순수한 러시아식 호의로 환대해 주었고, 다음 날 아침 자신의 건설용 기차에 우리를 태우고 콴청쯔 역까지 데려다 주었다. 그리고 우리 마차는 매우 천천히 길을 따라 이동하였다. 그러나 그 역에서부터 우리는 도시가 있는 곳까지 뜨거운 태양 아래 3킬로미터를 걸어야만 하였다. 이때 우리는 짐도 없고 곧바로 쓸 수 있는 생필품도 없이 떠돌이 같은 처지로 전락한 상황이었다.

1~2주 후, 나는 돌아오는 도중에 하얼빈과 콴청쯔 사이 노선의 일부를 여행하였기 때문에, 만주 철도의 가장 중요한 부분인 하얼빈 - 뤼순 지선 전체를 보게 되었다. 당시에 외국인은 결코 이 지역을 여행할 수 없었다. 그러므로 이 시점에서 북중국의 최근 역사에서

매우 중요한 역할을 담당하고 있는 만주 철도에 대해 몇 쪽의 분량을 할애해 기술해야 할 필요가 있다.

1901년 7월에 우리가 시작한 그 여정을 되돌아보고, 그때 당시의 노선 상태와 1903년에 완전히 변모한 모습을 대조해 보는 것은 흥미로운 일이다. 그때 우리는 단지 8일하고도 반나절 만에 뉴촹과 콴청쯔 사이의 거리를 이동하였다. 그 길 위로는 단 하나의 다리도 그리고 속도랑도 완성되어 있지 않아서, 모든 시내와 강은 임시 구조물을 통해 건너야만 하였다. 그때마다 매번 본래의 노선에서 탈선하면서 말이다. 매우 불행하게도 큰비가 막 내리기 시작한 직후에 우리는 북쪽을 향해 출발하였다. 그때 당시, 상당수의 임시 다리가 우리 앞에서 완전히 떠내려가 버린 뒤였고, 북중국의 황토로 만들어진 제방은 곳곳에서 부서지기 쉬운 불안정한 상태로 남아 있었다. 나는 우리나라 기술자들이라면 임시 구조물을 이렇게 소홀히 방치해 둘 것이라고 생각하지 않는다. 긴박한 군사적 필요에서도, 남아프리카에 있는 우리나라 기술자들은 기차가 당시 만주의 강에 걸쳐져 있는 것과 같은 그런 연약한 구조물 위로 지나가도록 결코 용납하지 않았다. 그렇지만, 아무튼, 이것은 단지 기술자와 철로의 일꾼들과 관련된 문제이지, 그 노선의 영구적인 가치와는 관련이 없는 일이다. 러시아인들은 우리보다 인명에 대해 더욱 부주의하다. 그러므로 만일 단 한 푼도 지불하지 않을 수 있는 특권을 가지고, 아직 건설 과정에 있는 철로 위로 여행하는 것을 좋아하는 제삼자가 있다면, 그는 반드시 자기가 한 일의 결과를 감수할 각오를 해야만 할 것이다. 단 한 가지 더욱 유감스러운 일은 화차의 전복으로 중국 노동자들이 꽤 많이 죽었다는 사실이다. 나는 성징과 도착 역 사이에서 여덟 번이나 탈선한 후 막 쑹화松花 강 다리에 도착한 어떤 기차를 기억하고 있다. 이러한 상태에 있는 철로를 비난하는 것은 분명 어리석은 일이다. 그러나 아직도 시베리아 철도와 만주 철도에 대한 비난이 끊임없이 이루어지고 있다. 하지만 그럼에도 만주 철도의 건설은 ― 앞으로 내가 이야기하겠지만 ― 철도 건설 방면에서는 놀라운 업적이다.

반드시 염두에 두어야 하는 사실은 철도가 전략적 가치뿐만 아니라 상업적 가치를 지닌다는 점이다. 그리고 또한 어떠한 대가를 치르더라도 하얼빈과 뤼순 사이에 실제로 철로를 부설하는 일이 1901년 그해에 가장 중요한 일이었다는 사실 역시 기억해 두어야만 한다. 그해 러시아는 나머지 국가들을 다소 적대시하고 있었다. 특히 일본에게 그러했는데, 그것은 일본이 만주를 놓고 중국과 거래하고 있었기 때문이다. 만주의 교역과 관련하여 이해관계가 가장 많이 얽혀 있었던 영국은 남아프리카 전쟁(보어 전쟁)에 전념하고 있었기 때문에 동북 3성의 미래에 대해 그다지 관심을 기울이지 않고 있었다. 그러나 일본은 갈수록 러시아의 지위가 강화되고 있다는 것을 잘 알고 있었다. 게다가 만약 일본이 즉시 일격을 날리지 않는다면, 그들은 개척지인 만주를 잃어버릴 것이란 사실 또한 매우 잘 인식하고 있었다. 이러한 상황에서 뤼순과의 육상 교통을 확보하는 일이 러시아 입장에서는 절대적으로 필수적이었다. 남아프리카에서의 경험이 우리에게 증명해 준 것은, 자꾸 중단되고 지역마다 파괴되기 쉬운 단 하나의 철로일지라도 전혀 없는 것보다는 훨씬 낫다는 사실이다. 그러므로 1901년 7월 18일 콴청쯔 바로 남쪽에서 철로가 실제로 연결되었을 때, 러시아는 일본과의 조용한 전투를 시작하기 위하여 매우 큰 한 걸음을 내딛었던 것이다. 철로 공사가 진척되는 중이었던 지난 열두 달 동안, 만주에서 그들의 위치가 얼마나 취약한 것이었는지는, 당시 미완성이었던 노선을 여행할 때만이 오로지 이해할 수 있는 것이었다. 그리고 탄복해 마지않을 수 없는 점은, 갑작스런 전쟁이 일어나서 러시아가 고립되거나 러시아의 동아시아 정책이 적어도 반세기 후퇴했을지도 모르는 상황 속에서, 세계에 도전한 러시아의 대담함이다. 다른 한편으로, 사람들은 바로 얼마 전까지 언급되던 러시아와 일본 사이의 피할 수 없는 전쟁은 이미 수포로 돌아가게 될 것이 자명하다고 점점 더 확신하게 되었다. 왜냐하면 일본은 이미 엄청난 기회를 놓쳐 버렸기 때문이었다.

그러나 본론으로 돌아와서 철도에 대해 다시 이야기해 보겠다. 설령 2년 전이었다고 할지라도 공정한 관찰자라면 자갈이 깔리고 완성될 때부터 철도가 성공한 사업이고 거의 실패하지 않을 것이란 점은 분명하게 알 수 있었다. 물론 극복해야 할 자연적인 난관이 극히 일부 있기는 하였다. 그곳의 강은 부드러운 바닥 때문에 다루기가 힘들었는데, 잠함潛函 caisson[6]을 가라앉혀 다리를 놓아야 할 필요가 있었다. 이것은 오래 걸리는 데다가 비용이 많이 드는 사업이다. 하지만, 두 번 건너야만 하는 쑹화 강을 제외하고는, 건너기 어려운 큰 강은 없다. 톄링까지 철로는 랴오허의 평탄한 유역을 따라 거의 정북쪽을 향해 뻗어 있다. 그리고 이 철로는 톄링에서 콴청쯔 사이의 대초원에 있는 거의 느낄 수 없을 정도의 구릉을 넘어 계속 같은 방향으로 나아가고 있다. 참고로, 이 구릉은 랴오허와 쑹화 강의 분수령을 이루고 있다. 콴청쯔에서 하얼빈까지의 지역은 다시 평지로 이어져 있고, 철로는 커다란 다리를 지나 쑹화 강을 건너야만 한다. 이 다리는 블라디보스토크와 뤼순 노선의 교차점에서 남쪽으로 대략 90킬로미터의 거리에 있다. 하얼빈과 카이돌로보Kaidolovo 사이에

---

6 토목 공사에서 토대를 만들 때 지하수가 솟는 것을 막는 콘크리트 상자.

있는 싱안링興安嶺 산맥은 터널을 뚫어야만 하는데, 이와 비슷한 난관은 하얼빈과 블라디보스토크에도 있다. 하지만 이러한 산맥에 특별한 토목 기술이 요구되는 공사가 필요한 것은 아니다.

현명하게도 러시아인들은 만주 철도 전 구간에 무거운 레일을 깔아 놓았다. 여기서 무겁다는 것은 시베리아 노선의 것과 비교해 볼 때 그렇다는 말이다. 기차만이 아니라 만주에 놓을 레일 역시 미국에서 들여온 것인데, 만주의 것은 무게가 약 91.4센티미터당 29.5킬로그램 정도인 반면에 시베리아의 것은 21.7킬로그램 정도이다. 따라서 평지를 달리는 데다 좋은 레일을 가진 덕분에 만주 철도는 시베리아 철도 대부분의 구간에 비해 훨씬 더 빠른 속력을 낼 수 있다. 실제로 기관장은 적절한 작업 상태에 있는 철로라면 하얼빈과 다롄 사이의 약 1,046킬로미터를 15시간 안에 주파할 것으로 기대하고 있었다. 이에 대해서는 대다수 러시아인들이 그렇게 추정하는데, 사실 좀 지나치게 자신만만한 것일지도 모른다. 그렇지만 그 거리는 기차가 멈추는 것을 충분히 고려해도, 24시간 안에 원활하게 이동할 수 있다.

내가 만주에 있던 그때에도, 여전히 카이돌로보 ― 하얼빈 구간에 170킬로미터의 철로가 더 부설될 예정이었다. 게다가 싱안링 산맥을 관통하는 기다란 터널 공사는 아직 시작조차 하지 않은 상태였다. 그럼에도 철로 공사 작업은 매우 신속한 속도로 추진되고 있어서, 러시아 기술자들의 약속을 의심할 이유는 전혀 없었다. 설령 그 약속들이 처음에는 몹시 터무니없어 보인다 할지라도 말이다. 예를 들어 1902년 초 쑹화 강에 두 개의 다리가 완공되었을 당시, 나는 그 사실을 거의 믿을 수 없었다. 러시아인들은 1902년까지 공사를 완수하겠다고 했고, 그 위업은 실제로 달성되었다. 실로 이러한 점에서 러시아인들은 자신들의 사업에 놀랍도록 충실하였다고 할 수 있다. 「모닝포스트The Morning Post」의 칼럼들을 대충 훑어볼 때면, 1901년의 지린에서 내가 그 주제에 대해 쓴 글을 발견하게 된다. 나는 여행자들에게 만주 노정을 시도하기 전에 1903년 봄까지 기다리라고 충고하였다. 그리고 그때까지 뜻하지 않은 사고가 일어나지 않는다면, 그 노선은 순조롭게 운행하고 있을 것이며, 런던에서 중국까지의 여행은 시간적으로 3분의 1 이상 단축될 것이라고 보았다. 그리고 1902년까지, 여행객들은 블라디보스토크와 헤이룽장 노선으로 더 길고 훨씬 불안정한 여행을 하기보다는, 오히려 만주 철도를 이용하고 있을 것이라고 덧붙이기도 하였다. 그리고 여름이 되기 전에 시간을 재 보는 기록 여행a record journey이 상하이와 런던 사이에서 분명히 시도될 것이라고 생각했다. 그렇지만 편안함을 찾는 사람이나 시간 면에서 상당한 이득을 보기를 원하는 사람은 1903년까지 기다려야만 할 것이라고 이야기했다. 나와 함께 중국에서의 문제를 논하였던 모든 외국인 커뮤니티들은 이러한 견해를 터무니없이 낙관적인 전망이라고 여겼다. 물론 러시아인들은 예외였다. 그러나 이것은 조금도 틀리지 않고 사실로 확증되었다. 지난해(1902)부터는 뉴촹에서 상트페테르부르크까지 이레 안에 가는 일이 가능하게 되었다. 하지만 기차가 지연되는 일은 여전히 빈번하였다. 그러나 금년부터 그 노선은 크게 개선되었고 서비스도 매우 나아졌다. 그래서 이제는 세계에서 가장 호화로운 기차 가운데 하나를 타고, 매우 편안하게 다롄에서 상트페테르부르크까지 13일 반 안에 갈 수 있게 되었다. 게다가 바이칼 호에서 여정이 중단되는 일이 없어지고, 시베리아 철도가 만주의 지선을 함께 연결하는 주요 간선이 된다면, 시간은 상당히 단축될 것이다. 이미 런던에서 상하이까지 사실상 18일 정도가 소요되고 있었다. 그리고 앞으로 2년 혹은 3년 동안에 그 날짜 수가 15일로 줄어들지 않을 것이라 여길 만한 이유는 전혀 없다고 하겠다. 반면에 피앤오[7]P.&O., Peninsular and Oriental Steam Navigation Co. 증기선이 가급적 신속하게 운반하는 우편물도 31일이 걸리고, 캐나다 태평양 노선은 절대로 그보다 더 빨리 운반할 수 없다. 그러므로

7 영국의 세계적인 항만업체.

만주 지선과 연결된 시베리아 횡단 철도는 극동과 왕래하는 데에 이미 거대하고 중대한 변화를 가져오고 있다고 하겠다. 시간상으로 단축될 뿐만 아니라, 여객 요금 역시 획기적으로 낮아지고 있다. 다양한 지점을 들르는 여정이 될 수도 있고 가지고 가는 짐의 양에 따라 다소 요금이 비쌀 수도 있기 때문에, 여행하는 데 어느 정도 비용이 드는지를 말하기는 어렵다. 그렇지만 대강 말해 보자면, 런던에서 시베리아를 거쳐 상하이까지, 적당한 양의 짐 그리고 음식과 마실 것을 살 수 있는 충분한 비용을 포함하여 50파운드 정도면 갈 수 있다. 반면 피앤오 혹은 독일 우편German mail을 이용할 경우에 지출하게 되는 경비는 봉사료(꽤 적지 않은 항목이다)와 배 안에서의 다른 비용을 포함하여 시베리아 철도를 이용할 때보다 두 배 이상이 들 것이다. 물론 값이 싼 증기선들도 있지만, 2등석을 타고 훨씬 더 싼 가격에 기차로 똑같이 갈 수 있다. 그리고 덧붙여 말하자면, 육상 노선 가운데 가장 비싼 구간은 런던에서 상트페테르부르크까지의 노선이다.

상업적 측면에서 보면, 만주 지선은 반드시 성공하게 되어 있다. 만주에 관한 호지 씨의 책을 제외하면, 내가 읽은 안내서 중에 이 광대한 지역이 가진 풍부한 농업 자원이 있는 그대로 나타나 있는 것은 하나도 없다. 일반적으로 곡식이 자라는 시기에는 내륙으로 여행을 하지 않기 때문이라는 것도 그 이유 중 하나이다. 또 다른 이유는 외국인들이 지금까지 성징에서 지린까지 오래된 길을 따라서 갔기 때문이었다. 이 길은 랴오허 하류의 분지와 쑹화 강 계곡의 중간 부분으로 에워싸인 방대한 평원 지대, 그 가장자리에 있는 구릉지를 따라 나 있다. 이 평원 지대에는 크고 조밀한 공간이 있다. 이곳은 거의 영국 땅 전부를 합친 만큼 크며, 세계에서 가장 훌륭한 농경지이다. 그리고 즈리와 산둥에서 지난 몇 년간 이민을 온 검약한 농부들이 이곳을 경작하고 있다. 여기에는 모든 종류의 콩, 밀, 고량, 옥수수, 인도 쪽, 대마 그리고 갖가지 종류의 채소들이 동서반구를 통틀어 같은 작물 한계선에 있는 다른 어떤 지역보다도 아주 풍부하다. 멀리 떨어진 계곡에서 경작이 이루어지고 있고, 과학적인 과수 재배가 도입되었으며, 철로 동쪽의 아직 개척되지 않은 구릉지의 풍부한 목초지에서 양과 소를 방목하고 있었다. 하지만 농부의 경제적 이익은 아직 늘지 않았다. 이미 농업 인구가 정착하여 크게 번영하고 있는 곳을 발견하는 것은, 철도 건설자들에게는 마치 금광을 발견한 것과 마찬가지인 일이다. 그 철로는 개통하는 바로 그 순간부터 비용 지출을 감당해야 한다. 어쩌면 합리적인 경영을 통해서 건설 중반기에는 그 비용을 청산하고 있었을지도 모른다.

이 지역의 막대한 부 덕분에, 시장을 찾아 이곳저곳을 지나는 일

없이 만주를 관통하여 직선 노선을 긋는 것이 가능해졌다. 이왕 이야기가 나왔으니, 카이위안 북쪽 노선의 기다란 구역은 엄밀히 말해 몽골에 속한다는 사실을 확실해 해 두어야겠다. 하지만 콴청쯔가 주요 도시인 이 영역은 일반적으로 중국의 관할이다. 그렇기 때문에 이곳은 어느 모로 보나 우리가 만주라고 부르는 지역에 포함된다. 최초에 맺은 협정에 따르면, 철로는 주요 도시의 20킬로미터 이내에 들어갈 수 없었다. 이런 이유로 그 조항을 지키기 위해 철로는 성징 주위로 우회하였다. 그렇지만 러시아는 그 협정을 진지하게 준수하려는 의도가 전혀 없었다는 사실이 매우 명백하였다. 진로를 바꾸기 위해 훈渾 강을 가로지르는 상설 다리를 급히 건설해야 했지만, 그들은 어떠한 준비도 하지 않았다. 그리고 지금은 평면도가 변경되어서 오히려 철로가 성징에 가깝도록 되어 있다. 랴오양과 톄링은 모두 그 노선에서 가까운 반면, 카이위안과 콴청쯔는 둘 다 몇 킬로미터 정도 떨어져 있다. 콩과 곡물의 생산은 비옥한 지대 전체에 걸쳐서 대규모로 이루어지고 있기 때문에, 별다른 수고 없이 새로운 철로는 항상 최대한으로 철도 차량을 운용하고 있는 실정이었다. 심지어 톄링의 경우에는 그 도시의 성곽에서 단지 약 3.2킬로미터 정도 떨어진 곳에 랴오허가 있었지만, 이미 1901년에 배보다 기차를 이용해 화물 운송을 하는 편이 비용이 더 적게 들었다. 사실 러시아 철도 고용인들에게 거액의 '부정 수수료squeeze'를 지불해야만 했고 중국 관리들은 기차로 운반되는 모든 물건에 대해 출발 지점에서 세금을 징수하고 있었지만, 그럼에도 기차를 이용한 운송 비용이 더 저렴했던 것이다. 따라서 철도 차량이 많아지고 화물 운송료가 정상적인 수준으로 낮아지면서 꽤 많은 직원이 철도에 고용될 때가 오면, 대체로 중국인들은 자신들의 물건을 배를 이용하는 것보다 기차를 이용해 운반하는 것이 더 이득이 된다는 사실을 깨닫게 될 것이다. 이것은 쉽게 상상할 수 있는 일이다. 중국인들이 새로운 방식에 자기 스스로 얼마나 빨리 적응하는지를 보는 것은 경이로운 일이었다. 철도 레일이 침목에 거의 고정되어 있지 않았는데도 우리는 랴오양에서 카이위안에 이르기까지 모든 역에서 몇 톤에 이르는 콩과 곡물이 철로의 측선에서 운반되기를 기다리고 있는 것을 볼 수 있었다. 랴오허가 옆에 있어 기차와 바로 경쟁할 수밖에 없는 톄링에서도 적어도 화차 300대 분량의 콩과 곡물이 아래 지역으로 이동하기 위해 기차를 기다리고 있었다. 강은 기껏해야 강기슭 주변에 사는 농부들과 상인들에게만 유용하다는 사실을 반드시 기억해야 할 것이다. 특히 장마철과 가을에 곡식을 운반해야 할 때는, 생산물을 강까지 가져오는 데 소요되는 수레 비용이 엄청나게 늘어난다. 그래서 결국 운송이 어렵게 되면서 전체 생산물의 극히 일부조차도 연안에 닿을 수 없게 되는 것이다. 따라서 철도는 더 값싸고 신속하게 강을 대신하면서 어쩔 도리 없이 옛 수로를 포기하도록 만들 것이다. 그리고 몇 년 안에 만주 전체에서 지선들이 간선들의 공급자 역할을 도맡게 될 것이라고 보아도 무방하다.

한 가지 간단한 예를 통해 이 지역에서 철도 수송이 가지는 커다란 이점에 대해 알 수 있다. 우리는 콴청쯔에서 지린까지(128킬로미터 가량의 거리) 가기 위해, 물품과 함께 우리가 타고 갈 수 있는 네 대의 짐수레를 빌려야만 하였다. 목적지까지 사흘이 걸렸고, 짐수레를 빌리는 데에만 80루블(8파운드)이 들었다. 하지만 만일 지린까지의 철도 지선이 완성되면, 같은 거리를 가는 데 3시간이 걸릴 것이고, 우리 자신과 짐을 포함한 전체 요금은 10루블(1파운드)을 초과하지 않을 것이다.

그렇지만 만약 러시아 정부가 그 고용인들의 탐욕을 단속할 방도를 찾지 않는다면, 참으로 유감스러운 일이 될 것이다. 왜냐하면 그들은 현재까지 중국인 그들 자신이 상상해 온 그 어떤 것보다도 더 악독한 '부정 수수료' 체계의 막을 열 가능성이 높기 때문이다. 철도로 물건을 운송하기를 원하는 상인은, 반드시 자신의 철도 차량들에 대해서 첫 비용을 지불해야만 한다. 그러고 나서 차량들을 연결하기 위해 관리에게 100루블 ─ 대체로 정해진 액수가 있다 ─ 을 뇌물로 주어야 한다. 다음으로 또 다른 관리에게 50루블을 주어야 하는데, 그렇지 않으면 차량은 출발할 수가 없다. 이처럼 그 가련한 상인은 철도 역장에서부터 차량을 연결하는 인부에 이르기까지 200루블(20파운드)을 나누어 돌려야만 한다. 그가 그렇게 한 것은 운송을 확실하게 하기 위해서이지만, 사실 그는 이를 위해 이미 법정 운임을 지불하였다. 그러나 그의 어려움은 이제 시작에 불과하였다. 사이사이에 있는 역마다 이와 같은 종류의 사례금을 지불해야 할 일들이 기다리고 있을 게 틀림없었다. 만일 그렇지 않으면 그의 짐을 실은 차량은 그들이 대가를 받을 때까지 이 핑계 저 핑계로 어느 한쪽 다른 선로에 들어가 있다가 결국 그곳에 남게 될 것이다. 그러나 중국인 상인들은 '부정 수수료'를 지불하는 데 익숙해져 있는 데다 기꺼이 이러한 체계를 묵인하고 있다. 그럼에도 정부는 그들을 보호해야만 한다. 그리고 외국인들은 이런 종류의 대우를 그리 쉽사리 받아들일 것 같지는 않다.

만주 철도의 건설은 사업의 위대함이나 실행의 신속함에 대해 의문의 여지가 없다. 만주 횡단 철도 건설에 관한 러시아와 중국 간의 협정은 1896년 9월에 조인되었다. 그리고 사업이 착수된 것은 1897년 8월 말이었다. 전체 노선은 계획을 처음 실행한 날부터 6년 안에 완공되어야만 하였다. 그러나 건설을 착수한 후에 러시아가 뤼순을 점령하기 시작하였고, 원래 계획에서 약 1,046킬로미터 가량의 지선을 추가해야만 하였다. 추가 건설을 했지만 의화단의 난으로 철도 궤도의 상당 부분이 파괴되었다. 게다가 1901년 여름, 대재난이라고 할 수 있는 홍수가 일어났다. 그로 인해 수 킬로미터의 토목 공사는 말할 것도 없고, 반쯤 완성되었던 다수의 속도랑과 다리까지 떠내려가 버렸다. 이런 상황이었지만 철도 레일은 1901년 말까지 사실상 부설되었다. 즉, 공사를 마치기로 약정했던 시간보다 2년이 앞당겨진 것이었다. 만일 협정에 명시된 공사 기간 조항에 따라 좀 더 엄격한 해석을 한다면, 전체 철로가 완벽한 운행 상태에 있게 된 시기가 1903년 봄이었다는 사실을 지적할 필요가 있다. 다시 말해 이것은 공사가 착수된 시기로부터 5년 반이 지난 뒤의 일이었던 것이다. 중동 철로라고 불린 전 구간의 실제 길이는 대략 2,575킬로미터 정도이다. 건설 예정인 헤이룽장 철로 구간을 대신하고 있었던 러시아 영토 내 카이돌로보 — 블라디보스토크 노선의 일부를 포함하면, 전체 길이는 약 3,218킬로미터 정도이다.

나는 비슷한 시기에 이 정도 길이의 철도 체계가 새로운 지역에 등장한 사례는 다른 어디에도 없다고 믿는다. 그리고 철도를 건설하는 과정에서의 어려움을 고려한다면, 그 위대한 사업은 더욱 비현실적인 이야기의 영역인 듯하다. 건설 사업은 의화단이라는 재앙 그리고 만주 역사에서 가장 엄청났던 홍수 때문에 어려움을 겪었을 뿐만 아니라, 기후 또한 끊임없이 문제가 되었다. 연중 4개월 동안 온도계가 0도 이하로 훨씬 내려가는 곳에서, 그리고 여름에는 열대 지역처럼 엄청난 폭우가 퍼붓는 곳에서 이러한 종류의 위대한 사업을 수행하기란 매우 힘든 일이다. 정말로 나는 러시아를 제외하고는 다른 어떤 나라도 이 같은 일을 완수해 낼 수 있었으리라 생각하지 않는다. 막대한 비용을 지출해야만 하는 까닭에, 의회에 예산서를 제출해야 하는 어떤 정부라도 단념했을 것이다. 모든 면에서 비용은 터무니없었으며, 약 1.6킬로미터마다 소요되는 경비는 약 3,000루블(3만 파운드)에 달하였다. 혹은 우리가 그러한 철도 건설 비용의 최대치로 잡아야 할 금액의 거의 세 배에 이르렀다.

착복과 방만한 경영이 이러한 막대한 지출에 상당한 책임이 있다는 것은 새삼 말할 필요도 없는 사실이다. 기술자들과 건설업자들에 대한 일상적인 이야기는 그들이 시베리아에 있을 때처럼, 만주에도 널리 퍼져 있었다. 그리고 이러한 이야기들은 이미 대금은 지불이 된, 그러나 단지 서류상으로만 존재하는 수많은 다리가 의화단의 폭동으로 '파괴'되면서 많은 기술자들을 구제했다는 내용을 담고 있다. 만약 이 이야기들이 사실이라 할지라도, 그것들은 오로지 기술자들과 그들의 정부와 관계가 있는 것일 뿐, 결코 세계 전반에 대해

이 철도가 지니는 가치에 영향을 주지는 않는다. 그 점에 관해서는 의심할 여지가 없다. 이미 만주 철도는 위대한 성취를 의미한다. 만주 철도는 이제 몇 년 안에 그 지역의 수출 무역을 두 배, 세 배로 만들 것이며, 전혀 개간되지 않았던 땅 위에 제조업이 발전할 수 있는 엄청난 가능성을 열어 놓을 것이다.

한 가지 특히 강조할 점이 있다. 현재의 결과를 보아 판단하건대, 철도가 미래에 그 나라 생산의 더욱 많은 몫을 담당하게 되리라는 것이다. 만약 러시아가 통상항을 포기해야만 하는 상황에 이르고, 그 때문에 뉴좡을 희생하여 다롄을 돕겠다는 쪽으로 생각을 기울이게 된다면, 러시아는 다롄에는 유리한 요금을 부과하고 다샤자오와 뉴좡 사이에는 과중한 요금을 부과할 가능성이 매우 높다. 그렇게 되면 상인들은 어쩔 수 없이 다롄을 통해 자신들의 상품을 수출하게 될 것이다. 그러나 내가 뉴좡을 방문했을 당시에 그곳에 살던 영국인들은 이렇게 생각하지 않았다. 왜냐하면 그들은 중국 상인들이 가진 보수적 성향을 믿었고, 기차를 능가하는 수운의 우월함에 대한 오래된 맹신을 받아들이고 있었기 때문이다. 영국인 거주자들은 다른 곳의 중국 상인들이 새로운 방식에 자기 자신을 적응시켜 온 수많은 사례들을 잊고 있는 것처럼 보였다. 그리고 그들은 확실히 수운이 기차보다 싸지만, 다른 것이 동일한 상황에서는 싸게 만들어진 철도가 어렵지 않게 중국식 수운보다 비싼 값을 부를 수 있다는 점을 간과하고 있다. 또한 랴오허 역시 러시아가 그곳을 순찰하며 비적의 공격으로부터 보호하지 않는 한, 철로와 성공적으로 경쟁을 할 수 없을 것이다.

요컨대 철도는 아마 뉴좡의 기존 수출 무역에 크게 지장을 초래하지는 않을 것이지만, 만주의 수출 무역 성장이라는 면에서는 의심할 여지 없이 주도적 요인이 될 것이다. 그리고 만약 통상항 뉴좡이 그러한 성장에 동참하기를 원한다면, 반드시 러시아 체제 속에 들어와야만 하고 그 국제적 성격을 버려야만 한다. 이는 아마도 만주를 개척해 왔던 영국 상인들로서는 말하기 어려운 것일지도 모른다. 그렇지만 그것은 사실이다.

제 5 장
길 위에서

콴청쯔는 중화제국 북부에서 가장 번영한 시장 중심지 가운데 하나이다. 엄밀히 말해 몽골에 속하지만 사실상 만주의 도시이며, 지린 성 순무 휘하의 중국인 관리가 통치하고 있다. 콴청쯔는 대단히 비옥한 지역의 한복판에 있는 곡물 시장으로서, 줄곧 쑹화 강에서 베이즈리 만the Gulf of Pechili, 北直隷灣=渤海灣으로 가는 교통로의 중심지를 차지해 왔다. 그리고 지금 이 도시에는 대부분 '변경 수비대 코사크 Achranie Straja'로 이루어진 대규모의 러시아인 수비대가 주둔하고 있으며, 러청 은행의 지점이 있다. 러청 은행의 지점은 상업에 도움이 될 뿐 아니라, 여행객들에게는 매우 뜻밖에 힘이 되고 의지가 되는 곳이다. 아직 길에서 우리 뒤를 따라오고 있는 짐을 이틀 정도 기다려야 했을 때, 우리는 은행의 호의가 가장 유용하다는 사실을 깨달았다.

우리는 이제 별 미련 없이 철로에 작별을 고하였고, 지린을 향해 직각으로 꺾어 나아갈 준비를 하고 있었다. 성의 수도인 지린은 러시아인들이 남북으로 길게 간선도로를 만들어 놓은 곳에서 동쪽으로 약 128킬로미터 떨어진 곳에 있다. 지연되는 철도와 그 관리들한테서 벗어나는 것은 기뻤지만, 처음부터 우리는 장마철에 중국을 여행하는 어려움과 여행이 지연되는 문제에 직면하였다. 우리는 마차 네 대가 필요했지만, 도무지 구할 수가 없었다. 왜냐하면 장마철이었던 까닭도 일부 있었고, 다른 이유로는 러시아인들이 철로 건설 사업에 너무 많은 지출을 해서, 그 가격을 터무니없는 수준으로 올려 놓았기 때문이다. 수차례 흥정 끝에, 우리는 전체 여정 동안 마차 한 대당 35실링의 값으로 네 대의 마차 주인들이 우리와 동행하도록 설득하는 데 성공하였다. 마차 주인들은 우리가 일찍 출발할 수 있도록 아침 4시에 채비를 갖추기로 하였다. 하지만 그들은 약 9시경에 도착하였고 짐을 싣는 데만도 제법 시간이 걸렸다. 그리고 계약금으로 대금의 절반을 받은 후에 다시 2시간 동안 사라졌다. 이것이 진정한 중국 방식이었다. 즉, 그들은 자신들이 머물던 콴청쯔의 호텔 비용을 지불하러 갔던 것이었다.

결국 우리는 대략 정오가 되어서야 길을 떠났고, 어두워지기 전에 겨우 25킬로미터 정도를 가는 데 성공했을 뿐이다. 그렇지만 하늘이 자비를 베푸는 듯 비가 내리지 않았기 때문에 우리가 하루를 더 길 위에서 보내게 된 사실에 대해 불평할 이유는 전혀 없었다. 우리는 콴청쯔의 관문을 통과하자마자, 군사적인 통제에서 벗어날 수 있었다. 형식상 일곱 명의 코사크 호위병들이 우리와 동행했는데, 너무나 친절하고 좋은 사람들이어서 우리의 여행을 거추장스럽게 하기보다는 오히려 도움이 되었다. 정작 그들의 보호는 필요하지 않았지만 말이다.

말을 탔던 일과, 짧았지만 그림과 같은 길에서 자유롭게 보낸 시간 역시 괜찮았다. 오늘날 영국에서와 같이 이러한 경험은 곧 중국의 잘 알려진 부분 중에서 과거에 속하는 일이 되고 말 것이다. 만주와 같이 번영한 지역은 유달리 불편함이 없다. 여관은 크고, 중국치고는 드물게 깨끗하며, 대부분 커다란 정사각형 뜰과 ― 거의 모든 경우에 ― 대문의 맞은편 전면을 차지하고 있는 길고 낮은 건물로 이루어져 있다. 이 건물의 어떤 곳은 아마도 고위 계층의 손님을 위해 칸막이가 되어 있을지도 모른다. 그렇지만 대개는, 방은 하나만 있고 방 양편에 캉炕[8]이 길게 깔려 있는데, 동거인들은 대체로 이 위에서 먹고 자면서 시간을 보낸다.

　당신은 도착하자마자, 방의 끝에서부터 노인들과 여자들 그리고 아이들의 온갖 무리들에 둘러싸여 있는 모습을 순간 돌아보게 될 것이다. 그리고 아마도 이러한 환경 때문에 당신이 모두 앞에coram publico 드러나기를 바라기라도 한 것처럼, 모두가 쳐다보는 듯한 시선을 느끼면서 세수를 하게 된다. 그동안에 당신의 시종들은 뜨거운 물과 계란을 얻어서 저녁을 준비하고 있다. 그 후에 당신의 침낭 ─ 이것 없이 당신은 통상항을 떠나서는 절대로 안 된다 ─ 을 캉 위에 깔고, 당신은 일찍 잠이 든다. 왜냐하면 그밖에 다른 할 일이 없기 때문이다. 그러나 코사크인들에게는 이른 시간이 아니다. 왜냐하면 그들은 벌써 맞은편 침대에서 코를 골며 자고 있을 것이기 때문이다. 1년 중 이 계절에는 여관의 한쪽 면 전체가 바깥 하늘을 향해 열려 있기 때문에, 당신은 근사한 별들 아래서 잠들게 될 것이다.

　당신의 평화를 방해하는 것은 아무것도 없다. 중국 여관이나 다른 여관에서 여행객들을 늘 괴롭히는 끈질긴 방해꾼도 없으며, 침낭은 그들한테서 보호해 주듯 당신을 감싸 주고 있다. 다만 돼지 한 마리가 열려 있는 창문 밖에서 꿀꿀거리고 있을 따름이다. 마당에 놓인

---

8 우리의 온돌과 비슷함.

울퉁불퉁한 여물통 앞에서 조랑말들이 거칠지만 규칙적으로 우적우적 씹어 먹는 소리가 들려온다. 그리고 매우 전형적인 그런 시골 소리에 당신은 잠을 청하게 될 것이다. 햇볕이 뜨거워지기 전에 하루의 여정을 소화해야 하므로, 당신은 아침 일찍 일어나게 된다. 그리고 사실, 만주의 해충인 파리가 어떤 '굼벵이'도 침대에서 꾸물거리도록 내버려 두지 않기 때문이기도 하다. 여관 주인에게 당신과 당신 일행에 대한 믿음을 심어 주기 위해, 계산은 밤에 잠들기 전에 미리 해야 한다. 숙박을 하고, 뜨거운 물을 사용하며, 말 세 마리와 중국인 시종 셋이 먹을 음식과 당신 일행을 위한 달걀 열두 개에 지출되는 비용은 고작 5실링 정도이다. 코사크들과 마차 주인들은 각자 자신의 비용을 지불한다.

해가 지평선 위로 오르자마자 당신은 말을 타고, 영국 동부의 링컨셔 고지대the wolds of Lincolnshire처럼 길게 솟아올라 커다랗게 굽이치며 동쪽을 향해 뻗어 있는 고원을 넘어간다. 이 고원은 푸른 산등성이가 시작되는 곳까지 이어져 있다. 그리고 당신은 튼튼한 몽골 조랑말을 타고 시내와 풀이 무성한 둑이 보일 때까지 호위대보다 앞서 느릿느릿 걷는다. 그러면 그늘진 나무가 덜컹거리는 마차들이 그냥 당신 앞으로 지나가게 내버려 두고 빈둥빈둥 시간을 보내라고 당신을 유혹할 것이다.

커다란 숲이 있고 경작은 보편화되지 않았으며 마을은 드물다. 당신은 중국 평원에 배어 있는 답답하고 과밀한 공기에서 벗어나 고원으로 불어오는 자유롭고 신선한 바람을 들이마시게 될 것이다. 다소 실리적인 가치가 적은 이곳에는 꽃들과 녹색 농작물 사이로 꽃을 피우는 관목을 위한 공간이 있다. 백합은 지린 주변에 무성하게 피어 있지만 계곡의 백합은 이제 지고 있다. 숲은 블루벨과 메꽃으로 뒤덮여 있으며 모든 시내의 곳곳에는 붓꽃이 바람에 날리고 있다. 들판에는 참나리와 양귀비가 진녹색빛을 띤 기장의 빛깔을 더해 준다. 한편 당신의 마차 바퀴 아래로는 아직도 도로에서 꽃을

미완성 교량을 감시하는 러시아인들.

피우고 있는 뒤늦은 크로커스가 보인다.

한낮의 태양 때문에 풍경을 둘러보는 일이 재미없어지면, 당신은 또 다른 여관에서 휴식을 취하게 될 것이다. 이곳에서 당신은 프랑스인 주교와 격의 없이 사귀게 되거나 졸려 보이는 중국인 관리와 하루를 보내게 될지도 모른다. 그 관리는 푸른색 가마를 타고 언덕과 골짜기를 넘어가는 중이다. 그 가마를 뻣뻣한 중국인 무사들이 호위하고 있는데, 그들은 자신이 타고 있는 말의 어깨 사이로 무릎을 접어 올린 채, 총구를 아래로 한 라이플총을 태연하게 어깨에 걸쳐 놓고 있다. 오후에는 아마도, 러시아인 관리와 그의 뒤를 똑바로 서서 달리는 호위병들 그리고 그의 짐을 실은 경마차가 함께 지나가는 모습을 보게 될 것이다. 그는 측량 탐사를 하러 나왔을 수도 있고, 어쩌면 교활한 홍후쯔를 1주일 동안 추격하느라 지루해져 버린 주둔지 생활에서 벗어난 것일지도 모른다. 길 위에서의 일들이 무언가 고미古味한 풍경으로 완성되는 데 필요한 단 한 가지는, 변발을 하고 있는 만주의 잭 셰퍼드Jack Sheppard[9]의 야습일 것이다. 물론 만약에 당신이 운이 좋다면, 그런 경험을 할 수도 있을 것이다.

둘째 날 오후, 우리는 높은 산봉우리를 발견하였다. 이 산봉우리

---

9 18세기 초 런던의 악명 높은 강도이자 도둑.

는 지린의 남서쪽에 있으며, 여행객들에게 이정표 역할을 하고 있었다. 고전적인 기질을 가진 몇몇 러시아인 관리나 선교사들은 이를 두고 파르나소스 산Parnassos[10]이라고 불렀다. 우리는 남은 여정의 마지막 약 64킬로미터를 이 산을 넘어서 가기로 계획을 세웠다.

그리고 셋째 날 아침 8시에 산이 시작하는 지맥에 도착하였다. 그곳에서부터 길은 수목이 우거진 언덕 사이로 꼬불꼬불 나 있었는데, 지린에 도착하기 전 마지막으로 높은 산등성이를 넘어갈 때까지 계속되었다. 산의 정상에는 중국의 사찰이 마치 그림처럼 자리 잡고 있었고, 사찰의 문 앞으로는 쑹화 강 계곡의 근사한 풍광이 펼쳐져 있었다. 그렇지만 지린은 아직 보이지 않았다. 길은 왼쪽으로 꺾여져, 나무들 사이로 언덕 아래를 따라 이어져 있었다. 만일 당신이 그곳에 있다면, 조랑말이 부근의 더러움과 쓰레기 때문에 갑작스럽게 말굽 뒤쪽을 쳐들어 올릴 때까지, 당신은 가까운 곳에 성의 수도가 있다는 사실을 좀체 알아차리지 못할 것이다.

콴청쯔 길은 매우 아름답지만, 더 북쪽에 위치한 하얼빈으로 가는 길에서 볼 수 있는 화려한 경관은 없다. 그리고 나는 후에 하얼빈을 떠날 때 그 길을 지나갔다. 콴청쯔 길은 서쪽 성벽 바로 위에 있는

---

10 그리스 중부에 있는 산으로 아폴로 신과 뮤즈 신의 영지.

요새지 언덕으로 이어진다. 그리고 그곳에서 당신이 도시와 강 그리고 그 강을 가로지르는 산맥들을 내려다보게 된다면, 당신은 세계의 어느 거주 지역에서도 찾아볼 수 없는 경치를 보게 될 것이다. 그 산맥은 장백산Long White Mountain, 長白山으로 오르는 첫 발판이다. 그것은 플로렌스Florence의 여행자가 피에솔레Fiesole에서 본 풍경을 상기시키지만, 그 규모는 더욱 장엄하다. 쑹화 강은 더욱 인상적인데, 만일 탁한 아르노 강Arno[11]과 만주의 산맥이 영원히 계속되는 풍경처럼 펼쳐져 있다고 한다면, 이는 빈약한 키안티 산맥Chianti hills[12]을 더욱 초라하게 만드는 일일 것이다. 키안티 산맥 깊은 곳에 수많은 미지의 발롬브로사 수도원Vallombrosa(이탈리아 토스카나, 레겔로에 있는 베네딕트 수도원. 옮긴이)이 있음에도 불구하고 말이다.

그 아래부터는 갑작스런 충격으로 비교를 멈추게 된다. 중국어로 '상서로운 숲의 도시'라는 뜻을 가진 지린은 절호의 기회를 놓쳐 버린 평범한 도시이다. 도시의 단조로운 거리를 다양하게 해 줄 주목을 끄는 건물은 좀처럼 보이지 않는다. 그리고 아르노 강의 다리처럼 쑹화 강을 따라 근사한 다리가 놓여 있는 대신, 흔들거리는 말뚝

---

11 이탈리아 중부 토스카나 주를 흐르는 강.
12 이탈리아 중북부, 피렌체 남쪽 아르노 강 왼쪽에 북서쪽에서 남동쪽 방향으로 뻗어 있는 구릉 산지.

위에 받쳐져 있는 형편없이 더러운 길이 하나 있다. 다리는 언제라도 무너져서 지나가는 사람을 12미터 정도 아래에 있는 강으로 떨어뜨릴 것만 같다. 중국의 다른 도시들과 구분될 만한 그 도시의 유일한 특색은, 거리가 나무줄기로 울퉁불퉁하게 포장되어 있다는 사실이다. 내가 데리고 있던 상하이 소년은 지린의 거리에 깊은 인상을 받았다. 그는 나무를 모조리 베어 버리고 있는 중국의 현실을 경험했던 터라, 도로를 황금으로 포장하는 일도 귀중한 나무로 포장하는 일만큼 쉬울 것이라고 믿게 되었다.

그렇지만 풍부함에 대해 논한다면, 지린은 결코 빈약한 도시가 아니다. 목재는 지금까지 경제적 부의 주요한 원천이었다. 이제는 중국인들이 매우 급속하게 고갈시키는 자원이지만 말이다. 하지만 러시아의 지배 아래에서 지린은 성의 수도일 뿐만 아니라, 석탄과 철광이 매우 풍부한 지역의 중심지로 여전히 커다란 중요성을 계속 지니게 될 것이다. 유감스러운 사실은 이곳의 강은 오로지 흘수가 얕은 범선만이, 그것도 단지 여름에만 지나갈 수 있다는 점이다. 하지만 겨울이 되면 강이 얼어붙어서 제법 괜찮은 길로 바뀐다. 그렇기 때문에 지린과 하얼빈 ― 뤼순 철로를 연결하는 지선이 완공될 때까지 도시의 번영은 변화 없이 지속되리라 볼 수 있다.

러시아는 여름에 강을 건너 상당한 병력의 보병대와 포병대를 야

영시켰다. 이들은 전부 해서 대략 1만 명 정도인데, 당분간 그 숫자는 줄어들지 않을 듯하다. 왜냐하면 내가 막 그 도시를 떠날 무렵 4,000명의 보충병들이 만기가 된 이곳의 병사들과 교대하기 위해 시베리아에서 진군해 오고 있는 중이었기 때문이다.

지린에 주둔한 군대의 사령관은 산맥을 따라 남쪽으로 중요한 원정을 나가고 없었다. 그리고 성징에서 비슷한 목적으로 원정을 떠난 부대와 합류했는데, 이들의 목적은 지역 비적들을 소탕하는 것이었다. 그리고 그들은 내가 지린에 있는 동안 피를 흘리지 않은 작전을 끝내고 지린으로 돌아오고 있었다. 사실은 군대가 추격해 오기 전에 훙후쯔들이 산속이나 농작물 더미 혹은 마을로 숨어 버려서 그들의 위치를 알아내는 데 실패했던 것이었다.

하얼빈에 있는 것과 같은 영구적인 러시아 주둔지를 유지하려는 준비가 지린에서는 전혀 없었다. 러시아 정부는 만주에서의 군사적 미래에 대해 결심이 서지 않은 것 같았다. 따라서 장교들과 병사들은 진군 명령에 대비해 늘 대기하고 있었다. 이런 상태는 병영 생활의 안정을 담보하지 않은 것이었다.

여러 장교들 사이에도 정치적 권력과 책임의 배분에 대해 확실한 사항이 없는 이와 비슷한 문제가 있었다. 지린에는 그 지역을 총괄하는 러시아 군대의 총사령관이 있었고, 그의 본부 역시 이곳에 있었다. 게다가 지린의 군사령관 또한 있었으며, 세 번째로 러시아 영사가 있었다. 이들은 서로 중국의 총독과 직접 교섭할 권한을 가지고 있다고 주장하였고, 각자 다른 둘과 약간씩 대립 관계에 있었다. 이러한 상황은 어느 정도 만주 전반에 걸쳐서 나타나는 러시아 통치 형태의 전형적인 모습이라고 볼 수 있다.

이처럼 반쯤 혼란 상태인 상황에서 비롯된 사소한 결과 가운데 하나가, 그 구역에 머문 지 이미 거의 2년이 되어 가는 장교들이 개인적인 편의 시설이나 오락거리를 마련하지 못하고 있다는 것이었다. 혹은 그들 스스로 그렇게 해서는 안 된다고 판단하고 있었다. 만일 영국 군대가 이와 비슷한 상황에 놓여 있었다면, 그들은 오래전에 크리켓과 폴로 경기장 그리고 테니스 코트와 경마장을 갖추어 놓고 이 훌륭한 지방에서의 생활을 누렸을 것이다. 비록 장교와 병사 둘 다 완전히 즐길 수 있는 것이 아니라 할지라도, 적어도 둘 다에게 짜증스러운 상황이 발생하지는 않았을 것이다.

그러나 러시아의 장교는 그러한 재능이 없었다. 심지어 그는 그 지역에 있는 숱한 오락거리조차 활용하지 않았다. 그러다 결국 삶에 대해 거의 참을 수 없다고 느낄 때면, 카드놀이와 술자리 같은 덜 유익한 심심풀이로 치닫게 된다. 지린에서 그리고 하얼빈으로 가는 길에서 내가 만난 모든 장교들 가운데, 만주에 대해 긍정적이거나 그곳에 다시 발을 들여놓기를 원하는 이는 단 한 사람도 없었다. 그들의 비난은 극도로 침울해진 상태에서 "여자가 없다Il n'y a pas de femmes."는 문장으로 언제나 끝이 났다. 물론 이 말은 듣기에 따라 다양하게 해석될 여지가 있다.

만주의 러시아 장교가 보여 준 음울한 모습을 보면서 여기에서 내릴 수 있는 한 가지 결론이 있다. 비록 많은 비판자들이 이미 추측하고 있겠지만, 그것은 우리나라 장교들이 과도하게 폴로와 크리켓을 즐겨서 군사적 효율을 떨어뜨린다고 하더라도, 어쨌든 그들은 다른 국가의 장교들에게서 찾아볼 수 있는 어떤 것보다 더욱 높은 제국 건설 능력을 발휘한다는 사실이다.

대략 1만 명의 러시아 군대가 지린에 있었지만, 장교들은 기병 호위대 없이 말을 타고 도시 한계선이나 강 건너 캠프를 넘어 1킬로미터 이상 나가는 것을 꿈조차 꾸지 않았다. 게다가 기병 호위대도 언제나 쓸모 있는 것은 아니었기 때문에, 쑹화 강 상류의 장엄한 계곡은 러시아 군대에게는 미지의 곳이었다. 사실 나는 타지의 병영에 처박혀 있는 러시아 병사들의 삶보다 더 우울한 삶은 상상할 수 없다. 여름의 비와 겨울의 혹독한 추위를 막아 줄 상설 막사가 그들에게는 없었다. 게다가 그들은 매우 드물고 몹시 불명예스런 전투를 해야 했으며, 오락거리조차 없었다. 내가 딱하게 여기지 않을 수 있었던 사람들은 은행에서 일하는 나의 친구들이 유일했다. 그들은 매우 편안한 숙소가 있었다. 더욱이 그들의 시간은 어쨌든 은행 업무로 꽉 짜여 있었기 때문에, 무료함을 호소하거나 일이 부족하다고 투덜댈 수가 없었다. 두 명의 장로교 선교사들 역시 해야 할 일이 무척 많았다. 그들은 작년의 재난이 지나간 뒤 부서진 교회와 학교를 재건하고 있었다. 사실, 이제 막 바깥 세계와 연결되고 있는 중인 지린과 같은 교역 중심지는, 시민들에게 많은 이점을 가져다주게 될 것이 분명하다. 잊고 있던 아시아의 한 지역에서 거대한 변화를 수행하고 있는 위대한 힘의 움직임을 사람들 누구나 느끼고 있으며, 대체로 그 변화를 목격하고 있다. 그래서 사람들은 미래에 그림 같은 장소를 방문하게 될 것이라고 무의식적으로 기대하고 있다. 엄청난 광물 자원과 자연 관광 명소를 지니고 있으며 불과 바로 얼마 전까지 세계 어떤 지역 못지않게 먼 곳이었던 쑹화 강 상류 계곡이, 단 몇 년 사이에 런던에서 손쉽게 2주 안으로 다녀올 수 있는 여행권 안으로 들어오게 될 것이었다.

그 사이에 나는 지린에서 꾸물댈 여유가 없었다. 은행에서 일하는 내 친구가 마침 하얼빈에서 처리해야 할 업무가 있었던 터라, 매우 친절하게도 자신의 동료에게 나와 하얼빈까지 동행할 수 있도록 2주간의 휴가를 준 것이었다. 물론 그의 동료는 업무 때문에, 우리가 도착한 후 곧바로 다시 지린으로 출발해야만 하였다.

지린에서 가장 부유한 은행가의 저택에서 우리를 위한 송별연이 있었다. 그 저택에는 전화와 초인종이 설비되어 있었고, 청자와 브론즈 그리고 옥과 샴페인도 모두 흠잡을 데가 없었다. 그런 세련됨과 안락함 그리고 높은 수준의 사치까지도 이해할 수 있었던 사람은 아마 떠나기 싫었을 것이다. 송별연이 끝난 후, 우리는 만주의 여행객들을 위해 편의를 도와주는 두 단체인 러청 은행과 장로교 선교회의 호의를 뒤로하고, 즐거운 마음으로 지린을 떠나 다시 여행길에 올랐다.

하얼빈 남쪽으로 100킬로미터 정도 이어진 길을 따라 우리의 여정은 계속되었다. 그 길은 쑹화 강의 흐름을 따라서 뤼순과 하얼빈 철로가 교차하는 지점을 향해 나 있었다. 게다가 이 길은 러시아의 주요 병참선이었으며, 약 29~32킬로미터마다 군사 초소가 갖추어져 있었다. 이 초소에서는 누구나 항상 깨끗한 방과 정중한 대접을 확실히 보장받을 수 있다. 그곳의 러시아 장교나 철도 관리는 자신의 마지막 빵이나 마지막 샴페인 병을 우연히 방문한 손님과 언제나 기꺼이 나누려고 한다. 그리고 이것은 만주의 다른 곳에서도 마찬가지이다.

지린으로 가던 여행과는 달리, 하얼빈으로 가는 이번 여행은 억수

같이 퍼붓는 비 때문에 망치고 말았다. 한없이 깊은 진창은 여행을 악몽으로 만들었고, 마차는 끝도 없이 덜커덩거렸다. 우리는 대형 사륜마차를 타고 출발했지만, 별로 유용하지 않다는 것을 깨닫고 가벼운 군용 사륜마차로 갈아탔다. 그동안 우리의 짐은 작은 중국식 짐수레에 실려 우리가 탄 마차를 따라왔다. 비록 그렇다 하더라도 해가 떠서 질 때까지 하나의 역(약 29킬로미터) 이상 가는 것은 애당초 무리였다. 때때로 길은 위험한 좁은 골짜기 속으로 사라졌고, 어떤 때는 넓은 급류로 바뀌어 있었다. 언젠가는 그렇게 일시적으로 범람한 강을 건너다가 우리 코사크들(우리에게는 아직 호위대 두 명이 함께하고 있었다)의 조랑말들이 완전히 휩쓸려 가기도 했다. 결국 그들은 죽을힘을 다해 멀리 있는 강기슭으로 헤엄쳐서 가야만 하였다. 그러는 동안 우리는 짐수레와 함께 마치 로마의 시골뜨기처럼 근처 제방 위에 앉아 강이 잔잔해지기를 기다릴 수밖에 없었다. 마침 다행스럽게도 이런 일이 일어났다. 2시간이 안 되는 동안 450밀리미터 정도만 내렸기 때문에,[13] 짐수레가 건너갈 수 있게 된 것이다. 그러나 그때도 우리 물건이 흠뻑 젖는 것을 막기 위해 모든 물건을 짐수레에서 내려야 했고, 끈기 있는 코사크들이 따로따로 말에 실어

---

13 통상적인 경우보다 적었다는 의미임.

서 옮겼다.

여정의 풍경 속에서 우리는 딱 두 개의 밝은 모습을 볼 수 있었다. 그중 하나는 즐거운 조선인의 모습이었다. 그는 꼬박 하루 동안 우리 짐수레를 따라 터벅터벅 걸어왔다. 그는 진흙으로 많이 더러워진 가죽 승마화를 신고 있었다. 그리고 머리에는 상투를 감추고 있는 챙이 좁은 홈부르크 중절모를 썼으며 분홍색 우산을 들고 있었다. 그는 나머지 옷가지들을 유포油布로 잘 싸서 한 보따리에 넣고 어깨에 메고 다녔다. 그는 길가의 마을들을 호기심을 가지고 면밀하게 살펴보았다. 우리는 그와 이야기를 나눌 수 없었기 때문에, 그 조선인이 재미삼아 이것저것 배우려고 도보 여행을 하고 있는 게 틀림없다고 생각했다. 그는 알아들을 수 없는 기이한 말로 우리와 동행하고 있는 코사크들에게 끊임없이 말을 걸어왔으며, 코사크들은 러시아어로 장황하게 대답하였다. 결국 그들은 긴 하루를 함께 보냈으면서도, 어느 누구도 상대방의 정확한 뜻을 단 한마디도 이해하지 못하였다!

다음 날 그의 빈자리는 러시아 여성이 대신하게 되었다. 우리는 상냥했던 그와 함께하지 못하게 된 것을 매우 아쉽게 여겼다. 그 여성은 군인이 하는 것처럼 코사크 안장 위로 말을 타고는 거세게 범람한 강을 헤치고 우리를 따라잡았다. 짐수레 한 대와 병사 두

명이 그 여성의 뒤를 따르고 있었다. 아마도 그 여성은 하바롭스크 Khabarovsk에서 최근에 떨어진 명령 때문에 지린에서 추방된 어떤 장교의 아내일 것이다. 아무튼 그 여성은 물에 젖는 것을 막기 위해 코사크들처럼 안장 위에 무릎을 꿇고 앉아 용감하게 깊은 급류를 건넜으며 궂은 날씨를 침착하게 견뎌 내었다. 그러한 모습은 하루 동안 우리의 침울함을 가볍게 하는 데 도움이 되었다. 그리고 그 여성도 그 조선인과 마찬가지로 우리 시야에서 멀어졌다.

그 밖에 길 위에서 일어나는 유일한 사건은 끊임없이 이어지는 신병의 물결이 지속적으로 반복되고 있는 것이었다. 그들은 지린에 있는 자신들의 연대에 합류하기 위해 우리 옆을 지나쳐 가고 있었다. 첫날 오후, 태양이 여전히 환하게 비추고 있을 때, 그들은 언덕 굽이를 돌아 갑작스럽게 우리 눈앞에 나타났다. 빛나는 총검을 지니고 긴 빨간 셔츠를 입고 있는 종대를 보면서 전선에서 복무하던 시기에 진군하던 영국 연대를 잠시 동안 떠올렸다. 그러나 얼마 뒤 그들은 흩어진 행렬로 이어지는 너저분한 오합지졸이 되었다. 몇몇은 부츠를 신고 몇몇은 맨발로 — 자신들의 부츠나 발 중 하나를 아끼기 위해 — 비와 진창을 헤치고 고통스럽게 애쓰며 나아갔다. 그들은 강인하였지만 그런 일에는 아주 넌더리를 냈다.

그들은 항상 "다음 초소까지는 얼마나 됩니까?"라고 질문을 던졌고, 우리 마부는 그것이 8킬로미터이든 10킬로미터이든 혹은 15킬로미터이든, 늘 "5킬로미터"라고 대답하였다. 그러한 대답은 그가 해명했듯이, 단지 그들의 사기를 떨어뜨리지 않게 하려는 것이었다. 황제를 위해 새로운 영토를 쟁취하고자 아시아를 가로질러 하루에 40킬로미터를 터벅터벅 걷고 있는 러시아 신병과 비교했을 때 우리의 처지는 훨씬 나았다.

마침내, 온통 진흙투성이에다 계속 덜커덩거렸던 여정이 끝이 났다. 우리는 어느 늦은 밤에 쑹화 강 북쪽 제방 위에 있는 기차역인 라서고Lashego늑蘭㭊鎭에 도착하였다. 그리고 운 좋게도 아니면 불운하게도, 건설용 기차가 그때 막 하얼빈을 향해 출발하였다는 것을 알게 되었다. 그 역에는 빈 무개화차無蓋貨車, truck도 한 대 없었다. 그래서 우리는 하는 수 없이 우리의 짐을 바퀴더미와 고철 덩어리 위에 채워 넣고는 그 날카로운 가장자리 위에 앉았다. 그렇게 우리는 저녁도 거른 채 매우 피곤한 상태로 북쪽을 향해 출발하였다.

강의 북쪽으로 나 있는 노반路盤은 콴청쯔 구역보다 더 틀이 잡혀 있었기 때문에, 상당한 속도를 유지할 수 있었고, 그 속도로 계속 달려서 우리는 환승역인 신하얼빈에 도착하게 되었다. 그때는 오전 5시경이었고, 우리는 잠을 못 잔 데다 더욱이 밤이슬에 젖어 몸이 축축해져 있었다. 그러나 우리는 짐을 수레에 싣고 구하얼빈까지

8킬로미터를 더 걸어갔다. 구하얼빈은 행정도시이고 블라디보스토크로 가는 노선 위에 있었다. 마침내 오전 7시에 우리는 호텔을 찾았다.

이리하여 러시아 만주Russian Manchuria의 중심지에 도착하였다. 다소 멀리 돌아오는 여정이긴 했지만, 공식 서류가 없어서 통행을 금지당한 적도 없었다. 나는 나중 일은 어떻게 되든지 상관하지 않기로 생각하며 몇 시간 동안 푹 잤다.

제6장
하얼빈

나는 하얼빈이 주로 장군과 축음기의 숫자에서 주목할 만하다는 사실을 발견하였다. 축음기는 미국에서 매우 자유롭게 수입되고 있었는데, 그래서 집집마다 '엘 캐피탄El Capitan'이라는 노래를 부르는 꼬부랑 할멈이 어슬렁거리는 것처럼 보였다. 우편 열차가 도착할 때마다 장군들이 상트페테르부르크나 모스크바에서 도착한다. 대략 2,000명의 새로운 원정대가 지린을 출발할 때, 원정대에는 세 명의 장군이 동행하고 있었다. 그들은 성징에서 출발한 동등한 지위의 병력들과 서로 협력하여 행동하도록 되어 있었다. 원정에서 얻은 것이 아무것도 없다는 사실과 홍후쯔에게 유리한 현실적인 여지가 더욱 크게 증가하고 있다는 사실은 그다지 놀라운 일이 아니다. 하얼빈에는 장군들이 지나치게 많지만, 적어도 그것은 나쁜 일은 아니다. 그곳에 주둔하는 군대의 숫자로 그들을 전부 정당화할 수는 없겠지만, 그곳에 주둔하는 병사들의 수는 1만 명 혹은 2만 명에 달하고 있다.

현실적으로 하얼빈은 세 곳이라고 할 수 있다. 하나는 쑹화 강의 오른쪽 제방 위의 커다란 철도 다리 옆에 있다. 다른 한 곳은 신하얼빈이라고 불리는데, 뤼순과 블라디보스토크 노선이 만나는 곳에서 동쪽으로 약 1.6킬로미터 정도의 거리에 있다. 그리고 세 번째로 구하얼빈이 있다. 그곳은 신하얼빈에서 동쪽으로 대략 8킬로미터 정도의 거리에 있다. 맨 마지막 하나가 셋 가운데에서 유일하게 러시아인들이 오기 전에 존재했던 곳이었다. 그리고 이곳은 위스키에 해당하는 중국술을 제조하는 것이 주요 산업이었다.

군대는 이 세 중심지town 모두에 마구잡이로 분산 배치된 것으로 보인다. 그렇지만 내년 혹은 어쩌면 그 다음 해 ─ 러시아의 날짜는 항상 오차를 감안해야만 한다 ─ 가 되면, 은행과 관공서가 붉은 벽돌의 도시인 신하얼빈으로 옮겨 갈 것이다. 그러면 넓은 거리와 하얗게 회칠한 벽의 중국인 마을이 여전히 남아 있는 채로 구도심은 군대에 완전히 넘겨질 것이다. 숙영지로서 옛 중국 위스키 공장은 부족한 점이 전혀 없다. 왜냐하면 늘 산들바람이 불어서 생기와 활력을 가져다주는 넓은 초원의 정상 위에, 그리고 다른 두 도시와 적당히 떨어진 곳에 자리 잡고 있기 때문이다.

그 이외에 세 가지 측면에서 하얼빈은 어떤 새로운 초원 도시의 경우도 이럴 수 없을 만큼 특이한 곳이다. 게다가 만일 미래의 대도시를 염두에 둔다면, 그 위치도 비할 데가 없다. 시베리아 전역과 유럽을 철도로 직접 연결하는 곳에 위치한 하얼빈은, 만주의 분기점이기도 하다. 그리고 헤이룽 강과 외해로 선박이 나아갈 수 있는 수로를 확보하고 있다. 또한 하얼빈은 쑹화 강 상류를 통해 풍부한 목재와 장백산 지역의 광석을 수용하게 될 것이다. 생각해 보면, 이들 세 곳의 떠오르는 작은 촌락이 세계에서 가장 거대한 상업 중심지 가운데 하나로 탈바꿈하는 유망한 미래의 광경을 마음속에 쉽게 그려 볼 수 있다.

그러나 꿈에서 현실로 돌아오면, 하얼빈은 미국 땅이 아니라는 사실을 깨닫게 된다. 이들 세 노선의 철로는 러시아의 철로이며, 전략적 의도가 아니고서는 절대로 가설되지 않았을 것이다. 폭이 넓고 배가 다닐 수 있는 이곳의 강은, 시카고도 세인트루이스도 아닌 군정 장관이 주재하고 있는 하바롭스크와 헤이룽 강 그리고 러시아 강을 지나 마침내 바다에 이른다. 하지만 이 바다는 오호츠크Okhotsk

해이다. 달리 말하면, 결국 하얼빈은 큰 강 유역의 초원이 아닌 스텝 위에 자리하고 있기 때문에 급격히 성장할 가능성은 없다. 더욱이 불모의 연안 지역인 다롄 만을 만주의 중심지로 바꾸어 놓는 데에는 수백만 루블을 쏟아부어도, 하얼빈은 실제적인 필요에 따라 성장하도록 내버려 두는 것이 바로 러시아이다. 현재로서는 철도 종사자와 군대가 인위적인 생계 수단에 기대어 이국적인 생활을 누리고만 있기 때문에, 아마도 하얼빈은 여러 해 동안 그대로일 것이다.

영국인 또는 미국인이라면 하얼빈의 위치에 자극받아서 즉시 상업적 상상력을 발휘할 것이다. 그리고 이렇게 말할 것이다.

"이곳이야말로 대도시에 적합한 바로 그곳입니다. 서둘러서 도시를 세우도록 합시다."

그러면 러시아인은 이 말에 이렇게 대답할 것이다.

"우리는 하얼빈까지 가기 전에 채워야 할 엄청난 땅이 있습니다. 만약 하얼빈이 거대한 도시가 된다면, 때가 되면 그렇게 될 것입니다. 누구도 우리에게서 그곳을 빼앗지는 못할 것입니다."

이것이 진정한 러시아 정신이지만, 어쩐지 다롄을 세우고 있는 이들 그리고 시베리아 횡단 철도를 생각해 낸 이들의 정신과는 다소 충돌하는 것 같다. 사실 다롄의 건설자들은 러시아에서 소수 집단에 속하며, 러시아에 있는 이보다 큰 다른 집단은 그들을 터무니없고 무모하다고 여기고 있다. 내가 다롄을 언급한 것은 그 항구가 최고의 장식품이기 때문이다. 비록 그것이 상징하고 있는 바가 위대한 계획에 필수적인 부분을 차지하는 것은 결코 아니지만 말이다. 다롄을 건설한 이들은 시베리아 횡단 철도의 평면도를 헤이룽장에서 치치하얼과 하얼빈 노선으로 바꾸어 놓았으며, 그 후에는 랴오둥 반도에 실질적인 종점을 만들었다. 러시아 사람들 가운데 만주 철도를 건설하도록 정부를 설득하는 투쟁이 얼마나 훌륭한지 알고 있는 이는 아마도 거의 없을 것이다. 왜냐하면 러시아가 팽창정책을 수행하는 데에, 상트페테르부르크의 관료주의가 비자발적이며 복종적인 대리인의 역할을 얼마나 자주 해 왔는지 밝혀지지 않았기 때문이다.

만주의 미래를 내다볼 때는 이 점을 잊지 말아야 한다. 그렇지 않으면 다롄 만에서 끝나는 거대한 철도 계획에 압도되어 만주의 미래를 바로 보지 못하기 때문이다. 실제로 다롄은 오히려 쇼윈도에 있는 상품과도 같으며, 하얼빈은 그 안쪽에 있는 무늬 없는 천이라고 할 수 있다. 나는 만주에 대한 정부의 의도를 제대로 알고 있을 법한 한 러시아인과 철도 지선의 전망에 대해 논의하고 있었다. 상당한 수익을 좇아서 간선이 즉시 착수되어야만 하는 나라에서는 반드시 지선이 매우 신속하게 그 뒤를 따라야만 할 것이라고 내가 말을 꺼내자, "당신은 우리 정부를 잘 모릅니다" 하고 그가 대답하였다. "만주 철도를 찬성하는 두 개의 주요한 논거가 있었는데, 하나는 전략론이고 다른 하나는 상업론이었습니다. 하지만 우리는 정부가 그 노선을 건설하도록 하기 위해 엄청난 노력을 기울였습니다. 그 지선에 대해 우리는 오로지 상업적 주장만을 강조할 수 있으며, 제가 우려하는 바이지만 그것도 아마 커다란 비중을 갖지 못할 것입니다."

어쨌든 하얼빈이 아닌 다롄이 만주의 중심지 ─ 이미 저쪽의 러청은행 본점을 옮길 예정이다 ─ 가 될 것이다. 따라서 꿈에서 깨어나 현실로 돌아온 하얼빈은 정부 소재지에 수반되기 마련인 이익마저도 잃게 된 것이다.

육안으로 봤을 때 이곳에서 유일하게 두드러진 특징은 중국적 요소가 없다는 것이다. 철로에서 일하는 중국인 쿨리들의 문제를 논외로 한다면, 유라시아 평원 어디에서든 볼 수 있는 군사 시설이 있는 온전한 러시아인 거주 지역을 누구나 이곳에서 마주하게 된다. 심지어 세 중심지 주위에 있는 널찍한 땅에도 중국인은 없다. 그 땅은 전쟁 전에는 수확하기 위해 저 멀리 남쪽에 있는 고향에서 이곳으로 올라온 이주민들이 경작하고 있었다. 그러나 그 땅이 지금은 묵힌 채로 코사크인의 쟁기질을 기다리고 있는 것이다. 그래서 방문객들에게 하얼빈은 다소 황량하게 보인다. 그리고 이러한 모습은 쓸쓸한 러시아 호텔의 창문에서 본다고 해도 별로 나아지지 않는다. 러시아 호텔과 비교하자면 중국 여관이 깨끗하고 고급스러운 편이다.

문명국 주민이라면 갖추어야 할 필수품으로 당국이 마련한 유일한 특권은 공원에서 찾아볼 수 있다. 이곳에서는 소중한 몇 그루의 나무와 잔디밭이 눈의 긴장을 풀어 주고, 이따금씩 군악대가 나와 크지만 귀에 거슬리지 않는 연주를 한다. 러시아 문명의 변두리에 있는 이 공원은, 전진하는 영국의 진보와 그 특징을 보여 주는 경기장을 대신하는 장소라고 할 수 있다. 만일 당신이 하얼빈에 있다면, 폴로나 크리켓을 할 수 없을 것이다. 하지만 나무 아래 앉아서 당신이 만주 벌판에 있다는 것을 생각하면 그런대로 정확하게 연주된다고 볼 수 있는 '로엔그린Lohengrin'의 선율을 들을 수 있을 것이다.

그러나 나는 하얼빈에서 빈둥댈 시간도 또 그러할 생각도 없었다. 그래서 이곳 러시아 관료주의의 본거지를 떠날 방도를 꾸며야만 하였다. 증기선을 타고 아무런 방해나 장애 없이 쑹화 강을 따라 하바롭스크까지 가는 것은 십중팔구 아주 간단한 일이었을 것이다. 하지만 하얼빈에 다다르는 동안 내가 가진 처음의 목표를 이루면서, 나는 매우 자유롭고 부담이 덜한 상태가 되었다. 게다가 사실 나는, 러시아 관리들이 나를 위해 골라 줄 루트가 내가 러시아 개척자처럼 일주일 동안 길에서 지체하지 않아도 될 만큼의 길이인지에 대해 특별히 신경을 쓰지도 않았다.

하얼빈에서 면식이 있는 한 러시아인의 충고에 따라, 나는 그와 함께 군 사령관을 찾아가 모든 것을 털어놓았다. 즉, 내가 영국 신문 특파원이라는 점과 영국 여권(이것은 만주에서는 통용되지 않는다) 이외에는 어떠한 허가나 문서도 없이 하얼빈에 도착하였다는 사실을 이야기하고, 내가 다음으로 갈 수 있는 곳이 어디인지 알고 싶어한다는 것을 내 친구가 러시아 말로 그에게 전달해 주었다. 그는 이 말을 들으면서 몹시 경악스러운 표정을 지었으며, 내 친구의 소개가 끝나자 사령관은 나 때문에 자신이 매우 거북한 입장에 놓이게 되었다고 설명해 주었다. 하얼빈에서는 영국인 특파원이 도착하는 것에

철로와 황해.

대해 아무것도 대비한 것이 없는 상태였다. 더욱이 그는 나를 체포해야 할지 놓아주어야 할지에 대해서조차 상세히 지시받은 바가 없었다. 그렇기 때문에 그가 어떠한 방침을 택해도 난처하게 될 것이 확실하였다. 결국 그는 그 문제에 대해 내가 양해해 줄 것을 부탁하였다. 나는 동시베리아 총독의 허가 없이는 하바롭스크까지 갈 수 없었고, 그곳까지 갈 수 있는 허가를 사령관 자신이 요청해 줄 리는 없을 터였다. 게다가 만일 한 개인으로서 내가 그 허가를 요청하는 전신을 보낸다면, 내 요청은 분명히 승인되지 않을 게 거의 분명하였다. 게다가 전신선이 좋지 않은 상태였기 때문에, 하바롭스크에서 답신을 받는 데는 적어도 열흘은 소요될 것 같았다.

하지만 이러한 사실은 매우 불합리한 것이었다. 왜냐하면 은행 전신은 몇 시간 안으로 가능했기 때문이었다. 그 사령관은 하얼빈에서의 내 존재를 설명하지 않을 수 없을 것이므로, 내가 한 요청이 그를 곤경에 빠뜨릴 것은 아주 명백하였다. 그래서 결국 나는 그 사령관의 뜻을 존중하기로 하였다. 그런 작은 문제조차도 전혀 독단적으로 결정할 수는 없었지만, 그는 친절한 사람이었다. 나는 내가 왔던 길로 돌아가는 것에 동의하였지만, 그것은 어디까지나 새로운 철로에서 또 다른 일주일 동안의 상황에 대해 내가 염려하며 불안해하지 않도록 해 줄 것을 전제로 한 것이었다.

허가를 받지 않은 채 이곳에 왔기 때문에, 나는 수일 내에 출발해야만 하였다. 또한 돌아가는 길에 톄링에서 저지될 위험 역시 여전히 존재하였다. 왜냐하면 톄링은 총독의 관할 영역이 끝나고 제독의 영역이 시작되는 곳이었기 때문이다. 그 위험은 실제로 일어날 가능성이 있었다. 그래서 나는 아직 자갈이 깔리지 않은 철로를 따라 이리저리 오르내리고 하얼빈과 톄링 사이를 왕복하며 악전고투하면서 거의 죽을 지경에 이를 뻔하였다.,

테링으로 돌아오는 여정에 대해 자세히 기술할 필요는 없다. 이제 막 기차는 하얼빈 남쪽 약 112킬로미터에 있는, 뤼순으로 향해 있는 제2 쑹화 강 다리를 곧장 가로지르고 있었다. 강은 여전히 페리를 타고 건너야만 하였다. 사실 그것은 페리라기보다는 기다란 대포처럼 생긴 배였다. 그 배는 그 지역에서 독특한 것이었는데, 다른 종류의 배에 비해 빠르지만 깊은 강을 통과하는 데는 적당하지 않았다. 비가 내려서 강 수위가 높아지고 강물이 불어 있었기 때문에, 내 중국인 시종과 나는 안전하게 남쪽 제방에 도착한 것을 무척 다행으로 생각했다. 우리는 비를 피하기 위해 허름한 한 오두막을 찾았다. 이곳은 익살맞게도 '초대소Gostinitza'라 불리었으며, 낮은 계급의 철도 기술자와 러시아 행상인들로 초만원을 이루고 있었다. 약속된 직행 열차가 다음 날 늦게까지 도착하지 않았기 때문에, 우리는 당시 건설 중이었던 그 거대한 다리를 살펴보고 사진을 찍을 충분한 시간을 가질 수 있었다. 그리고 기차가 도착하였다. 그 기차는 오로지 화차로만 이루어져 있었고, 어디에서나 찾아볼 수 있는 중국인 쿨리들이 타고 있었다. 그런데 기차 안에 쿨리들이 매우 빽빽하게 들어차 있었기 때문에 불과 몇 명 되지 않는 유럽인들이 앉을 수 있는 곳은 없었다. 그러나 철도 종사자들은 오히려 사람들로 기차가 꽉 채워진 상황을 더 선호하였다. 왜냐하면 유럽인들은 요금을 내지 않아도 된다는 것을 그들도 알고 있었으며, 반면에 중국인들은 약 30킬로미터 간격으로 있는 역을 지날 때마다 1실링 가량의 요금을 내야만 했기 때문이었다. 이런 식으로 기차 차장들은 꽤 수입을 올리고 있었다. 그러나 러시아인들이 ─ 가장 낮은 계급조차도 ─ 중국인 쿨리들에게 밀려나다니, 이것은 제삼자에게 상당히 기이한 느낌을 주는 일이었다. 이러한 일은 중국의 다른 어떤 곳에서도 일어날 수 없었다. 중국에서 외국인들은 다른 국적인 데다, 중국 쿨리들과 함께 같은 무개화차를 타고 여행하려는 생각은 더더욱 하지도 않을 것이다. 흑인과 함께 앉아서 저녁 식사를 하지 않으려는 미국 남부인과 마찬가지로 말이다.

여러 정류장에서 이들 쿨리들에게 빵과 '러시아 맥주kvass'를 팔던 코사크 가족의 여자와 소녀들을 보면서 나는 이와 비슷한 충격을 경험하였다. 사람들은 서로 비슷하다는 논리가 중국에 사는 유럽인들 사이에 유행한 적은 결코 없었다. 강을 다니는 배들과 연안의 증기선 위에서 낮은 계급의 중국인들은 당연히 따로 떨어져 있다. 중국인 관리들한테조차도 분리된 좌석이 거의 반드시 제공되기 때문에 유럽인 구역에서는 그들을 좀처럼 볼 수 없다. 인종들을 떼어 놓아야 한다는 생각은 아마도 상호적인 것이겠지만, 우리 입장에서 보면 적어도 한 가지 이유가 있다. 그것은 상인이건 귀족이건 간에 개종하지 않은 중국인들은 유쾌하고 편안한 길동무가 아니라는 것이다.

러시아인들은 인종에 대한 강한 적대심이 없을 뿐만 아니라, 그들은 그 사실을 자랑으로 여기고 있다. 게다가 중국인들에게 그 사실을 알릴 수 있는 기회를 결코 놓치지 않는다. 바로 이런 이유 때문에 러시아인들이 중국 사람들을 다루는 데 확실히 유리하다고 할 수 있다. 어떤 종류의 대우가 가장 수지가 맞을 것인지를 결정하는 것은 중요하지 않다. 그것은 옳고 그름에 대한 문제도 혹은 심지어 편의를 고려하는 문제도 아니다. 중국인들과 친해지는 것이 우리에게는, 나아가 대다수 백인종에게는 불가능한 일이다. 그러나 러시아인들은 그렇지 않다. 그리고 그것으로 된 것이다. 이러한 차이에 대해 쓰고 있는 나는, 백인 여성들이 중국 쿨리들에게 돈을 받고 먹을 것과 마실 것을 날라다 주는 모습을 발견하였다는 단순한 사실에서 괴상하거나 본성에 위배되는 그 어떤 것도 찾아볼 수 없다. 하지만 당시에 중국의 다른 지역에서 온 지 얼마 되지 않은 영국인이 느낄 수밖에 없는 중국인에 대한 정서가 있다는 것을 알고 있다. 비록 그가 이론상으로는 중국인을 좋아하고 그들의 많은 점에 감탄하고 있다고 할지라도 말이다. 나는 분명히 하찮아 보이는 이 예화를 통해 매우 깊은 인상을 받았다. 그리고 여기에서 러시아가 여하튼 간에 중국에 영향을 끼칠 수 있었던 비범한 힘에 대한 한 가지 이유를 알게 되었다.

나흘 밤낮이 걸렸던 톄링까지 우리의 여정은 다른 점에서 보면 평온 무사하였다고 할 수 있다. 그동안에 나는 잠자리를 러시아 여관과 중국인 오두막 그리고 비어 있는 무개화차로 계속 바꾸어야만 했는데, 무개화차가 가장 편안하였다. 그 사이에 비가 어느 때보다 많이 쏟아졌다. 2주 동안 630밀리미터 정도 내렸는데, 톄링 남쪽에서 뉴좡까지 모든 임시 다리와 속도랑이 떠내려가 버리는 바람에 통행이 몇 주 동안 금지되었다.

무개화차를 타고 두 명의 러시아 장교와 함께 톄링에 도착하자마자, 경솔하게도 나는 그들과 동행하여 기차역 옆 장교 식당으로 갔다. 이 식당은 아침 식사를 할 곳을 찾다가 우리가 발견한 곳이었다.

평범한 러시아식 환대가 끝난 후에 아침 식사와 보드카가 준비되었다. 그렇지만 곧 내 존재는 문제가 되기 시작했고, 내가 일행을 떠나려고 일어서자 그들은 꽤 험악하게 가만히 있으라고 강요하였다. 그리하여 나는 내가 북쪽으로 향하던 길에 만난 적이 있는 러청 은행의 지점장을 만나게 해 줄 것을 요구하였다. 그 은행이 다만 몇 미터 떨어진 곳에 있었음에도, 한 장교가 빗속을 뚫고 나와 동행하겠다고 나섰다. 내가 그곳을 방문했을 때, 장교가 은행의 그 남자와 러시아어로 이야기를 나누었다. 그리고 나서 떠나자는 사인을 보낸 것은 내가 아니라 그 장교였다.

장교 식당으로 돌아가면, 나는 그 장교가 사령관에게 가서 문제를 설명하는 동안 식료품 저장실에서 대기하고 있어야 하였다. 즉, 나는 명백히 체포된 것이었다. 그러나 무슨 말을 하는지 못 알아들은 척을 하면서 나는 내 발로 걸어 식당으로 들어갔고 앉아 있던 자리로 가서 다시 앉았다. 그리고 내가 들어오자 식장 안이 온통 잠잠해진 것을 알아챘다. 이윽고 사령관이 식당으로 들어왔고 간단한 이야기를 하였다. 그러자 분위기는 순식간에 밝아졌다. 사령관을 축하하기 위한 생일 만찬이 열리는 동안 나는 남아 있어야 했고 정다운 분위기가 다시금 주도권을 잡았다.

아무래도 그 은행 지점장이 모든 의문을 충분히 납득시켰던 것 같다. 그러나 내가 그 후에 알게 된 일이지만, 그가 그렇게 해 준 것은 매우 부지불식간에 일어난 일이었다. 그는 다음 날 내게 내가 선교사라고 둘러대었다고 말해 주었다. 그는 내 진짜 직업을 알고 있었으나 친절하게도 한마디 덧붙여 말해 주었던 것이다. 분명히 내가 체포되도록 할 수도 있었을 텐데도 말이다. 한편 생일 만찬은 점점 무르익었고, 3차가 끝날 무렵에 내 진짜 직업이 뭔지를 알아채게 된 사령관은 이미 너무나 많이 흥겨운 상태가 되어 거기에 신경 쓸 겨를이 없었다. 연회는 오후까지 계속되었으며, 저녁이 되자 나는 감시 없이 내 무개화차로 돌아가도 좋다는 허락을 받았다. 다음 날 아침, 나는 오히려 체포되는 편이 나았다고 생각하게 되었다.

그렇다고 해서 내 처지가 아주 위험한 것은 아니었다. 전날 오후의 술자리에서 그들은 유쾌한 천성 − 더 강한 용어를 사용하지 않고도 − 으로 영국인 신문 특파원의 존재를 일상적인 일로 받아들이게 되었다. 물론 그것은 분명 아니었지만 말이다. 나는 이러한 유쾌함의 효과가 얼마나 오랫동안 지속될 것인지에 대해서도, 앞으로의 내 진로를 막기 위해 어떠한 조치가 취해질 것인지에 대해서도 말할 수 없었다. 만약 철로가 잘 운용되고 있었다면, 나는 눈에 띄지 않게 인사도 없이 떠날 수 있었을 것이다. 그러나 폭우가 쏟아져서 모든 철로의 통행이 적어도 3주간은 완전히 불가능했고, 도로 역시 완전히 통행 불능인 상태였다. 내가 나중에 알게 된 사실이지만, 실제로 톄링 아래쪽 랴오허 유역은 2미터 아래 물속에 거의 잠겨 버린 상태였다. 나의 상황을 더욱 위험하게 만든 것은, 은행에서 일하는 젊은 내 친구가 나를 두 번째로 불러냈을 때였다. 그때 나는 그에게 내 정체를 털어놓았던 것이다. 나는 그가 당장 그 소식을 전하러 본부로 달려가려는 것을 간신히 저지하였다. 내가 그에게 해명을 하자 나를 체포해야 한다고 여겼던 그의 강한 의지가 다소 누그러졌다. 나는 그에게 내가 「모닝포스트」의 특파원 자격으로 사령관과 식사를 같이 하였다고 이야기했으며, 사령관이 흡족해하는 한 그가 내 존재에 대해 이의가 있을 리 없다고 주장하였다. 이것은 좋은 지적이었다. 비록 사령관이 자신의 생일 피로연 때문에 바빠서 자신에게 온 손님의 신분에 대해 그렇게 주의를 기울일 겨를이 없었다는 사실을 굳이 덧붙여야 한다고 생각하지는 않았지만 말이다. 아무튼 그것은 당장 효과가 있었다. 그렇지만 얼마나 오랫동안 그 효력이 지속될 것인지 전혀 확신할 수는 없었다. 그래서 나와 함께 북쪽을 여행하였고 지금은 나처럼 뉴좡으로 내려가려던 기술자가 내 화차로 찾아와 나에게 다음 날 강을 따라 자신과 동행하자고 권유했을 때, 나는 무척 안도하였다.

그는 강의 치안을 담당하는 젠케 Genke 대령이 마침 그때 70명의 병력을 거느리고 하류로 내려가는 중이라고 말해 주었다. 젠케 대령은 작년에 생산된 콩을 실은 중국 배 여러 척을 훙후쯔한테서 보호하는 일을 맡고 있었다. 대령은 그 기술자에게 자신과 함께 갈 것을 부탁하였고, 이어서 그 기술자가 나에게 그러한 제안을 한 것이었다. 나는 매우 기꺼이 그의 제안을 받아들였다. 내 중국인 시종이 보기에는 그러한 제안을 받아들이는 것은, 여행 중에 많이 들어 보기만 했지 거의 보지 못했던, 만주의 가공할 도적 떼들과 매일같이 맞닥뜨릴 위험을 감수하는 거의 미친 짓이라고 생각하였다. 그러나 나는 내 중국인 시종의 충고를 듣지 않았다. 개인적으로 나는 톄링의 매우 답답한 분위기를 벗어나게 되어서 고마웠을 뿐만 아니라, 강과 도적 떼 그리고 이들 모두를 다루는 러시아의 방식 같은 것을 배울 기회가 생겨서 기뻤다. 나는 톄링의 러시아 장교들이 이들 전사들에 대한 놀라운 이야기와 치열한 교전에 대해 이야기해 주는 것이 즐거웠다. 비슷한 이야기들은 뉴좡과 다른 곳에도 퍼져 있었지만, 나는 아직까지 도적을 우연히 만나거나 그러한 빈번한 교전에서 부상당한 러시아 장교나 병사를 단 한 명도 본 적이 없었다. 그렇기 때문에 이번 강 여행은 이러한 점들을 확인하는 데 도움이 될 듯하였다. 그래서 나는 강에 닿을 때까지 허리까지 오는 물을 헤치고 약 3.2킬로미터를 걸어가면서도 많은 기대를 품고 있었다. 젠케 대령이 강에서 우리를 매우 따뜻이 맞이해 주었다. 그리고 우리는 정크선의 고물에 앉아 이야기를 더 들으면서 차를 마셨다.

그의 첫 질문으로, 나와 동행한 기술자가 내 직업에 대해서 잘못 알고 있었다는 사실이 드러났다.

"당신이 은행가로군."

하고 대령이 말하였다.

"그러면 당신은 '디아오diao'의 가격을 내게 말해 줄 수 있겠군."

그래서 그에게 나는 은행가가 아니라 한 영국 신문의 특파원이라고 말하였다. 그러자 그때 그는 잠시 동안 실망한 기색을 보였다. 그렇지만 그때, 그는 자신이 나를 그곳에 오게 했으므로 나를 돌려보낼 수는 없다고 생각하였다. 또한 필시, 적절한 후원이 이루어지지 않고서는 내가 그곳에 있을 수 없을 거라 판단한 듯하였다. 게다가 그는 이 일을 제법 긍정적인 쪽으로 바라보았다.

"그거 잘됐소."

하고 그가 말하였다.

"이제 당신은 런던 사람들에게 우리 러시아인들이 소문만큼 속이 검지 않다는 것을 말해 줄 수 있을 거요. 우리가 동행한다면, 나에게 당신의 노트를 보여 주는 것에 대해 이의가 없겠소?"

"무엇이든 상관없습니다."

라고 나는 대답하였다.

"그리고 나는, 당신이 노트 한 부는 나를 위해, 다른 한 부는 당신 편집자를 위해 마련해 주었으면 하오."

"분명히 그렇게 하겠습니다."

나는 대답하였다.

"그럼 이것으로 모두 해결되었군. 당신과 그리고 내 통역인인 엠노튼M'Naughton 씨가 내 배의 절반을, 다른 절반은 내가 쓰게 될 거요. 나는 우리가 좋은 친구가 될 수 있을 거라 믿소."

그러고 나서 우리는 그가 제시한 대로 하였다. 나는 젠케 대령이 군인이지만 위대한 차이콥스키Tschaikovsky의 조카이기도 하다는 사실을 알게 되었다. 대령은 자신이 뛰어난 음악가이자 훌륭한 학자였으며, 무엇보다도 대다수 영국인들보다 더 영어를 유창하게 잘하였다. 그는 『허영의 시장Vanity Fair』을 다섯 번째 읽고 있는 중이었고, 디킨스Dickens와 새커리Thackeray의 소설에 나오는 모든 인물들에 정통하였다. 한편 셰익스피어에 관한 그의 지식은 나와 그를 위해 통역을 해 주고 있던 선교사 모두가 감탄할 정도였다. 이런 길동무와 함께 여행을 한다는 것은 어떠한 상황에서라도 즐거운 일이다. 그러나 더더욱 즐거운 일은 톄링에서의 까다로운 관료주의에서 벗어나 잠시 동안 자유롭고 자극적인 강에서의 생활을 한다는 사실이었다.

나는 철로에서 겪었던 내 개인적인 경험에 대해 상당히 상세하게 논하였다. 그 이유는 그러한 경험들이 당시 만주에 대한 러시아의 입장을 밝히는 데 상당히 도움을 주기 때문이다. 물론 지금은 모든 것이 바뀌었다. 영국인이라도 뤼순에서 상트페테르부르크까지 아무런 장애 없이 여행할 수 있다. 또한 철도는 잘 운행되고 있으며, 러시아도 그 노선을 대중화하는 데 최선을 다하고 있다. 그러나 2년 전까지만 해도 영국인을 비롯한 다른 어떤 외국인도 성정 너머의 만주로는 여행할 수 없었다. 게다가 당시 러시아인들은 그들이 요구할 여지가 없는 것에 대해 특권을 강력히 주장하고 있었다. 그들은 만주가 전시 상황이라는 사실과 대영제국의 특별한 허가 없이는 러시아 장교 혹은 특파원들이 트란스발Transvaal을 자유롭게 돌아다닐 수 없도록 한 사실을 근거로 삼았다. 그러면서 러시아 역시 마찬가지로, 영국 장교나 시민들이 만주를 통과하도록 내버려 두는 것은 말도 안 된다고 주장하며 자신들의 입장을 설명하곤 하였다.

이러한 주장은 명백히 불합리한 것이었다. 홍후쯔와 싸우는 것과 보어인Boers에게 대항하는 것은 서로 비교가 되지 않기 때문이다. 게다가 러시아는 만주에서 제대로 된 군대와 교전 중인 것도 아니었다. 그들은 단지 다른 외국과 함께 중국 정부가 반란을 진압할 수 있도록 돕고 있을 뿐이었다. 그리고 러시아는 적어도 명목상으로는 만주에 이해관계가 있는 유일한 열강이 아니었다. 영국이나 독일 장교들 역시 러시아 장교들이 바오딩保定 부에 가야만 했던 것처럼 만주를 가로질러 갈 권리가 충분히 있었다. 물론 만주에서 러시아의 지위가 중국에서 다른 어떤 열강의 지위보다 현격히 우월한 것은 사실이었다. 또한 어떠한 이론을 가지고 이의를 제기하든 간에, 우리는 러시아의 지위가 우리의 묵인 아래 이루어진 것임을 실제로 인정하고 있었다. 개인적으로 나는 우리 정부에게 원조를 요청한 적이 결코 없었다. 또한 한 시민으로서 정부의 지원에 대하여 어떤 특별한 요구를 한 적도 없었다. 그러나 장교, 특히 파웰 대령과 같은 위치에 있는 장교일 경우에는 보통 시민과 같이 취급될 수는 없었다. 그러므로 우리 정부가, 러시아인들이 파웰 대령을 돌려보내도록 내버려 두고 그들이 만주에서 모든 외국인들의 움직임을 통제하는 명백한 세력이 되도록 놓아둔다면, 확실히 그 결과는 그 지역 전체에 러시아 국기를 높이 달도록 해 주는 것이다. 만주는 2년 전에 러시아의 세력 범위로 인정되었다. 그리고 그와 동시에 양쯔 강 유역은 우리의 세력 범위였다. 하지만 우리는 다른 외국인들이 양쯔 강 유역을 여행하지 못하도록 한다는 것은 꿈에도 생각하지 못하였다. 게다가 상하이에 프랑스 군대와 독일 군대가 상륙하는 것을 저지할 수도 없었다. 나는 우리가 러시아의 책략을 본보기로 삼아도 무방하다거나 이러한 책략에 반대하지 않으면 안 된다고 말하려는 것이 아니다. 내가 이야기하려는 요점은 다음과 같이 간단하다. 이 시기 전반에 걸쳐 우리는 동아시아 정책의 토대로서 중화제국의 보전을 일관되게 주장해 왔다. 그래서 표면상으로는 러시아가 반드시 만주에서 즉각 철수하여야 한다고 보는 공식적인 입장을 취하고 있었다. 하지만 사실은 그와 동시에, 만주가 이제는 중국의 영역이 아니라는 것을 명백하게 보여 주는, 그리고 러시아가 만주를 포기할 의도가 전혀 없다는 것을 보여 주는 그들의 여러 행동들을 묵과하고 있었다. 즉, 매일같이 우리는 암묵적으로 동북 3성을 관리할 권리를 러시아에게 부여하고 있었던 것이다. 더욱이 어떤 분별력이나 정치력을 보여 주는 후속적인 항의를 제기할 수도 없었다.

제 7 장
비적과의 전투

젠케 대령의 지휘 아래에 있던 선단은 세 명의 장교와 러시아 병사들을 실은 여덟 척의 정크선 그리고 뱃머리에 해군 파운드 포 한 대를 장착한 대령의 정크선 한 척으로 구성되어 있었다. 우리는 모두 70명 정도였고, 이외에 배에 짐을 싣는 몇몇 중국인 병사들이 더 있었다. 이들은 야오Yao라고 하는 중국 지방관의 지휘를 받았는데, 그는 군관이면서 재판관이었고 정보국장과 병참 책임자 그리고 인부 관리자의 권한을 가지고 행동하였다.

정찰이 끝나면 야오가 그의 기함을 타고 앞으로 나아갔다. 그리고 비적 떼brigands가 포착되면 그들을 쫓아 궁지에 몰아넣는 것이 바로 야오였다. 그 후에 공판이 시작되면 야오는 그들을 기소하고, 법정에 앉아 평결을 내렸다. 야오의 측근은 정보를 얻기 위해 그 지역을 찾아 헤맸다. 또한 참모회의에서 야오는 그의 집게손가락으로 땅에 표시를 하면서 계책을 설명하였으며, 홍후쯔를 함정에 빠뜨릴 교묘한 책략을 제안하였다. 만일 당신이 원하는 것이 있다면, 정크선에서 수박 한 통까지 그 어떤 것이라도, 야오가 오고 나서야 대개 그다음으로 필요한 물품이 준비되는 것이었다.

그는 부드러운 매너를 지닌 작고 마른 남자였다. 그리고 언청이였는데, 이것은 아무래도 그의 외양에 우유부단함을 보태어 주는 듯하였다. 비록 턱수염을 기르고 있지는 않아도 희끗희끗한 흰 머리카락은 그가 대부분의 동년배의 남자들처럼 뚱뚱하고 비대하며 걸어서 아문衙門 밖으로 나올 수 없는 나이에 이르렀다는 것을 잘 보여주고 있었다. 그의 교묘한 말투와 장황한 언변에도 불구하고, 누구나 곧 이 작은 남자를 존경하기 시작하였다. 50세는 확실히 넘었을 그 남자는 강에서 이동하는 생활을 위해 지방관의 손쉬운 업무를 단념하였다. 이곳 강에서 그는 비적 떼를 수색하기 위해 새벽에 일어났으며, 해가 진 뒤에도 이런저런 그의 직무는 좀처럼 오랫동안 끝나지 않았다.

젠케 대령은 엠노튼 씨의 도움도 받고 있었다. 엠노튼 씨는 스코틀랜드 장로교 선교회 소속이었고 통역으로서 이 선단에 동행하고 있었다. 이는 교활한 중국인 통역자 때문에 일어나는 어려움을 미연에 방지하려는 것이었다. 왜냐하면 교활한 중국인 통역자야말로 어떤 외국인 병사가 그랬던 것보다 그들 동포들에게는 엄청난 재앙이기 때문이다. 엠노튼 씨는 강건한 기독교도의 훌륭한 본보기라고 할 수 있었다. 그는 대체로 만주에서 아일랜드인 또는 스코틀랜드인 동료들 대다수와 함께 지내면서, 중국에서 일어나는 일을 중국 본토에 있는 여러 신교 선교사들보다도 더 넓고 현명하게 관찰해 왔던 것 같다. 그래서 그의 언어 지식뿐만 아니라 중국인을 다루는 경험이 대령에게 커다란 도움이 되고 있었을 것이다.

젠케 대령의 임무와 목적은 홍후쯔와 싸우는 것이 아니라, 강의 제방을 따라 향용鄕勇, native Militia을 조직하는 것이었다. 또 한 가지 덧붙이자면, 콩을 실은 배들을 호위하는 것 역시 젠케 대령의 임무였다. 그 배들은 뉴좡으로 내려가는 동안 습격당하는 것을 염려하고 있었다. 도적 떼에게 어떤 실제적인 인상을 주려면 더 많은 병력이 필요하였고 더 오랜 시간을 들여야 했다. 배들이 불에 탈 때마다 대령이 자신의 병사들을 상륙시켜서 비적 떼를 추격하게 했더라면, 우리는 지금 랴오허 상류에 머물고 있어야 했을 것이다.

비록 뉴좡으로 빨리 가려고 서두르기는 했지만, 나로서는 랴오허에서 러시아가 하고 있는 일들을 직접 눈으로 목격할 수 있어서 기뻤다. 뉴좡에서는 러시아가 의도적으로 랴오허를 무방비 상태로 내버려 두는 데 대해 여러 의견들이 끊임없이 제기되고 있었다. 그중에는 중국인들이 자신들의 생산물을 철도로 보낼 수밖에 없게끔 만들려는 러시아의 의도 때문이라고 여기는 의견도 있었다. 또 한편으로는, 비적 떼가 일으키는 그 지역의 지속적인 반란이 러시아가 만주를 점령한 것에 대해 충분한 구실을 제공하고 있기 때문이라고 보는 견해도 있었다.

처음에 제시한 이유는 실제로 어떠한 근거도 없다고 할 수 있다. 왜냐하면 철도의 수송력에 대해 이미 지나칠 정도로 세금이 부과되고 있는 데다가, 더욱이 그런 부유한 나라는 새로운 노선이 건설될 때까지 앞으로도 계속 그럴 것이 분명하기 때문이다. 두 번째로 제시한 이유에 대해서는, 어느 정도 그럴 가능성이 내재되어 있다고 볼 수 있지만 수정해야 할 부분이 있다. 톄링과 뉴좡 사이의 약 482킬로미터 정도에 달하는 강의 치안을 철저하게 그리고 효과적으로 유지하는 일은 까다로울 뿐 아니라 비용이 많이 드는 일이다. 그렇기 때문에 러시아가 자신들로서는 전혀 관심도 없는 교역을 위해서 그런 성가신 일들과 많은 비용을 감당하리라 여기는 것은 극히 터무니없다고 할 수 있다.

그러므로 러시아가 만주에서 당연히 철수해야 한다는 여론이 있는 한, 러시아 정부는 해적을 철로 부근에서 몰아내어 이를 평정하려는 중대한 조치를 취하지는 않을 것이다. 게다가 이것 말고 어떤 다른 방식으로 행동한다는 것은 비현실적이고 어리석은 일일 것이다. 그렇지만 만주와 뉴촹 항의 러시아 지배가 승인된다면, 러시아는 즉각 그 지역에서 자신의 몫을 취할 것이고, 자신들의 이해관계를 위해 강에서 악당들을 쫓아낼 것이다.

달리 말하면, 그 상황은 다음과 같다. 만일 우리가 힘을 모으고 압력을 가해서 러시아를 만주에서 아니 적어도 뉴촹에서 몰아낸다면, 그 지역은 불안정한 상태로 남을 것이 틀림없다. 그러나 중국은 이를 해결할 수 없으며, 러시아 외에는 그 밖에 어떤 나라도 시도하려 하지 않을 것이다. 만일 우리가 뉴촹을 러시아가 차지하도록 내버려 둔다면, 러시아는 진지하게 모든 도적과 비적 들을 몰아내는 일에 착수할 것이다. 몇몇 사람들은 러시아가 그러한 임무를 완수하지 못할 것이라고 생각한다. 하지만 사실은 그렇지 않다. 왜냐하면 이미 그들은 매우 짧은 시간 동안에 철도 영역을 충분히 그리고 안전하게 만들어 놓은 경험이 있기 때문이다.

이 문제가 해결되지 않는 한, 랴오허에 대한 러시아의 정책은 전반적인 상황에 따라 확실히 움직이게 될 것이다. 그들은 강을 순찰하지는 않지만, 배들이 심각한 손실 없이 오르내릴 수 있도록 충분히 안전을 확보해 주고 있다. 그리고 그들이 그렇게 하는 것은 그 배들이 뉴좡에 있는 중국 해관의 금고에 돈을 가져다주는 수입원이기 때문이다. 그 돈은 러시아 당국이 그것도 매우 합법적으로 징수하고 있으며 또 많은 러시아 관리들의 주머니 속으로 들어가고 있다. 강에 대한 그들의 통제가 이러한 목적을 달성하기에 충분하다는 것은 1901년의 사실로 증명된다. 1901년 상반기에 해관은 18만 냥을 징수하였는데, 그것은 거의 기록적인 수입이었다. 그리고 이 징수액은 그 도시의 행정장관과 그의 보좌진에게 충분한 봉급을 지불하는 데 도움이 되었다.

따라서 랴오허에 대한 러시아의 군사 정책은 전적으로 편의와 변명을 근거로 삼아 펼쳐지고 있는 것으로 보일 것이다. 그러나 나는 젠케 대령이 자신이 지시받은 명령의 한계까지, 심지어 어쩌면 그러한 명령의 진의를 다소 어기면서까지, 자신의 임무를 효과적으로 달성하기 위해 온갖 수단을 강구하는 것을 볼 수 있었다. 그가 하는 일이 유익하다는 것을 가장 잘 보여 주는 증거가 있다. 그것은 우리가 톄링에서 콩을 실은 정크선 약 1,000척과 함께 출발하면, 아래로 내려가는 동안 새로운 선단이 합류하여 뉴좡까지 5,000척 가량의 정크선을 젠케 대령이 이끌게 된다는 사실이다. 그렇기 때문에 당연히 약탈당하는 배의 비율은 대개 5퍼센트 미만이 된다. 만일 대령이 호위하는 일이 없었다면 그 배들의 4분의 3 정도가 강의 상류에 남아 있었을 것이다. 이 경우만을 가지고도, 매우 합리적으로 계산해 보면 우리가 도적들의 호주머니에서 15만 달러를 손에 넣은 셈이라고 할 수 있다. 게다가 뉴좡의 콩 가격은 이틀 동안 14퍼센트나 떨어져 있었다.

홍후쯔(이 말은 이제 모든 도적 또는 해적에 대한 총칭으로 쓰인다)와 관련해서, 만주에서 올해는 중국 역사가 시작된 이래 그 어느 시대

전형적인 만주의 모습.

와 비교해도 어느 정도 특이하다고 볼 수 있다. 평년에는 비적들 때문에 부과되는 세금이 그렇게 많지 않거나 아니면 적어도 과중하지는 않았다. 왜냐하면 모든 문제가 중국인들이 매우 선호하는 영구적인 절충 상태에 도달하였기 때문이다.

그것은 공존공영의 상태이다. 이러한 상태에서는 해적과 관리 사이에 진정한 경계선이 존재하지 않는다. 훙후쯔는 상인을 매수하고, 상인은 지방관을 매수한다. 그래서 한 사람이 차례로 혹은 동시에 지방관이면서 상인이고 또한 해적 두목일 수도 있었다. 예를 들어 만약에 선주가 뉴좡에서 자신의 보험료를 냈다면 안전하게 여행할 수 있을 것이다. 혹은 만약에 그가 차라리 그 돈을 하천의 제방에 지불한다면, 단지 그는 약간 높은 관세를 부과받게 될 뿐이다. 이 경우에도 마찬가지로, 그가 길의 규율을 잘 지키고, 해적에게 자신의 요금을 속이려 들지 않는 한, 그와 그의 짐 역시 위험으로부터 안전하다. 누구나 암호가 적힌 특별한 깃발을 달고 있는 배를 보면, 그것이 보증받은 배라는 것을 즉각 알아본다. 이러한 깃발은 경우에 따라서, 특정 거리 혹은 전체 여정 동안 배를 보호한다. 보험료를 처리하는 사무소는 그 본부가 뉴좡이나 혹은 톄링과 같은 다른 큰 도시에 위치한 주요 상인들의 집에 있다. 그 상인들은 그들의 수수료를 가차없이 거두어서 도적의 대리인에게 원금을 건넨다. 뉴좡에는 수백 명의 부자들이 실크와 새틴으로 만든 옷을 입고 다니면서 최고급 중국 사교계에 드나들고 있는데, 그들은 전적으로 해적질을 해서 먹고사는 것이다.

선주들의 경우를 살펴보자면, 그들은 약탈 대신 부과되는 상납에 대해서 그것을 이금 또는 다른 세금과 같은 것이라고 여기고 있다. 만일 어떤 도적이 총을 들고 강의 제방에 나타나면, 그는 배 50척을 충분히 세울 수 있다. 배들이 가까이 오도록 총을 한 방 쏘고 나서, 그 도적은 배를 샅샅이 조사한다. 그리고 배마다 5달러 혹은 10달러, 아니면 어떤 경우에는 이보다 더 적은 금액을 내도록 강요한다. 선주들은 값을 깎으려고 옥신각신하면서 많은 말을 하지만, 적극적인 저항은 결코 꿈조차 꾸지 않는다. 이러한 일은 이미 고질적인 상태가 되었다. 그러나 1901년의 사정이 달랐던 원인은 단 하나로, 일반적인 해적에는 속하지 않는, 해산된 군인들이 해적이 된 숫자가 엄청나게 증가하였다는 사실에 있었다. 그들은 해적을 자청하였으며, 무자비함과 강탈의 폐습을 보여 주었다. 결국은 이로써 선주의 부담이 거의 견딜 수 없는 지경에까지 이르게 되었다. 그리하여 한동안 통행이 교착 상태에 빠졌고 홍후쯔를 잡는 일은 위험한 일이 되었다. 중국인 선주들은 이전까지 결코 해적들에게 상납하는 일을 거절하지 않았다. 그러나 이제 자신들의 보험으로 보증된 깃발이 제대로 지켜지지 않는다는 사실을 깨닫고 분노하게 되었다. 상납해야 하는 일이 너무 빈번해 거기서 벗어나려는 노력이 있었지만, 이는 도적들을 성나게 만들었다. 그리하여 도적들은 본격적인 공격을 하기에 이르렀고, 이것은 때때로 불행한 결과를 초래하고 말았다.

마을의 우두머리는 처음에 이러한 해악을 진정시키기는 데 아무런 힘을 쓰지 못하였다. 왜냐하면 화기를 소유하는 것을 러시아가 금지하였기 때문이었다. 그리고 많은 경우에 단련團練 혹은 향용이 도적 그 자체만큼이나 커다란 재앙이었다. 사실 향용이 홍후쯔의 일부가 된 것은 이상한 일이 아니다. 보통의 경우에는 마을의 젊은이들이 군대에 자원하여 입대하지만, 젊은이들이 충분하지 않은 곳에서는 때때로 일시적으로나마 도적을 고용해야 할 필요가 있다. 그들은 토지를 받고, 겉으로는 그 토지의 선량한 경작자가 된다. 그러나 실제로는 종종 향용으로 가장하여, 더 많은 돈을 벌었던 이전 직업으로 되돌아가는 것이었다. 사실상 1901년 그 지역의 상황은 악화될 만큼 악화되었다.

젠케 대령의 임무는 가능한 한 이들 마을의 단련을 조직하는 것, 그들의 라이플총에 도장을 찍는 것, 그들이 얼마나 자신들의 직무를 행하고 있는지를 알아내는 것이었다. 그리고 강의 치안을 전체적으로 시찰하는 것 또한 그의 임무였는데, 이것 역시 거의 전적으로 중국 당국에 맡겨져 있었다. 그리고 그 우두머리가 우리 친구인 야오였다. 러시아 병사들은 단지 선단 그 자체, 그리고 우리와 하류까지 동행하는 배들을 호위할 따름이었다.

고백하자면, 나는 홍후쯔가 실제로 얼마나 창궐하고 있는지를 알고 놀랐다. 첫날 아니 이틀 동안 제방에서 도적들과 잇따라 마주쳤다. 언제나 이런 것은 별로 탐탁하지 못한 종류의 만남이었다. 그들은 틀림없이 우리가 온다는 사실을 알고 있었을 것이다. 하지만 그럼에도 그 조그마한 무리들은 엄청난 자신감으로 우리가 보호하는 배들을 '세우려는' 시도를 하였다. 병사들이 눈에 전혀 띄지 않는 헐거운 면 옷을 입고 있었기 때문에, 많은 배의 무리 속에서 그들이 첫눈에 외국 배들을 식별해 내는 것은 불가능한 일이었다. 그것은 일반적인 방법이었다. 하지만 도적들은 배들을 보았을 때 제방으로 올라가지 않고, 그 대신 대담하게 앞으로 나왔다. 그들은 처음부터 본격적으로 공격을 시작하였고, 그때서야 자신들이 실수했다는 것을 알아차렸다.

공격이 시작되자, 전세는 러시아 배가 있는 쪽으로 넘어왔다. 우리의 파운드 포에서 재빠르게 포신의 덮개가 벗겨졌다. 이어서 포탄이 폭발하고, 신속하게 일제사격이 시작되면서 강은 요란한 폭음에 휩싸였다. 첫 번째 포격만으로도 홍후쯔에게 이번만은 그들이 적을 잘못 골랐다는 사실을 보여 주기에 충분하였다. 이 소규모 전투는 곧 끝나게 되어 있었다. 왜냐하면 우리 배들이 빠른 물살에 이끌려 신속하게 공격 지점을 지나갔기 때문이다. 게다가 삿대를 저어 강을 거슬러 올라가는 일은 결코 가치 있는 일이 아니었다. 이러한 이유로, 홍후쯔는 이따금씩 우리가 지나간 뒤에 고량 밭 사이에 나타나 뻔뻔스럽게도 무방비 상태인 호위대의 배후를 습격하기도 하였다. 한두 차례 그들은 러시아 배에 일제사격을 하여 작별 인사를 하였다. 그러나 일반적으로는, 총이 그들을 몹시 놀라게 하였기 때문에 그들은 그날 하루 동안은 해를 끼치지 않았다.

당신의 적들을 완전히 가려 주는, 아직 베지 않은 농작물 사이로 일제사격을 가하는 일은 그렇게 만족스러운 일은 아니다. 단 한 번 듣기 좋은 포격 연습을 할 기회가 있었다. 그것은 마적 무리가 강에서 뒤로 약 1.6킬로미터 가량 달아나서 헐벗은 경사지를 건너려고 할 때였다. 한 문의 파운드 포에서 날아간 포탄이 그들 사이에서 터지자, 중국인 타수는 말과 사람이 땅바닥으로 내던져지는 광경을 볼 수 있었을 거라고 장담하였다. 그렇지만 내 쌍안경은 충분히 도수가 강하지 않아서 그가 말한 것을 확인해 볼 수가 없었다.

막 해질 무렵 우리가 하룻밤 묵기 위해 배를 멈추려고 할 때 마을에서 총알이 발사되었던 경우도 있었다. 그때 사람들은 상륙해서

두 무리로 나뉘어 재빠르게 다가갔다. 각각의 무리는 한 장교의 지휘 아래 나누어져 두 개의 다른 방향에서 마을을 수색하였다. 물론 그곳에는 여기저기 노인이나 몇몇 어린애들만이 발견될 뿐 아무것도 없었다. 그래서 결국 우리는 고량 밭으로 돌진했다. 그러자 병사들의 흰옷이 어둑어둑함 속에서 훌륭한 표적이 되고 말았다. 도적들이 한두 발의 총알을 발사하자, 즉각 일제사격이 고량 밭을 가르며 우리 쪽을 향해 날아왔다. 이것은 다른 수색대에서 쏜 것이 분명하였다. 이렇게 도적들이 아니라 우리 편이 더욱 위험해지는 상황에 처하게 되자, 우리는 왔던 길을 돌아 제방으로 돌아올 수밖에 없었다. 노련한 야오만이 강에서 90미터 이상 가지 않고도 여섯 명의 범죄자를 사로잡았을 뿐이다. 실제로 이런 결과는 흔히 있는 일이었다. 왜냐하면 발포 현장에서 범인을 잡지 않는 한, 러시아인으로서는 온화한 마을 주민과 도적을 구별하는 것이 거의 불가능한 일이었기 때문이다. 중국인은 고량 밭 한쪽에서 뛰어들 때는 도적이었다가, 라이플총과 탄약대를 벗어 던지고는 다른 한쪽으로는 순진한 농부가 되어 나오는 것이다.

어느 날 우리가 점심을 먹으려고 상륙했을 때, 우리를 보고 산적 하나가 크게 놀란 적이 있었다. 그는 분명히 배들이 멈추는 것을 여유 있게 보고 있었겠지만, 아마도 그렇게 많은 배들 속에서는 자신의 먹잇감을 고를 수 없었을 것이다. 우리가 다가가자, 그는 말과 라이플총을 남겨 두고 달아났다. 병사들이 그를 찾기 위해 고량 밭을 헤치고 뒤지면서 흥분하고 있는 동안, 야오는 인근 마을에 있는 그의 집으로 몰래 가서 그를 잡아 왔다. 그의 죄는 명백히 의심할 여지가 없었지만, 야오는 통상적인 형태의 질문을 잇달아 하였는데, 이것은 조금 떨어진 거리에서도 듣기 좋거나 보기 좋은 것은 아니었다. 그 도적은 '얼치기Little Fool'라는 이름으로 통했는데, 정말로 그렇게 보였고, 확실히 그에게 어울리는 것 같았다. 재판이 끝난 후에, 그는 성징으로 이송되기 전에 그 지역 단련에게 넘겨졌다. 만일 그가 성징으로 이송이라도 된다면, 총살당할 게 분명하였다. 우리가 떠나거나 몸값을 받고 그를 놓아준 후에 단련이 그를 총살하는 것과 같이 말이다. 이러한 모든 문제는 야오와 다른 중국 관헌에 전적으로 맡겨졌다. 젠케 대령은 단지 사형을 거부할 권리만을 가지고 있었다. 이런 식으로 일종의 졸속적인 처벌이 내려진다. 그렇지만 훔친 물건은 추적의 대상이 될 것이었고, 결백한 사람이 죄지은 자 대신에 고통을 당하게 될 가능성이 언제나 있었기 때문에, 사람들이 붙잡히면 누구나 이를 안타깝게 여겼다. 어쩌면 사람들이 양심의 가책을 느낄 필요가 없었을지도 모르겠다. 왜냐하면 강을 따라 있는 마을은 수적질에 너무나 물들어 있어서 죄인을 판결하는 것이 거의 불가능했기 때문이다.

　야오는 철저하게 사건을 조사하기 위해 정말로 최선을 다했으며, 때때로 그 자신이 유능한 형사임을 입증해 보였다. 어느 날 밤 그는 의심스러운 사람들을 사로잡았다. 처음에 우리는 그들이 그 자리에서 즉시 총살될 것으로 생각하였다. 우리는 중국인 임시 막사에 있는 깜박이는 랜턴의 으스스한 불빛 옆에서 예비 심문을 지켜보았다 그것은 매우 무시무시한 일이었다. 잡힌 자들 중 몇몇은 몹시 여위었고 눈은 움푹 꺼져 있었으며 아주 초췌해 보였다. 그리고 다른 몇몇은 잘 먹은 듯했으며 악의가 없어 보였다. 야오는 그들 앞에 쪼그려 앉아 그들의 얼굴과 손을 검사하였고 그들의 눈을 자세히 들여다보았으며 한 사람씩 냄새를 맡았다. 서너 명의 선하게 보이는 사람들이 한 차례 추려졌고, 그들이 풀려나자 우리는 안도하였다. 마치 그들은 홍수로 인해 그곳에 갇혔다가 이제 자신이 총살의 위험에 놓인 것을 깨닫게 된, 과장해서 연기하는 배우들처럼 보였다. 어떤 외국인도 그들의 이야기가 사실인지 결코 판단할 수 없었다. 하지만 야오는 몇 가지 사소한 낌새를 가지고 재빨리 확신하였다.

　명백히 결백한 사람들이 풀려나고 나면, 좀 더 엄격한 형태의 심리審理가 시작되었다. 심리는 유력 용의자를 골라내고, 그에게 신체적 고문을 가함으로써 진짜 주모자를 털어놓도록 하는 식으로 이루어졌다. 늘 이쯤 해서 중국인들의 재판정에서 벗어나는 것이 좋다. 가능하다면 고문 소리가 들리는 범위를 벗어나서 말이다. 이런 단계의 사회에서는 이와 같은 방법이 아마도 유일하게 유용한 방식일 것이다. 게다가 초라한 마을에서 이들 도적들이 저지르는 공포와 비교한다면, 그나마 이것은 인간적이라고 할 수 있다. 그러나 이따금 결백한 이들이 죽도록 맞는 일은 여전히 일어날 수도 있었고, 그럴 때는 누구도 그 근처에 있고 싶다고 생각하지 않을 것이다.

러시아인들이 만주의 일부인 강에서 그곳 사람들을 잘 지배하고 있다는 사실을 유념해야 한다. 1900년에 실제 전투가 벌어지는 동안에 저질러졌을 잔학 행위가 무엇이었든 간에, 이제는 러시아 병사가 중국인에게 행하는 어떠한 학대도 엄격하게 처벌하기 위하여 최대한의 주의가 기울여지고 있다. 게다가 중국인들 역시, 의화단의 소요가 있던 시기에 외국인들의 영향으로 자신들에게 벌어졌던 최악의 사태도, 자신들의 동포이자 해산된 군인들이 랴오허 서쪽의 불행한 마을에서 자행했던 잔혹함이나 야만성과는 비교되지 않는다고 말할 것이다.

강 아래로 더 내려오면 최근에 내린 비의 영향이 보이기 시작하였다. 범람은 멈췄지만, 많은 제방이 휩쓸려가 버렸기 때문에, 강 가까이에서 배들을 '멈춰 서게' 할 수 있는 도적은 아무도 없었다. 그렇지만 우리가 바다 가까이 왔을 때는 해적 무리에 대한 소문이 널리 퍼져 있었다. 그 해적들은 대부분 텐진 사람들로서 커다란 배를 타고 돌아다니고 있으며, 각 배에는 무장한 사람들이 30명 또는 40명 정도 타고 있다고 하였다. 또한 하류 유역을 순찰하던 러시아 함선의 대형 보트gun-launch가 습격을 당해 세 명의 러시아 병사들이 붙잡혔다는 이야기도 들었다. 잡힌 병사들 가운데 둘은 살해되었고, 한 명은 인질이자 미끼로 살려 두었다고 하였다. 그 해적들은 배에서 잘 보이는 자리에 그를 데려다 놓았는데, 이것은 러시아 군대가 그 배에 빈맨bean men 혹은 향용이 있다고 여기도록 해서, 군인들이 자신들을 공격하지 못하도록 하기 위한 것이었다. 이 이야기는 처음에는 그다지 사실처럼 들리지 않았다. 그런데 서로 다른 경우마다 차이가 있었음에도 불구하고, 그 병사에 대한 부분은 언제나 똑같았다. 결국 우리는 그것이 사실이라는 것을 알게 되었다. 병사들은 제방을 따라 거닐다가 사로잡힌 것이 분명하였다. 둘은 살해되었고 다른 한 명은 앞에서 서술한 목적 때문에 살려 둔 것이다. 그래서 우리는 그 해적들과 진짜로 싸울 수 있기를 바랐다. 그렇지만 훈 강이 랴오 허와 만나는 곳인 쌴서후Sansheho에 도착하자, 우리는 그 지역이 온통 물바다여서 우리가 접근하자 이내 사라져 버린 그 해적선을 잡으러

다니는 일이 소용없다는 사실을 깨달았다.

몸값을 주고 병사를 데려오기 위하여 중개자를 통해 도적들과 협상을 시작하는 것 말고는 다른 어떤 방도도 없었다. 지불해야 할 몸값은 상당하였다. 그러나 그 정도의 흥정이라면 성공하였다고 할 수 있었다.

우리가 쌴서후를 지나 범람한 물의 바다로 나아가자, 그곳에는 고지대에 서 있던 나무와 큰 마을을 제외하고는 모든 것이 물에 잠겨 있었다. 뱃사공은 14년 전의 대홍수보다도 더 심한, 사상 최악의 홍수였다고 말하였다. 그러나 이 말은 과장된 것으로 판명되었다. 대략 수백 제곱킬로미터가 물에 잠겼지만, 그곳의 토착민들은 물이 —마치 그러한 경향이라도 갖고 있는 것처럼— 빨리 흘러가 버렸다면 수확의 절반만을 잃었을 것이라고 하였다. 설사 이것이 1900년의 재앙 뒤에 닥친 상당히 나쁜 상황이라고 할지라도 말이다. 우리에게는 그것이 신기한 경험이었다. 순조로운 바람과 맑은 하늘 아래서 강의 수로를 떠나면서, 우리는 곧바로 들을 가로질러 나아갔다. 그러자 장대한 광경이 펼쳐졌다. 수평선에서 수평선으로 뻗어 있는 5,000척의 배들이 보였다. 배들은 집들과 나무들 사이를 지나기도 하고, 아직도 제 자리에 서서 물 위로 1.5미터 정도 나와 있는 고량 밭 사이를 이따금씩 지나갈 것이다. 그렇게 우리는 멀리 뻗은 강을 뒤로 하며 순풍을 타고 항구를 향해 곧장 이동하였다. 그리고 우리는 여섯째 날 아침에 그곳에 도착하였다.

제8장
군사적인 상황

만주의 대체적인 상황을 다루는 경우에, 여기에는 내가 여행하면서 발견한 것처럼 두 가지 관점이 있다. 이 두 가지 관점은 서로 맞닿아 있지만, 편의상 아마도 서로 다른 항목으로 구분할 수 있을 것이다. 즉, 한편으로는 군사적 관점에서 그리고 다른 한편으로는 정치경제적 관점에서 논의해야 한다. 결국 가장 중요한 문제는 아니었다고 해도, 군사 문제는 분명히 가장 긴박하였다. 그러한 이유로 이에 대해 먼저 서술해도 무방할 것이다.

러시아의 점령 초기에 우리는 내륙에서 벌어지는 일들에 대한 정보는 거의 전적으로 뉴좡의 보고에 의존해야만 하였다. 그러나 이러한 보고는 당연히 부정확하고 오도될 수밖에 없었다. 통상항에서 상업적인 요소는, 중국 내 다른 대다수의 통상항에서와 마찬가지로 주로 영국 상인이 차지하고 있었다. 애초부터 영국 상인들은 러시아에 대항해 왔다. 그 이유는 민족적인 반감 말고도, 러시아가 다롄의 이익을 위해 뉴좡을 황폐화시킬 것이라는 생각에서 비롯된 것이었다. 그러나 이러한 생각이 지금은 설 자리를 잃어 가고 있는 듯하다. 왜냐하면 러시아가 다롄뿐만 아니라 뉴좡 역시 지배하게 될 것이며 그곳을 발전시켜 나갈 것이라는 믿음이 커져 가고 있기 때문이다. 그렇지만 어쨌든 영국 상인의 입장에서는 아무런 편견 없이 자신의 견해를 지키기에는 매우 불확실한 상황이었다. 사실 내가 그 항구를 방문했을 당시에 그곳 외국인들 사이에 존재하던 관료적 요소는 정보를 조사하는 사람에게는 그다지 쓸모 있는 것이 아니었다. 영사들 가운데 호지라는 사람이 있었다. 그는 만주에서 가장 높은 관헌 중 하나였고, 중국 내 전 영사 집단 가운데 가장 유능한 사람 중 하나였다. 그러나 그는 이제 막 임무를 재개한 터라, 베이징에 있는 상관의 견해를 반영하지 않을 수 없었다. 미국인들은 최근에야 뉴좡에 영사를 두었는데 ― 이는 그들이 오래 전에 이익을 위해 취했을 법한 조치였다 ― 나는 그 미국인 영사가 다방면의 지식과 폭넓은 안목을 갖추고 있지만 만주에 관해서는 문외한이라는 것을 알아차렸다. 일본인 영사는 다른 대부분의 일본인 관리들과 마찬가지로 놀라울 정도로 조심스러웠다. 그것은 그가 어떤 중대한 사실을 밝히려 하지 않았거나 혹은 털어놓을 수 없었기 때문일 것이다. 따라서 뉴좡에서 의견을 표명하였던 것은 주로 영국이었다. 그리고 그 의견은 필연적으로 다소 러시아를 경멸하는 것이었다.

만약 당신이 이곳에서 들은 말들을 모두 믿는다고 한다면, 만주는 끔찍한 상태에 놓여 있는 데다 점점 더 악화될 것이며 러시아가 지배하고 있는 한 결코 안정될 수 없을 것이라고 여길 수밖에 없을 것이다. 그리고 다른 한편에서는, 비적 문제는 러시아가 그 지역을 지속적으로 점령하기 위해서 스스로 조작하고 이를 유지하고 있다는 주장이 빈번히 제기되었다. 이 두 가지 주장은 전적으로 일관적이지도 않은 데다가, 둘 다 완강한 편견이 끼여 있었다.

군사적 요소와 정치경제적 요소 이외에 마지막 요소로서 선교사들을 이야기할 수 있다. 아마도 세 요소 가운데 가장 공정한 입장을 취하고 있다고 할 수 있을 것이다. 그러나 설사 이곳에서 제삼자라 할지라도 그에게 정보를 제공하는 사람을 완전히 공정하다고 간주할 수는 없다. 왜냐하면 러시아인들이 특정 선교사들을 몹시 인색하게 대해 왔기 때문이다. 뿐만 아니라 또 다른 이유 하나는, 어쨌든 신교 선교사들은 러시아의 영구적인 만주 점령으로 결국에는 신교 선교 사업을 철수하게 될 것이라고 인식하고 있는 게 분명했기 때문이다.

그러므로 당신이 뉴쫭에서 들은 모든 것들은, 더욱이 그것이 영국 소식통한테서 온 것이라면 반드시 신중하게 받아들일 필요가 있다. 그러나 만일 그것이 러시아 소식통한테서 온 것이라면, 그것을 정반대로 믿어도 대개 무방할 것이다. 이러한 견해가 얼핏 보기에는 뉴쫭에서 전해지는 어떤 이야기만큼이나 편파적인 것으로 보일지도 모른다. 그러나 이것을 수정하기란 불가능한 일이다. 하루는, 성의 동쪽에서 6,000명의 홍후쯔를 포위하여 체포하였으며 그들을 포로로 삼아 지역 치안대로 훈련하기 시작하였다는 내용을 러시아가 공식적으로 보도한 적이 있었다. 러시아인들이 전쟁 포로를 좀처럼 데리고 다니는 수고를 하지 않는다는 사실을 제외하더라도, 적어도 6년 동안 중국인조차도 그러한 숫자의 포로는 좀처럼 잡을 수 없었다는 사실을, 그 지역을 다녀와 본 적 있는 사람이라면 누구라도 분명하게 알고 있었다. 홍후쯔들이 크게 무리지어 돌아다닐 만한 곳은 아무 데도 없었다. 설령 적을 만나면 흩어지거나 사라지는 혼합된 병력이라 할지라도 말이다. 그럼에도 이 이야기는 뉴쫭에 나타난 러시아의 공식적인 보도의 사례를 보여 주기에 적절한 예이다.

따라서 그 지역의 사정에 대한 객관적인 인식을 얻기 위해서는,

그곳을 여행해 보는 것이 절대적으로 필요하다. 실제로 러시아 영토의 여행과 비교했을 때, 만주 여행은 다음과 같은 장점이 있다. 그것은 본국에서 멀리 떨어진 곳에 있는 러시아인들 자체가 상당히 솔직하고, 또한 매우 자유롭게 자신들의 정부까지도 비판한다는 점이다. 그렇기 때문에 그 누구라도 물증을 대조하고 명백한 거짓을 발견하면서 공식 보도와는 완전히 다른, 또한 어쩌면 상당 부분 신뢰할 수 있는 정보를 얻을 수 있게 된다.

1901년 그 지역의 상황에 관해서는, 불안정하고 혼란스러웠다고 묘사하는 편이 매우 정확하겠다. 랴오양에서 선교사들은, 설령 산맥을 따라 동쪽으로 여행할 수 있도록 러시아가 허가해 준다고 할지라도 위험 부담을 감수할 생각은 없다고 내게 말해 주었다. 그리고 만일 어느 선교사가 중국에서 어느 지역은 여행하기에 위험하다고 여긴다면, 누구나 그곳이 좋지 않은 상태에 있다고 여기며 아마도 이를 당연하게 받아들일 것이다.

그렇지만 나는 전체 철도 노선과 그 노선이 지나는 지역이 영국의 도로만큼이나 안전하다는 사실을 알게 되었다. 사람들은 호위대 없이 성징에서 지린까지 여행하였다. 게다가 콴청쯔에서 지린에 이르는 약 130킬로미터의 길에는 어떠한 군사 초소도 없었지만, 그곳에 도적들이 있다는 소문을 우리는 결코 들은 적이 없었다. 물론 이런 일도 있었다. 약 145~160킬로미터에 이르는 지린에서 쑹화 강 다리까지 가는 길에서였다. 우리는 한 마을에서 강의 남쪽 늪지에 200명 규모의 비적 떼가 있다는 이야기를 듣게 되었다. 하지만 이것이 사실인지 아닌지를 말하기는 어려웠다. 왜냐하면 그 마을이 공격을 당하였다거나 도적질을 당하였다거나 하는 식의 어떠한 증거도 없었기 때문이다. 그래서 전체적으로 보면, 뉴좡과 하얼빈 사이의 길이라면 어디든지, 중국의 다른 어떤 길만큼이나 생명과 재산은 안전하다고 할 수 있었다. 그리고 그것은 같은 시기에, 다른 연합국이 평화와 안정을 수립하고자 애쓰고 있던 지역인 즈리 성에 있는 것보다 더욱 안전하였다.

그 지역의 동부 산악 지대는 여전히 안정과는 거리가 멀었다. 왜냐하면 평상시의 비적 떼와 의화단 시기에 해산된 군인들이 합류하여 엄청난 규모로 커졌기 때문이었다. 거추장스런 규모의 산발적인 원정을 나가서, 이러한 문제를 해결하려고 시도한 것은 명백히 헛된 일로 끝이 났다. 그래서 여태까지의 수많은 원정이 사실은 비적 떼의 근절이 목적이라기보다는, 오히려 러시아 군대를 훈련시키는 데 주안점이 있었던 것이었다고 다들 단정하기도 한다. 그렇지만 이것이 러시아 군대가 홍후쯔를 진압할 능력이 없다는 것을 보여 주는 것은 결코 아니다.

미얀마에서 활동하던 강도단Dacoits들을 처치하는 데 7년이 걸렸으므로, 만주의 비적 떼를 근절하는 데에도 마찬가지의 시간이 걸릴 것으로 보인다. 하지만 아무튼 간에, 러시아인들은 크게 개의치 않는다. 왜냐하면 현재 그들의 주요 목적은 철로의 보호이기 때문이다. 이것에 비하면 다른 용무는 급하지 않다고 할 수 있다. 또한 그 지역이 군사 중심지에서 멀리 떨어진 곳이라 평상시처럼 평온할 것이라고 기대하는 일 역시 타당하지 않다. 1900년의 난과 같은 분쟁은 후유증을 남길 것이 분명하다. 예를 들어 분쟁의 여파는 또 한 번의 훌륭한 전리품을 거두기도 한다. 즉, 중국 본토의 여러 지역뿐만 아니라 만주에서도 살인과 잔학 행위가 발생했던 것이다. 러시아 앞에 극복할 수 없는 어려움이 놓여 있다고 여기는 것은, 정말오로지 편견에 가득 찬 시선일 뿐이다.

이 점에 대해 한 가지 덧붙일 말이 있다. 그것은 유럽의 가장 저명한 저널리스트 가운데 한 사람(지금은 사망하였다)이 쓴 주목할 만한 일련의 글들에 관한 것이다. 그는 중국 사정에 밝은 학생에게서 정보를 얻었다. 그리고 그 학생은 얼마 지나지 않아 유럽 대륙 어딘가의 대학에서 중국학 교수가 되었다. 하지만 그 대학에 다니는 사람들은 그 교수의 강의에서 역사에 관한 부분은 듣지 않는 것이 좋을 것이다. 이러한 글들 가운데 특별히 흥미로운 두 가지 주장이 있다.

야루(압록)강변.

만주의 임시 구각교(構脚橋).

첫 번째가 의화단의 소요는 결코 만주로 퍼진 적이 없다는 주장이고, 두 번째는 그 지역에 어떠한 중국 군대도 없었다는 주장이다. 이 주장들의 목적은 모두, 러시아 군대에 대한 전면적인 저항이 어리석은 짓이었다는 것을 명백히 드러내 보이는 것이었다. 이들 주장은, 반러시아 감정의 영향을 받은 다소 전형적인 형태로 만주에 대한 이야기를 하고 있다.

의화단의 움직임은 중국의 모든 지역에서와 마찬가지로 남만주에서도 폭력적이었다. 그리고 그 형태도 일치하였다. 철로가 파괴되었고, 외국인들이 살던 집은 불에 탔으며, 외국인들은 살해되었다. 다른 지역에서보다 죽음을 당한 선교사들의 수가 적었던 유일한 이유는 그 여파가 즈리 성보다 늦게 온 데다 미리 충분한 경고가 있었기 때문이었다. 게다가 그곳에는 러시아 군대가 주둔하고 있었던 것이다. 만주에는 중국 군대가 하나도 없었다는 주장에 관해서도, 만주가 중국 본토와 달리 군정 형태의 통치 아래 있었다는 사실을 고려한다면, 이보다 더 우스꽝스러운 주장을 할 수는 없을 것이다. 군사 시설은 이제 그 지역 전체에 퍼져 있다. 그리고 이것은 더 멀리 떨어진 구역에서 일상적으로 무법 행위가 벌어지는 상황을 더욱 악화시키고 있다. 모든 문제가 체계적인 방식으로 다루어지지 않는 한, 야루 강(압록강) 유역에서 완벽한 평화를 기대하는 것은 소용없는 일일 것이다. 철로와 문명이 천천히 진척되기 전까지 실로 이 산악 지대의 비적 떼는 말라리아와 모기처럼 사라지지 않을 수 없을 때까지 여전히 살아 있을 것이다.

랴오허의 홍후쯔에 관해서 이미 나는 충분히 서술하였다. 동쪽의 비적 떼처럼 그들은, 그 지역의 극심한 골칫거리라고 할 수 있는 해산된 군인들이 들어오면서 늘어난 무리를 거느리게 되었다. 당신이 뉴좡에 있다면, 러시아인들이 랴오허를 일소할 수 없으며 중국인 스스로가 아니고서는 그 누구도 랴오허를 일소할 수 없을 것이라는 말을 듣게 될 것이다. 그러나 나는 만일 만주가 영국의 보호령이 된다면, 홍후쯔가 매우 짧은 시간 안에 자취를 감출 것이라고 확신한다. 다른 부류의 비적 떼와 비교해 보면 그들은 너무나 다루기 쉽다. 왜냐하면 그들은 겁이 많은 데다 자연적으로 그들에게 주어진, 공격을 위한 모든 여건들을 이용할 수 있는 능력이 없기 때문이다. 또한 싸우는 것은 그들의 본분이 아니다. 그것은 오로지 그들 자신의 생업에 지장을 줄 뿐이다. 그리고 건장한 성인 남자가 남부럽지 않은 생활을 꾸리는 데 조금도 어려움이 없는 곳이라면, 그들은 강력한 통치 권력에 따라 곧 정직한 생활 방식으로 돌아갈 것이기 때문이다.

러시아인들은 영국인들이 할 수 있는 만큼, 쉽사리 그 일을 할 수 있다. 이미 러시아인들은 코사크 초소를 통해 철로를 안전하게 지키고 있다. 그렇기 때문에, 그럴 만한 가치가 있는 일이면서도 랴오허에서 그렇게 할 수 없는 척을 하는 것은 전혀 터무니없는 일인 것이다. 그러나 뉴좡이 조약항인 한, 그리고 만주가 러시아의 보호령이 아니라 중국의 영토인 한, 그들에게 그 일은 그럴 만한 가치가 없다. 만일 러시아인들이 당분간 세관에서 만족할 만한 수입을 얻기에 충분할 만큼 랴오허의 치안을 유지한다면, 그것이야말로 그들에게 기대할 수 있는 일의 전부이다. 바꾸어 말하면, 만주가 글자 그대로 러시아의 보호령이 되지 않는 한, 만주는 결코 안정되거나 평화로워질 수 없을 것이다.

중국인들이야말로 비적 문제를 다룰 수 있는 유일한 존재라고 믿는 사람들은, 중국 관리들이 수백 년 동안 비적 무리를 근절하려고 시도했지만 성공한 적이 없었다는 사실을 간과하는 것이다. 매년 수천 명의 머리가 성징과 지린에 있는 형장에서 사라졌지만, 그럼에도 해마다 상인들의 물건에는 똑같은 상납액이 부과되고 있었다. 타협안에 도달하게 되면, 해악적인 무리들을 진압하는 일에 대해 이제 그것이 가능하다거나 혹은 심지어 바람직한 일이라고 여기지 않게 된다. 의화단을 반대하던 시기에 지방관들이 이러한 해악적인 무리들을 근절할 힘이 없었다고 한다면, 이제 와서 그들의 직무를 수행하려고 시도하는 일 역시 무리라는 사실은 말할 필요도 없다. 그들의 군사적 권한은 축소되었고, 그들의 '체면'은 구겨졌다. 그리고 그들은 이제 천자의 위엄을 진정으로 대변하지도 않게 되었다. 물론 중국인들은, 홍후쯔는 계속 존재하였고 언제까지나 그러할 것이 틀림없다고 당신에게 말할 것이다. 그렇지만 어떤 외국인이 이런 식으로 이야기하기 시작한다면, 당신은 그가 중국에서 20년을 살아왔으며, 그에게 이제 변화가 필요하다는 사실을 알게 될 것이다.

만주 내부적으로 보면, 점잖은 홍후쯔는 그 지역을 군사적으로 완벽하게 통치하는 일을 가로막는 유일한 장애물이다. 그러나 아주 사소한 경험들을 통해 드러났듯이, 홍후쯔는 지겨울 뿐이지 대수롭지 않은 어려움일 뿐이다. 남은 기간 중국 군대는 물러났으며, 그 지역 사람들과 지방관들은 러시아의 지배를 비록 기꺼이 받아들이고 있는 것은 아니더라도 조용히 묵인하고는 있다. 사람들은 러시아가 만주를 관할할 수 없다는 사실을 보여 주고 싶어한다. 그들은 결국 러시아인들이 만주를 관리하는 일은 몹시 고되다는 사실을 깨닫게 될 것이라 믿고 있는 것 같았다. 그들은 중국인들의 소극적인 저항에 대해서 이야기하면서 미래에 일어날 수 있는 온갖 종류의 어려움을 예측하고 있다. 그러나 이 모든 생각들은 어리석은 것이다. 이미도 중국인들은 자신들의 마음속에 분노를 품고 있을 테지만,

대체로 가벼운 러시아의 속박 아래에서 외견상으로는 되도록 무척 쾌활한 모습을 보이고 있다. 중국인들은 이전에 비해 더 좋은 보수를 받고 있으며, 상인들 역시 더 많은 돈을 벌고 있다. 그리고 러시아 군인들은 적절히 통제되고 있는 데다, 폭동은 거의 일어나지 않고 있다. 무엇보다도, 중국인들은 러시아인들과 친하게 지내고 있는데, 이것은 러시아인들이 중국인들과 가깝게 지내려 하기 때문이다.

나는 중국인과 러시아인들이 같이 손을 잡고 사이좋게 지내면서 서로를 껴안고 있다면서 이에 대해 영국 사람들이 혐오스럽게 이야기하는 것을 들은 적이 있다. 그리고 동시에 그들은, 실은 중국이 가장 싫어하는 나라는 바로 러시아라고 말할 것이다. 이 두 가지 이야기는 동의할 수 없는 견해이다. 우리 방식은 중국인들에 대해서 전적으로 초연한 태도로 조금의 연민도 갖지 않고 철저하게 규정에 따라서만 그들을 대하는 것이다. 그러나 이것이 결국 가장 현명한 방식일 수도 있겠지만 혹은 그렇지 않을 수도 있다. 반면에 사람들은 이런 방식을 오히려 중국인들 자신이 선호하고 있다고 여기며 확신하고 있을 수도 있다. 그러나 어느 한 중국인이 연민보다는 규정을 선호한다거나 보도에서 밀려나 길 한가운데로 떨어지는 일을 기꺼이 받아들인다고 나를 설득할 수 있는 사람은 아무도 없을 것이다.

영국과 러시아의 방식에 대해서는 서로 비교해 볼 필요조차 없다. 사실 어느 쪽이든 상관없다. 영국이든 러시아든 어느 것이 그들의 방식이건 간에, 보잘것없는 만주인들이 250년 동안 다스려 온 나라를 확실히 지배할 수 있을 것이다. 때문에 대영제국이 만주를 차지할 수 없다는 사실은 매우 유감스러운 일이다. 하지만 그러한 일은 불가능하다. 그리고 만주를 지배하는 일이 매우 곤란하다는 사실을 알게 될 것이라고 러시아에게 말하면서, 그들을 지배자의 자리에서 물러나게 하려고 애쓰는 것 또한 소용없는 짓이다.

만주와 관련된 실질적인 군사 문제는, 러시아가 전 세계를 상대로 하여 그 지역을 차지할 수 있으며 또한 그것을 유지할 수 있을지에 대한 것이다. 내가 그 지역을 방문했을 당시의 러시아 입장은 대충 다음과 같았다. 동아시아에서, 말하자면 스트레텐스크_{Stretensk} 동쪽에서 러시아는 — 가장 최근의 한 집계에 따르면 — 18만 명의 병력을 보유하고 있었다. 이들 병력은 만주 철도와 헤이룽장 강둑을 따라, 뤼순과 랴오양, 성징 그리고 톄링과 카이위안, 콴청쯔, 지린, 하얼빈과 블라디보스토크, 하바롭스크에 주둔하고 있었다. 만일 약속대로 러시아가 만주에서 철수한다 하더라도, 뤼순이나 블라디보스토크 혹은 하바롭스크에서 병력을 철수하는 일은 당연히 없을 것이다. 게다가 리시아는 하얼빈에서도 물러나지 않을 것이다. 하얼빈은 만주의 심장부이긴 하지만, 이미 완전히 러시아의 식민지가 되어 버렸다. 베이징에 주둔군을 두고 있는 다른 열강들처럼, 러시아 역시 성징과 지린에 주둔군을 둘 것이라는 것은 의심할 여지가 없다. 그리고 일단 그러한 원칙이 받아들여지고 나면, 주둔군의 규모는 거의 문제시되지 않을 것이 분명하다.

그러므로 철수한다는 것은 18만 명의 병력 가운데 조금이라도 철수한다는 것이 아니라, 단지 주둔지에 이들 병력을 집중시킨다는 것을 의미할 것이다. 나는 러시아인들과 나눈 대화를 통해서뿐만 아니라, 여전히 만주로 쇄도하고 있는 수많은 사람들을 주시하면서 이에 대해서 확신하게 되었다. 단지 하얼빈과 지린 사이에서만, 나는 4,000명의 정규 군대의 신병들과 마주쳤으며, 그들 가운데 퇴각하는 이는 아무도 없었다. 물론 이것은 정말로 철수가 이루어지기 전까지는 신병들이 여느 때처럼 올 것이 틀림없다는 사실을 보여주고 있다. 그렇지만 사람들은 그 신병들의 규모가 4,000명이나 될 것이라고는 아무도 예상하지 못했다. 그와 같은 물결이 빠지지 않고 꾸준히 밀려들고 있다는 사실은 놀랄 만한 일이다.

게다가 정규군 외에 철로 호위대가 있었으며, 이들은 2만 9,000명(29라는 숫자는 상점 쇼윈도우에 걸린 '11과 4분의 3펜스'를 연상시킨다)으로 늘어날 예정이었다. 이제는 철로 호위대가 아니라 '변경 수비대_{Achranie Straja}' 혹은 '수비대'로 불리는 이들 군대는 선발된 코사크들로 구성된 자원 병력이다. 이들은 모두 25세 이상으로 보이며, 러시아의 지불 관념에 따른 높은 보수를 받고 있다. 다만 철로를 호위하는 병력으로 보기에는 누가 보아도 그 숫자가 지나치게 많았다. 8,000명의 병력이면 만주 전체의 철로를 호위하기에 적절하다. 이 호위대는 무장이 완벽했으며 가장 뛰어난 몽골 조랑말을 타고 다녔다. 러시아인들은 이제 몽골 조랑말을 충분히 보유하고 있으며, 이들 말은 외부 침입에 대항하여 만주를 수비하는 데에 핵심적인 역할을 맡고 있다.

이들 코사크는 몇 가지 부수적인 장점들과 함께, 보어인들의 좋은 품성 역시 거의 모두 갖추고 있다. 이들은 보어인들보다 말을 더 잘 타고, 게다가 그 말들은 남아프리카의 치명적인 질병에도 걸리지 않는다. 총검으로 무장한 이들 코사크는 보어인들보다 더 공격적인 작전 수행에 적합하다. 더욱이 이들은 천부적인 민첩성과 지혜로 수비 전술을 능숙하게 구사한다. 사람들은 대부분 코사크가 대체로 교육을 받지 못했다고 생각하지만, 이것은 실제와는 거리가 먼 이야기이다. 설령 일반적으로 학식이 있는 사람은 아닐지 몰라도, 그들은 숲과 강 그리고 평원에 관한 지식을 모두 터득하고 있다. 한편 그들이 엄격한 규율을 갖추고 있지 않다는 사실은 그들의 전투력을 떨어뜨리기보다는 오히려 향상시켜 주는 요소이다.

그들의 배후에서 벌어진 남아프리카 전쟁(보어 전쟁)의 경험을 눈여겨본다면, 어떻게 모든 사람이 일본에 대항하는 전쟁에서 이른바 철로 호위대의 엄청난 가치를 과소평가할 수 있었는지 이해하기가 어렵다. 만일 전쟁에 대해서 훤히 통달한 수많은 군사 당국자들이 일본과 러시아 사이의 '피할 수 없는' 전쟁에 대해 이야기하면서, 일본이 덩치 큰 곰을 찍소리 못 하게 혼내 줄 것이라 전망하지 않았으며, 일본이 러시아를 만주에서 쫓아낼 수 있으리라고는 누구도 결코 상상할 수 없었을 것이다. 그렇다면 이제 일본은 그것을 어떻게 할 수 있을 것인가? 일본은 뤼순과 블라디보스토크를 봉쇄할 수 있지만, 러시아가 그만큼 교역을 하지는 않기 때문에 누구도 막대한 피해를 입지는 않을 것이다. 일본은 12개 육군 군단을 만주에 상륙시켜 랴오허 유역을 빼앗을 수 있다. 그리고 아마도 그 본부는 성징에 세워질 것이다. 그러면 러시아는 자신의 오래된 전술을 펼치다가 퇴각할 것이다.

그 후에야 실질적인 전쟁이 시작될 것이다. 러시아 철도가 맡은 역할은 아마도 보잘것없을 것이나, 그래도 매년 병사들을 동쪽으로 조금씩 실어 나를 것이다. 그리고 일본은 비록 자연적인 방어선은 없지만 기다란 병참선을 유지하고서, 계속해서 세계에서 가장 기동력 있는 3,000명의 보병 공격을 지휘할 것이다. 일본이 만주를 침략할 것이라고는 누구도 진지하게 생각할 리가 없다. 무언가를 파괴하고자 하는 이들에게 가장 먼저 찾아와 광기를 부여해 주는 신들에게 일본이 사로잡히지 않는 한 말이다. 만일 언젠가 일본 군대가 성징을 점령한다고 해도, 그들은 만주의 옛날 수도에서 또 다른 모스크바의 모습만을 발견하게 될 것이다. 그렇다면 결국 무슨 소용이 있겠는가? 결코 일본 입장에서는 러시아에 맞서 랴오허 유역을 차지할 것이라고 언제까지나 기대할 수는 없을 것이다. 이것은 마치 대영제국이 프랑스에 대항해 노르망디를 다시 차지하고자 하는 것과 다를 바 없다. 게다가 일본은 랴오허 유역을 중국에 되돌려줄 수도 없을 것이다. 그리고 그동안 중국이 랴오허 유역을 다시 러시아에 주고 나면 게임은 한 번 더 되풀이된다. 기껏해야 일본은 랴오둥 반도에 관심을 한정시킬 수밖에 없을 것이다. 그리고 1년 정도가 지나면 아마도 보급을 차단하여 뤼순을 압박할 수 있을지도 모른다. 그러나 5년 전에 일본이 이미 자발적으로 포기했던 것을 되찾으려고 하는 일이 동아시아를, 나아가 어쩌면 전 세계를 전쟁으로 몰아넣을 만큼 가치가 있는 일인가?

결론을 말하자면, 만주에 관한 한 러시아가 아직도 다소나마 건재하다는 사실이다. 대영제국과 일본 그리고 미국은 서로 합세하여 러시아에게 뉴촹을 포기하도록 강요할 것이다. 그리고 아마도 그 연합은 러시아의 철도와 다롄의 새로운 도시에 피해를 줄 수도 있을 것이다. 그렇지만 결론적으로 그것은 전쟁이 아니며 누구를 돕는 일 또한 아니다. 만약 러시아가 어쩔 수 없이 뉴촹에서 철수한다면 러시아는 뉴촹을 곤경에 빠뜨릴 것이고, 그것으로 사실상 뉴촹은 끝이다. 본질적으로 러시아는 전쟁을 원하지 않는다. 설령 러시아가 종국에 승리할 것이 틀림없다고 하더라도 말이다. 또한 러시아의 핵심이 건재하다고는 해도, 여전히 그들은 부와 인명 그리고 위신을 잃는 수모를 당할 수 있다. 우리는 – 어쩌면 보잘것없는 승리였지만, 패배자로서는 불쾌한 패배였던 – 또 다른 크림 전쟁을 러시아에 강요할 수도 있을 것이다.

누구도 러시아 정규군을 과대평가할 수는 없다. 장교들은 출세를 보장하는 지위에 오르기를 원하는 것처럼 보이며, 병사들은 훈련하는 노예에 지나지 않는다. 그리고 크림 전쟁 때와 마찬가지로, 낡은 밀집대형과 고정된 총검으로 일제사격을 하는 것은 오늘날 러시아 전술의 대표적 특징이다. 러시아는 남아프리카 전쟁(보어 전쟁)에서 단 하나의 교훈도 얻지 못했는데, 그 이유는 러시아 장교들이 그 전쟁의 쌍방 모두를 무조건적인 경멸감을 가지고 바라보았기 때문이다. 그러므로 이것은, 비록 자만하는 것은 아니지만, 우리에게 굉장히 유리한 사실이다. 왜냐하면 어떠한 근대 전쟁에서도 러시아가, 우리가 남아프리카에서 저질렀던 것보다 더 중대한 실수를 저지를 것이란 점을 알려 주고 있기 때문이다. 그럼에도 일본 혹은 일본과 대영제국 연합이 만주를 침략하는 일보다 더 치명적인 것은 생각조차 할 수 없다는 사실은 사라지지 않는다.

그렇다면 일본은 무엇을 해야 하는가? 방책을 세우지 않고 가만히 앉아서 러시아의 물결이 일본의 영역으로 내려오는 것을 좌시할 것인가? 대답은 아주 간단하다. 일본은 조선을 획득해야만 한다. 그것도 매우 신속하게 말이다. 여기에는 조금도 어려운 점이 없다. 오래전에 러시아가 일본을 대신해서 조선을 얻었던 적이 있었다. 성징이 북방 유목민들한테서 결코 안전할 수 없었던 것에 비해, 조선에서는 매우 쉽게 안전을 확보할 수 있다. 조선과 만주 사이에는 천연 장벽이 있고, 오늘날 그 장벽의 각각 끝에 있는 두 개의 입구는 난공불락으로 만들 수도 있을 것이다. 그렇지만 무엇보다도 일본이 조선을 얻게 되면 그들은 마산포에서 러시아의 영향력을 제거할 수 있게 된다. 그렇게 하여 블라디보스토크와 뤼순 사이에 쐐기를 박을 수 있을 것이며, 이들 도시는 모두 일본 해군의 활동 범위 안에 확실히 들어가게 될 것이다.

생각해 보건대, 영일 동맹이 아니었더라면 러시아는 다음 몇 년 동안 틀림없이 마산포를 차지했을 것이다. 일단 마산포가 러시아의 항구가 되고 나면, 사실상 조선은 끝난 것이나 마찬가지이다. 하지만 그동안 영일 동맹은 러시아의 진출에 대해 효과적인 견제의 역할을 해 왔고, 당분간 조선은 안전하다. 그러나 느릿느릿하지만 치밀한 러시아의 외교 행위를 조선이 언제까지나 잘 버티어 낼 수 있을지는 별개의 문제이다. 이러한 문제는 여전히 해결되지 않고 있다. 이 장章의 목적은 전략적 관점에서 보았을 때, 러시아가 만주를 점령함으로써 일본이 조선을 상실하게 되는 사태를 반드시 초래하는 것은 아니라는 사실을 보여 주는 데 있다. 만주는 북쪽과 서쪽으로 경계가 없기 때문에, 결코 어떤 열강이라도 러시아에 대항해서 만주를 장기간 점유할 수는 없을 것이다. 더군다나 터무니없이 막대한 비용을 들이지 않고서 말이다. 이에 반해 조선은 훌륭한 육상 국경을 가지고 있는 한편, 삼면三面이 바다로 둘러싸여 있다. 그러므로 황해에서의 제해권을 쥐고 있는 열강이 조선의 운명을 좌우할 것이다. 오로지 거대한 군사 강국만이 만주를 장악할 수 있다. 러시아는 이미 극동에서 가장 거대한 군사 강국이다. 그렇기 때문에 우리는 러시아의 해군력이 우위에 오지 않도록 반드시 주의를 기울여야만 한다.

제9장
만주의 경제 상황

러시아가 동아시아 정책을 시행할 때 권력을 남용하는 우리 정부보다도 더 치명적인 오류를 범할 것이라는 사실을 알아내고 싶다면, 만주를 여행하는 것은 충분히 가치가 있다. 실제로 만주에서 당신은 상트페테르부르크의 관리들이 영국 다우닝Downing 가의 관리들보다도 상하이에서 권력을 더 남용하였다는 말을 듣게 될 것이다. 그것은 참 대단한 일을 언급하고 있는 것이다.

우리 제삼자들은 러시아의 동아시아 진출이 오랜 동안 심사숙고한 뒤에 다양한 사실에 입각하여 추진한 현명한 정책의 결과라고 여기고 있다. 하지만 시베리아의 역사를 읽을 때면, 이러한 진출이 과거에 우연히 일어난 일이었고 거의 아무런 계획 없이 이루어졌다는 사실을 알게 된다. 즉, 이것은 결코 자국의 지혜로운 관리에 따라서가 아니라, 변경에서 개별적으로 이루어졌던 노력의 결과이다. 이 개척자들은 한때 세실 로즈Cecil Rhodes가 공적에 대한 가장 높은 포상이라고 표명한 보상을 받았다. 말하자면 그들의 이름을 페트로파블로스크Petropavlosk와 하바롭스크라는 지명으로 세계지도에 남기게 된 것이다. 그렇지만 우리는 동아시아의 지리에 대한 지식이 너무 일천하기 때문에 이러한 기념물들을 대부분 잘 모르고 있다. 우리가 무라비요프 아무르스키Muravieff Amursky라는 이름을 기억한다면 그나마 다행이다.

오늘날에도 그러한 추세는 조금도 변화가 없다. 만주라는 값진 전리품은 러시아에게 돌아가고 말았다. 하지만 이것은 대체로 러시아 정치가들의 의지에 반하는 일이었다. 누구나 만주에서 철병하겠다는 러시아의 약속에 회의적인 미소를 짓는 일이 익숙해졌다. 그렇지만 최근의 조사 내용을 살펴보면, 러시아가 절대로 이행하지 않을 것임에도 대부분 그 약속을 상당히 신뢰하고 있다는 것을 알게 될 것이다. 할 수만 있다면, 러시아 정부가 아주 기꺼이 새로운 점령지를 포기하려고 했던 적이 있었다. 그러나 절대 군주가 지배하는 나라에서라도 진보를 주장하는 이들은 자신들의 방식대로 할 것이다.

러시아에는 명백히 세 개의 당파가 존재한다. 우선, 정권을 쥐고 있고 또한 언제나 결단력이 부족한 데다 근시안적인 보수적 관료 당파가 있다. 그리고 비테의 지도 아래 있는 진보 당파forward party가 있고, 바깥 세계에는 잘 알려져 있지 않은 지도자들이 이끌고 있는 '대외 강경파Jingo Party'가 있다. 카시니 밀약Cassini Convention, 뉴좡 항 점령 그리고 만주 철도 건설을 이끌어 낸 것이 바로 '대외 강경파'였다. 비테와 같은 온건파는 이 정책들이 기정사실화된 후에야 밑그림을 채워 넣고 돈을 벌기 위해 정권을 잡은 것이었다. 옛 보수 당파는 제국주의로 진출하는 것을 가로막는 방해물 역할만을 하고 있을 뿐이었다. 내심 그러한 움직임에 동조한다 하더라도, 실제로는 자발적인 행동을 할 수 없었다.

러시아로서는 다행스럽게도, 내부에 적극적인 소小러시아 당파가 존재하지 않았다. 그러나 '대외 강경파'의 지도자들, 황제의 권력을 그들의 의지 쪽으로 기울게 한 그들은 누구인가? 분명히 카시니Cassinis 집안도, 파블로프Pavloffs 집안도, 아마도 새로운 이권을 공고히 하여 오늘날 비테에 비견되는 지위를 차지하고 있었던 고故 무라비요프 2세Muravieff the Second도 아닐 것이다.

만약 러시아의 동아시아 진출을 위해 활동한 많은 이들 가운데 한 사람을, 자신의 이름을 밝히지 않고 말할 수 있다면 ─ 실제로는

그랬다가 러시아 신문에서는 평가받지 못할 수도 있기 때문이다 ㅡ
누구든지 아무 망설임 없이 베이징의 러청 은행 지점장인 포코틸로
프M. Pokotilov를 지목할 것이다. 뉴좡 항에서 일어나는 모든 일에 책임
을 지고 있는 것도, 리훙장李鴻章은 물론이고 리훙장이 완전히 장악한
중국 조정과의 관계를 그를 통해 유지하고 있던 것도, 카시니 백작
이나 파블로프가 아니라 바로 그였다. 베이징에서 러시아의 철수를
이끌어 내고 사실상 만주의 운명을 결정지은 협상은 상하이에서 리
훙장과 욱돔스키Ouchtomsky 공이 이루어 낸 것이었다. 그러나 그 막후
는 당시 상하이에 있었던 포코틸로프였다는 것은 의심할 여지가 없
다. 유럽의 신문지상에는 거의 언급되지 않았지만, 오늘날에도 동아
시아에서의 러시아 정책을 지시하고 있는 이가 바로 이 과묵한 은행
가이다.

그렇지만 러시아 정부가 어떤 강력하고 명확한 방침을 취하고 있
는지에 러시아 관할 구역 내에서 일어나는 상황을 보면, 누구나 금
세 이를 미심쩍게 여기기 시작한다. 나는 러시아 정부가 만주의 행
정 당국에 대한 지원을 그 어떤 것이든 간에 단 한 차례도 한 적이
없다는 것을 알게 되었다. 왜냐하면 소심한 러시아 정부는 그렇게
대담한 조치를 취하는 것을 꺼렸기 때문이다. 뉴좡을 제외하고는,
만주의 통치는 전적으로 중국인들이 장악하고 있었다. 그러나 이것

은 한낱 연극으로 전락하고 말았다. 동북 3성省의 순무들은 군사력을 상실해서 지금은 약 2,000명의 병사만을 거느리고 있다. 그리고 이 병사들은 모두 러시아의 인증이 필요했다. 중국인 순무들의 관할 아래에 있는 광대한 지역의 치안을 적절히 유지하는 것은 이 같은 수비대만으로는 터무니없이 부족하다. 순무라는 최고 지위는 단지 이름뿐이다. 그들은 러시아 당국의 허가가 없이는 감히 그들 아문 밖으로 움직이려고 하지 않는다.

예를 들면, 지린의 순무는 자신의 가족을 뉴좡에서 자신의 수도인 성회省會=省城로 데리고 오는 데 필요한 허가를 받는 데 무척 어려움을 겪었다. 또한 러시아는 유능한 인물을 관직에 발탁하려고도 하지 않았다. 성징의 장군 또는 총독은 의화단의 난에 깊이 연루되어 있었던 것으로 알려져 있지만, 그럼에도 관직에 계속 머물러 있을 수 있었다. 그 이유는 아마도 그가 순순히 러시아의 위세에 굴복하였기 때문일 것이다. 하이청海城의 지방관은 만주에서 몇 안 되는 정말 정직한 관리 중의 하나라고 중국인들이 이야기하는 사람이었다. 그는 절대로 뇌물을 받지 않았으며, 불법 행위를 처단하는 그의 용기는 그 무엇에도 비길 데가 없었다. 그러나 그는 중국인 통역관이 날조한 혐의 때문에 직위에서 물러나야 하였다. 진짜 이유는, 하지 말라는 경고에도 그 통역관이 뉴좡에 있는 모든 외국 영사들을 방문했기 때문이었다. 다소 어려운 과정 끝에, 그 지방관은 젠케 대령의 요청으로 복직되었다.

러시아인들은 중국인들이 어리석은 짓을 하는 것은 내버려 두면서, 내가 이미 언급하였듯이 행정력의 결핍을 보충하는 데 필요한 일은 거의, 아니 아무것도 하지 않았다. 지린에서 나는 군 당국과 대립하고 있던 한 러시아 영사를 알게 되었다. 대체로 그 지역은 군부대가 지배하고 있었다. 알렉세예프 제독이 명목상으로는 성징의 지배를 맡고 있었지만 행정에는 참여하지 않았다. 러시아 장군들의 지배를 받는, 부패한 중국인 관리들이 운영하는 정부보다 더 나쁜 정부 형태를 상상하기란 힘든 일일 것이다. 게다가 일반적으로 러시아 장군은 싸우는 일이나 보드카를 마시는 일을 제외하고는 그 밖의 일들에 대해서 거의 무지하다. 그가 마음에 들어하는 유일한 일은, 내부 문제에 관해서는 중국인 관리들이 자기들 스스로를 돌보도록 내버려 두는 것이었다. 뉴좡을 제외하고는, 어디에서도 기존 세수 체제에 손을 대려는 시도는 전혀 이루어지지 않았다. 뉴좡은 수취의 어려움을 감당할 만한 가치가 있을 만큼 세수가 풍부한 곳이었다.

나는 톄링에서 그곳의 지방관이 철도로 운송되는 모든 화물에 대하여 세금을 징수하도록 허가받았다는 것을 알고 놀라고 말았다.

상인에게 세금을 거두도록 하고 다시 그 상인에게서 징수하는 방식이 아니라면, 이것은 전혀 반대할 일이 아니었을 것이다. 왜냐하면 상인은 관고官庫에 납부하는 것보다 적어도 두 배는 더 거두어들이기 때문이다. 만약 러시아인들이 자신들이 소유한 철도에 손해를 보면서까지(왜냐하면 이런 세금은 철도 수송에 다소 악영향을 줄 것이기 때문이다) 이와 같은 종류의 세금을 화물에 부과하도록 허가한다면, 이것은 분명 그들이 이 지역의 재정 체계를 다른 측면에서 조직화하려는 어떠한 시도도 하지 않았다는 것을 의미하기 때문이다.

만주가 정치적으로는 중국인들의 파렴치와 군사적 관료주의 그리고 러시아의 총체적인 무능력함 때문에 매우 혼란스러운 상황에 놓여 있다는 것을 알게 되었다. 이것은 러시아가 만주를 통치할 수 없어서가 아니다. 이는 단순히 본국 정부가 소신을 갖고 밀어붙이지 못했기 때문이며, 또한 영구적인 점령을 암시하는 어떠한 변화도 시작하려고 하지 않았기 때문이다. 실제로 지금으로서는 아직 러시아 정부가 만주로 이주하는 것을 장려하지 않을 것이다. 변경 수비대인 코사크들은 부인들을 데리고 와서 이 지역에 정착할 수 있도록 허가받았다. 하지만 100명 가운데 누구도 아직까지 그렇게 하지 않고 있었다. 왜냐하면 그들은 자신들의 정부를 신뢰하지 않았고, 게다가 러시아가 영구적으로 점령했을 때 거기서 비롯되는 모든 문제를 감수하는 것을 두려워하고 있었기 때문이다.

　이것이 바로 만주의 정치적 상황이자 러시아 정부의 정책이다. 우리는 바깥에서 러시아 정부의 정책을 보며 그 용기와 훌륭한 외교적 수완을 격찬하는 데 익숙해져 있다. 하지만 실제로 러시아인들은 정해진 병영에 주둔하며 공격에 대비한 방어를 강화하기보다, 잘 모르는 적이 자신들의 측면을 피해 뒤에서 공격해 오지 않을까 걱정하면서 오로지 만주를 떠돌며 노숙하고 있었다. 때문에 진보적인 이들이 상트페테르부르크의 무기력한 관료주의에 대하여 얼마나 비탄에 잠겨 절규하고 있을 것인지, 누구나 머릿속에 그려 볼 수 있을 것이다.

　경제 상황도 대체로 만족스럽지 못하다. 여기에는 만주의 발전을 위해 만주 철도를 건설한, 바로 그 진보 정당이 있다. 러시아에 역량이 부족한 인물들은 없다. 러시아 인재들은 동기 부여가 잘 되어 있고 폭넓은 아이디어로 고양되어 있으며, 영국과 미국의 대학에서 정치경제학 교육을 받았다. 그리고 바로 이들이 다롄을 건설하였다. 따라서 전통적인 러시아의 지배 체제와는 다른 의도로 다롄과 같은 항구에 접근하고 있는 것이 분명하다. 새로운 항구는 그 존재 자체가 외국 무역을, 특히 외국에서 수입하는 것을 의미한다. 진보적인 이 인물들은 단순한 러시아 경제의 범위를 넘어 그 이상을 내다본다. 설령 자유무역에 전념하고 있는 것은 아닐지라도, 그들은 적어도 상업의 자연스런 추세를 신봉한다. 또한 그들은 만주와 동아시아가 러시아보다는 일본과 미국으로부터 통상적으로 공급을 받아야만 한다는 사실을 인식하고 있다. 만약 그들의 뜻대로 이루어진다면, 그들은 대영제국 또는 미국의 의도대로 만주를 발전시킬 것이다.

이렇게 진보적이고 개화된 정당이 이제까지는 성공적으로 러시아 정부로 하여금 자신들의 지도를 따르도록 해 왔기 때문에, 앞으로도 만주의 '문호 개방'을 유지하는 것이 가능할 것이라는 주장이 생겨날지도 모른다. 그러나 불행하게도 이러한 일은 그다음 단계로 이어지지 않는다. 뤼순 항을 점령하고 철도를 건설하도록 정부를 설득하는 동안, 이들은 정권을 향한 러시아인의 열망에 호소할 수도 있었다. 하지만 실제로 그들은 단지 정치적 팽창을 추구하느라, 어떤 거창한 계몽도 시도하지 않았다. 게다가 러시아 정부가 관대한 교역 정책을 추구하기를 기대하는 것은 이와는 또 다른 문제이다.

만주에 관심이 있는 미국인들은, 만주 지역이 풍부한 자원과 값싼 노동력을 갖고 있기 때문에 결국 세계 어느 곳보다 자원과 노동력이 풍부할 것이라고 보고 있다. 그래서 이들은 나아가 만주가 아시아의 정치를 전적으로 좌우하게 될 것을 우려하고 있다. 이러한 우려는 부분적으로는 근거가 없다. 왜냐하면 러시아인들은 만주 개발을 매우 천천히 진행할 것이기 때문이다. 그들이 철도를 부설한 지 벌써 4년이 되었지만, 1901년에도 그들은 여전히 일본산 석탄을 때고 있었다. 게다가 북부 지역에서는 나무를 땠는데, 이것은 비싸고 사치스러운 동력원이었다. 사실 그들은 성징 부근의 옌타이에 좋은 탄광을 보유하고 있었다. 하지만 그럼에도 러시아인들은 이곳을 천천히 개발하고 있었다. 아마도 만주의 광물 자원이 채굴되는 데는 여러 해가 걸릴 것이다. 그리고 동양의 제조업 역시 서양의 제조업과 경쟁하려면 이보다 더 많은 시간이 필요할 것이다.

우선, 값싼 노동력에 대한 공포는 매우 근거 없는 우려이다. 정확히 말하자면, 값싼 노동력은 세계 어느 곳에도 일정한 기간 동안 존재하지 않는다. 머지않아 마치 물과 같이, 노동력은 일정 수준에 이르게 되고 가격 역시 같은 수준에 도달하게 된다. 30코펙(kopecks=1/100루블)의 일당을 받는 중국인 쿨리는 90코펙의 일당을 받는 러시아인 인부가 하는 일과 비교했을 때 약 3분의 1만을 한다고 러시아인 기술자들은(영국인 기술자들 역시) 말할 것이다. 카이펑 광산회사의 영국인 감독관은 만약 토건업자나 노동자 같은 모든 중국인 노동자들을 영국의 노동자로 대체시킨다면, 맡은 일을 더욱 값싸고 효과적이며 탁월하게 처리할 수 있을 것이라고 내게 말한 적이 있다.

가격 면에서 영구적인 차이를 낳는 정말 유일한 경우가 있는데, 그것은 바로 한 지역에 여러 광물 자원이 함께 매장되어 있는 것이다. 미국의 몇몇 주가 그러한데, 이런 경우가 만주에도 해당한다고 한다. 하지만 러시아인들이 만주를 미국화하지 않을 것이라는 점을 다시금 상기해야 할 것이다. 급격하고 커다란 변화는 일어나지 않을 것이다. 왜냐하면 이 거대한 곰은 느리게 꾸물꾸물 움직이면서, 누가 재촉하거나 이용하려고 하는 것에 무조건 반대하고 있기 때문이다. 사실 여기에는 좀 더 커다란 위험이 존재한다고 볼 수 있다. 왜냐하면 러시아가 상업계를 지배할 무기로써 만주를 이용하기보다, 만주의 자연스러운 발전과 이 지역의 자원 개발을 저지할 수 있기 때문이다. 아무튼 현재로서는 러시아가 미국이나 독일 같은 나라들의 불안을 자극할 만한 일은 아무것도 하지 않을 것이다.

다른 한편, 영국인과 미국인들 모두가 명백하게 깨달아야만 하는 한 가지 사실이 있다. 현재 러시아가 무엇을 약속하든 조만간 만주는 아마도 5년 혹은 10년 내에 러시아 제국의 일부로 합병되리라는 것이다. 그러면 만주의 항구는 러시아의 정규 통상 관세를 따르게 될 것이다. 이 경우뿐만 아니라, 러시아가 대영제국 혹은 미국이나 일본보다 앞서서 자신의 제품을 만주에 몰래 팔려고 시도하리라는 것 역시 의심할 여지가 없다. 명식한 러시아의 경제학자들도 일본과 미국의 제품을 따돌리려는 시도가 어리석은 짓인지를 분명히 인식하고 있음에도 말이다. 이 분야를 잘 아는 위치에 있으며 분명히 사실을 과장해서 말하지 않을 러시아인으로부터 이야기를 듣고, 나 역시 이에 대해 확신하게 되었다.

다롄과 뉴좡은 아마도 몇 년 간은 자유항의 상태로 있겠지만, 얼마 지나지 않아 이 두 도시도 일전의 블라디보스토크처럼 자유항으로서는 문을 닫게 될 것이다. 이것이 외국 무역에 심각한 장애물이 될 것인지는 또 다른 문제이다. 어쩌면 10년 안에 러시아의 재정 정책이 바뀔 수도 있다. 그러면 러시아의 보호 관세가 낮추어질지도 모른다. 그러나 어떤 경우라도 관세로 외국 무역을 봉쇄하는 것은 아마도 불가능할 것이다.

또는 러시아가 유럽에 있는 자국의 항구들을 폐쇄한 것처럼 만주에 있는 항구들을 폐쇄하는 것은 불가능하다는 것을 알게 될지도 모른다. 블라디보스토크에서의 실험은 커다란 실패로 끝났다. 그래서 그곳에서의 교역이 완전히 단절되는 것을 막기 위해서 관세를 매우 신속하게 낮추어야만 했다. 이와 마찬가지로 러시아 정부는 정규 유럽 관세를 다롄과 뉴좡에 적용하는 것 역시 불가능하다는 사실을 알게 될 것이다. 하지만 그렇다고 해도 틀림없이 러시아 상품은 항상 관세 특혜를 누릴 것이다. 러시아의 지배로 전반적인 만

주의 무역은 어떤 경우에라도 반드시 이득을 보게 될 것이다. 아마
도 영국의 지배를 받는 경우만큼은 아니겠지만 말이다. 그러나 영국
이 만주를 지배하게 될 일은 절대 없을 것이기 때문에 이런 물음은
논의할 가치가 없다. 다만 한 가지 의문은 만주가 중국의 지배를
받는 것보다 러시아의 지배를 받는 것이 더 나을까 하는 것이다.
그리고 이런 물음에 대해서는 오로지 하나의 대답만이 가능하다.
러시아의 통치가 매우 안 좋은 경우라고 해도, 만주족 왕조가 수
세기 동안 그들의 본향本鄕에서 수행한 통치보다는 더 낫다는 것이
다. 이와 같은 대답의 근거로 가장 설득력 있는 예는, 최근 몇 년
동안의 모든 재난에도 불구하고 러시아가 만주에 처음 자리 잡은
이래로 뉴좡의 교역이 급속히 증가했다는 사실이다.

하지만 강조해야 할 핵심은, 러시아는 만주를 차지할 것이고 결국
에는 수입 물품에 관세를 부과할 것이라는 점과 러시아의 행보에
작은 장애물을 놓아도 우리가 얻을 수 있는 이익은 없다는 사실이
다. 러시아를 만주에서 쫓아내고 철도와 뤼순 항을 빼앗는 것 말고
는, 그 필연적인 일을 막기 위해 우리가 할 수 있는 일은 없다. 게다
가 만일 우리가 러시아를 뉴좡에서 쫓아낼 수 있고 또 그렇게 한다
고 해 봐야, 러시아는 뉴좡의 교역을 망쳐 놓음으로써 간단히 보복
할 것이다. 러시아는 철도와 강을 통제하고 있기 때문에 그러한 영

향이 미치는 범위 안에서라면 이와 같은 방식으로 원하는 바를 쉽게 이룰 수 있다. 그렇다면 더 나아가 조약항이 사실상 러시아의 일부인 채로 앞으로도 그렇게 지속될 것이라는 추측도 터무니없는 것은 아니지 않을까?

그렇다면 해결책은 무엇일까? 이제까지 러시아가 만주를 차지하도록 내버려 두어야만 한다는 주장이 제기되어 왔다. 러시아가 우리와 자유롭게 무역을 하도록 만드는 일은 할 필요가 있는 일이 아니라 꼭 해야만 하는 일이기 때문이다. 그러나 점령을 막을 만한 힘이 없는 곳에서 우리가 재정적 규제를 강요할 수 있을 거라고 정말 생각할 수 있을까? 만주가 러시아의 일부가 되거나 혹은 아니거나 분명 둘 중 하나겠지만, 만일 만주가 러시아의 일부가 된다면 러시아는 자국의 재정 정책을 만주에서 펼칠 것이다. 중국에 관세를 강요하는 일은 아주 쉬운 일이지만, 러시아와 같은 나라에는 그 같은 요구를 할 수가 없다. 그러므로 우리나라와 미국의 정치가들 그리고 일본인들은 외교전의 승리를 포기해야만 하며, 또한 전진하는 러시아의 기차를 가로막는 일도 그만두어야만 한다. 설사 우리가 러시아를 뉴창에서 몰아내려고 해도, 상황은 마찬가지이다. 결과적으로는 아무런 차이도 없으며, 아마도 잠시 동안 뉴창의 교역에 손상만 주는 정도가 될 것이다. 그렇지만 모든 일에 목적을 가지고 추진하도록 하자. 우리는 러시아를 만주에서 몰아낼 수는 없지만, 우리가 주요한 문제를 해결하는 동안 뉴좡을 인질로 잡아 둘 수는 있을 것이다.

우리의 올바른 행동 방향이자 이상적인 방침은 러시아를 만주에 묶어 놓는 것이다. 러시아는 중국에서 자신의 몫을 챙겼고, 다른 나라들보다도 더 빨리 그것을 집어삼켰다. 러시아는 자신의 케이크를 받아내고 그것을 먹어 치우는, 쉽지 않은 게임의 명수이다. 그렇기 때문에 정확히 말해서 러시아는 중국 나머지 지역의 지배에 관해서는 결코 어떠한 발언권도 가져서는 안 된다. 예를 들어 만리장성 이남으로는 단 한 명의 러시아 병사라도 허용하지 말아야 한다. 그렇기 때문에 러시아의 외교 사절이 베이징에 있는 회의에 투표권을 갖는 일도 매우 불안한 일이다.

그러나 이것만으로 충분하지 않다. 현재 프랑스는 스스로 러시아의 동맹임을 자처하고 있으며, 그 군대 역시 자국의 영역에 계속 주둔하게 될 것이다. 말썽이 생길 때마다 프랑스가 자국의 군대로 루한盧漢 철도를 지킬 수 있도록 허용된 이상, 러시아를 즈리에서 몰아내는 것은 의미없는 일이다. 산하이관과 광둥 사이에 러시아 혹은 프랑스의 어떤 군대도 허용되어서는 안 된다. 물론 이것은 강력한 정책이 필요하다. 그러나 일본과 대영제국 그리고 미국으로 구성된 동맹은 강력하지 않다. 게다가 이러한 동맹은 가능하지도 않다. 러시아가 중국을 지배할 뜻을 품고 있으며, 중국의 문호 개방을 유지하는 것에 관심을 가진 이들이 단호히 대처하지 않는 한, 결국 러시아가 중국을 지배하게 될 것이라는 사실을 이들 나라의 정치가들이 알게 되는 때가 오더라도 말이다.

이런 만주의 문제에 대해서 명확한 견해를 가지는 것 또한 중요하다. 왜냐하면 이것이 이따금 다시 부딪쳐야만 하는 문제이기 때문이다. 여러 해 동안 러시아인들은 실제적으로 다롄을 러시아 철도의 유일한 종착역으로 여길 수밖에 없었다. 왜냐하면 그들은 뉴좡을 확보하는 일이 현실적인 정책의 범위를 넘어선 문제라고 여겼기 때문이다. 그러던 차에 의화단의 난이 일어났다. 그리고 우리는 스스로의 나약함 때문에 뉴좡을 사실상 러시아에게 넘겨주고 말았다. 그 후에 러시아는 다롄에 대한 생각을 바꾸게 되었다. 즉, 뉴좡이 적어도 러시아 철도의 제2 종착역이 되어야 하고 다롄을 보완해야 한다는 점을 인식하게 된 것이다. 언제나 그랬듯이, 행운은 러시아의 편이었으며, 마치 예기치 않았던 유산과도 같이 뉴좡은 러시아에게 돌아갔다. 이미 어느 공식 만찬회에서 한 러시아 장교가, 일단 한번 깃발을 올린 곳에서 다시 그 깃발을 내릴 수는 없다고 선언하였다. 하지만 그럼에도 러시아는 전쟁을 원하지는 않는다. 세 나라의 공격을 받느니, 러시아는 차라리 내일이라도 뉴좡을 넘겨줄 것이다. 다만 명심할 것은, 그리고 몇 번이고 되풀이해서 말해야 할 것은, 그 조약항이 반환된다고 해도 장기적으로 볼 때 우리가 얻는 것은 아무것도 없다는 사실이다. 결국 조약항 배후에 있는 나라의 지배자들이 그곳을 통치하게 될 것이 틀림없다. 중국 본토의 어딘가 다른 곳에서 목적을 이루는 것이 우리의 유일한 무기가 될 것이다. 우리가 뉴좡에서 러시아를 몰아내고 난 뒤 우리 자신의 손을 움켜쥐며 외교적 승리를 자축하는 것은 위험한 일이다.

만주의 경제 사정을 다룰 때는 러청 은행에서 하는 일에 대해 반드시 언급하게 된다. 러청 은행은 철도 다음으로, 아니 아마도 철도보다 더 중요한 중화제국의 정치적 경제적 요소일 것이다. 어떤 문외한이 중국의 재정 체계에 대해 매우 비하해서 논하는 것은 무모한 일에 가깝다. 게다가 만주는 중국 본토보다 단순하고 수월한 체계를 갖고 있다. 뉴좡과 중국 해관의 관할 지역을 벗어난 만주 지역에는, 여타 중국 지역에서 일정하지 않게 쓰이는 냥兩이라는 단위가 거의 존재하지 않는다. 중국 본토에서는 은전과 동전이 함께 쓰이는, 일종의 괴상한 양화본위제兩貨本位制를 사용한다. 그러나 만주에는 조弔, diao, 즉 펜 동전 한 줄이 유일한 실질적인 가치 기준이다. 은은 교환을 위한 목적으로 사용되지만, 다른 상품들처럼 시가市價로만 교환된다. 실제로 지린 달러dollar가 도입되고 나서 지린의 순무는 고정 환율 혹은 적어도 최소 환율을 정하였다. 이것은 서양의 복본위제론자들에게는 신비로운 16과 비슷하다. 하지만 독단적으로 환율을 정하려 했던 그의 노력은 지금까지 성공하지 못하였다. 그리고 지린 달러는 오로지 만주 재정의 외곽에서만 유통되고 있다. 실질적인 단위이자 기준은 조인데, 소매 거래 이상이라면 무엇이든 일반적으로 쓰이는 화폐는 그 지역의 수많은 상회商會에서 발행된 조초吊鈔, diao notes이다. 상회의 지불 능력에 맞게 조초를 발행하도록 제한되어 있지만, 이는 명목상으로만 그러할 뿐이고 실질적으로는 통제되지 않는다.

이와 같은 상황에서 안정적인 재정 체계란 불가능하다. 설령 조가 고정적인 가치를 지닌다 하더라도, 유통되는 지폐는 안정적이라고 할 수는 없다. 조의 가치 범위가 각 지역에서 화폐의 크기와 순도에 따라 크게 변화한다는 사실과, 그래서 지린에서는 2조가 1루블에 거래되지만 톄링에서는 환시세가 8에서 10까지 변화한다는 사실을 고려한다면, 누구라도 이 지역 금융의 혼란에 대해서 막연하게나마 알 수 있을 것이다. 일반적으로 상인의 지폐는 약간 가치가 낮아지게 된다. 그리고 때때로 상회의 신용이 너무 낮아서 이곳에서 발행한 지폐를 아무도 원하지 않는다.

이러한 상황이었으므로 러시아 지폐인 루블은 그곳을 정복하기만 하면 되었다. 처음에 러청 은행은 신용을 쌓기 위해, 가능한 한 자주 그 지폐를 회수하는 데 주의를 기울였다. 그러나 지금은 그러한 일이 더는 필요 없게 되었다. 루블은 점차 모든 큰 거래를 위한 교환 수단이 되는 추세이다. 사실 러청 은행은 루블이 다른 모든 종류의 화폐를 완전히 배제할 수 있을 만큼 더 많이 루블 지폐를 풀려고 했을 것이다. 마치 일본 엔화가 조선의 전 지역을 장악했던 것처럼 말이다. 두 지역에서 동일한 원인은 동일한 결과를 초래한다. 설령 가능하더라도 위조를 좀처럼 하지 않으며 게다가 쉽게 상환할 수 있는 지폐는, 수송하는 데 불편하고 비용이 많이 드는 지역에서 틀림없이 인기가 있을 것이다. 더욱이 은닉이 가장 중요한 목적인 지역에서라면 말이다. 따라서 중국에서는 서양 금융finance의 가장 위대한 법이라도 효력을 발휘하지 못하게 되는데, 왜냐하면 이곳에 결국 악폐惡幣를 유통에서 몰아낸 좋은 화폐가 있기 때문이다.

이런 점에서 조선과 만주에서 얻은 경험은, 전적으로 구제할 길 없는 중국의 화폐 제도를 크게 변화시키는 일이 어렵지 않으리라는 것을 증명한다. 왜냐하면 중국인의 보수적 성향은 피상적인 것에 불과했고, 외국인들이 소기의 목적을 이루고자 빈번하게 그것을 조장해 왔다는 것이 여실히 드러났기 때문이다. 실제로 당신이 혁신적인 변화와 그 유용성에 대해 설명할 수 있다면, 중국인들은 결코 그것을 반대하지 않는다. 그들의 밥그릇, 젓가락, 손수레travelling cart는 개인적인 검소함에서 기인한 것이 아니라 오히려 문명의 우수한 부산물이라고 할 수 있다. 그들은 1,000여 년 전에 발명을 그만두었으며 창의적인 기질을 잃어버린 것이 분명하다. 그렇지만 기차를 타고 전화를 걸며 편리한 화폐 수단을 이용할 때 보이는 민첩함은 단지 그들에게 독창력이 부족할 뿐이라는 사실을 말해 준다. 이에 반해 영국인의 보수성은 이를테면 좀 더 부도덕한 부류이다. 왜냐하면, 영국인은 창조적인 능력을 분명히 가지고 있지만, 여전히 고대의 불합리함을 고집하고 있기 때문이다. 예를 들면 우리는 파운드, 실링, 펜스 그리고 무게와 측량 단위 같은 것들이 있다. 이러한 단위들이 외부인의 눈에는 중국에서 통용되는 가지각색의 냥兩이나 웨이드 자일의 『중한사전Giles's Dictionary』에 수록된 1만 4,000자만큼이나 우스꽝스럽기는 마찬가지이다.

진실을 말하자면, 중국에 아주 긴요한 화폐 개혁을 반대하는 것은 무지한 관료들뿐만 아니라 중국인의 보수성을 비웃었던 바로 그 외국인들이다. 중국 항구에서 이루어지는 무시무시하게 복잡한 교환 행위가 외국 은행들에게는 단순히 부의 보고일 뿐이다. 이들 외국 은행은 자신의 고객들에게 어디서나 바가지를 씌운다. 그러므로 일반적으로 말하자면, 중국에 있는 한 외국 상인이 중국인의 관습과 그것을 넘어서는 어려움에 관해 이야기를 상세히 늘어놓는다면 당신은, 그것을 극복해도 그는 유리한 입장이 되지 못한다는 것에 내기를 걸어도 좋다.

어리지만 조숙한 내 친구는 톄링의 은행에서 일하고 있는데, 그는 은량銀兩을 되도록 많이 만주에 도입하겠다고 강하게 주장하였다. 왜냐하면 은량이 많이 유입되면 은행업이 촉진되기 때문이라는 것이다. 마치 그의 주장은 노예제 폐지 운동이 진행되는 매사추세츠 주에 노예를 도입할 계획이 있다고 하는 것과도 같다.

그는 무책임했으며 전형적인 은행가도 아니었다. 중국의 다른 지역보다 만주에서는 은행에 수수료를 내는 일이 아주 자연스럽게 처리되고 있다고 한다. 이것은 참으로 굉장한 일이다. 만약 누군가 화폐 유통의 문제에 대해 은행의 적극성 부족을 지적한다고 해도, 그는 은행이 이미 놀랄 만한 일을 하고 있다는 사실을 인정해야만 한다. 또한 알지도 못하는 어떤 문외한이 이런 문제들에 대해 과감히 비난하는 것은 위험하다.

은행에는 인종 편견이 거의 없다. 은행의 고용인들을 살펴보면 영국인, 스코틀랜드인, 독일인, 프랑스인, 헝가리인, 포르투갈인 그리고 중국인들이 있다. 그리고 동아시아에서 적어도 네 개의 중요한 지점을 영국 국민이 운영한다는 사실은, 은행의 정책이 관대하다는 것을 충분히 증명한다. 사업적으로 이미 만주는 은행의 발 밑에 있다. 그리고 은행이 그 지역의 위대한 문명적 요소가 되는 데는 그렇게 오랜 시간이 걸리지 않았다.

제 10 장
무역의 문제들

러시아의 만주 점령에 대해 이제까지 매우 많은 것들이 이야기되었고 저술되었다. 그래서 상업의 세계에서 만주가 무엇을 의미하는지 어떤 분명한 견해가 형성되었다고 할 수 있다. 의화단의 난이 있었던 시기까지, 동북 3성은 제조업 국가들에게 중요성이 커진 개방된 시장open market을 제공하였다. 근대 상업에서 엄청난 양의 화물 운송장과 비교한다면 700만 파운드의 해외 무역은 사소한 것처럼 느껴질 수도 있다. 그러나 영국과 같은 무역 강국들은 자신들의 무역 수출의 번영을 위해, 상대적으로 작지만 수많은 고객들에게 의존한다. 만약 이들 나라들이 작은 고객들을 일단 경시하기 시작한다면 결국 그들의 무역은 쇠퇴하게 될 것이다. 그래서 이런 사실들을 이해하기는 그리 어렵지 않다. 게다가 특히 영국이 자유무역 정책을 고수하는 한, 개방된 세계 시장들은 수치상 줄어들지 않고 오히려 늘어나야만 한다. 그리고 더욱 중요한 것은 영국이 이를 인식하고 있어야 한다는 것이다. 따라서 우리의 목적은 표면적으로 만주의 문호 개방을 유지하는 것이 되어야 한다.

그러나 불행히도 문제는 이처럼 간단한 말로 정리되지 않는다. 우선 우리는 러시아가 자신이 새롭게 차지한 지역 주변에 관세의 장벽을 치는 것을 막기 위해 그들과 싸워야 할지도 모른다. 그렇다면 우리는 이 700만 파운드의 무역량 중에서 우리가 차지하는 몫이 결과를 예측할 수 없는 값비싼 전쟁을 치를 만한 가치가 있는 것인지를 즉시 판단해야 한다. 이 점에 대해 우리 정부는 분명히 결심했다. 그것은, 우리는 유리한 협상을 할 것이며 심지어 위협을 할 수도 있지만 전쟁은 하지 않겠다는 것이다. 하지만 전쟁을 하지 않더라도 우리는 여전히 일본 및 미국과 연합하여 총 한 방 쏘지 않고도 충분히 러시아를 제압할 수 있다. 그리고 이것은 오직 세 강대국이 만주 무역에서 차지하는 자신들의 몫을 지키기 위해서라면 싸울 만한 가치가 있다고 각자 확신했을 때에만 가능하다. 이 문제에 대한 일본의 입장은 의심할 여지가 없다. 무엇보다도 일본은 러시아에 대항해야 할 상업적, 정치적 이유가 있다. 이 문제에 대한 우리의 관심은 미국과 마찬가지로 주로 상업적인 내용이다. 그러므로 러시아가 보호 관세를 설치한 만주가 중국이 통치하는 자유로운 만주보다 우리에게 더 유리한 고객이 될 수 있는지 여전히 우리는 판단해야만 한다. 여기서 우리가 상기해야만 하는 사실이 있다. 러시아인들이 만주에 오기 전까지 광활한 동북 3성의 대부분 지역은 외국인의 여행이 금지되어 있었다는 사실이다. 그리고 또 하나는 그 지역에서 외국인이 행하는 어떠한 종류의 개발도 분명 보호되고 있었다는 사실이다. 이 지역의 거대한 잠재적 부와 특히 농산품들은 겨울에는 육로로만 그리고 여름에는 랴오허를 통해서만 단 하나의 항구로 수송될 수 있었다. 두 가지 길 모두 무역의 경로로 매우 부적절했으며, 조직적인 도적질을 당하기 쉬웠다. 게다가 이러한 도적질은 수세기 동안 예술적인 수준으로 발전해 왔다. 이러한 조건에서 만주의 해외무역은 사소한 것일 수밖에 없었다. 진실이 이러한 만큼, 미국은 의화단의 난 이전에 이미 면제품 무역에서 가장 큰 지분을 확보하고 있었으나 만주에 영사 대표를 두고 있지 않았다. 그리고 미국은 미래의 개발 가능성에 대해 매우 한정된 정보만을 가지고 있었던 것으로 보인다. 내가 1901년에 뉴좡을 방문했을 때 미국 정부는 그 개항장에 영사 대표를 막 임명한 상태였다. 그 영사 대표는 처음 도착하자마자 곧바로 만주가 가진 생산지로서의 엄청난 가능성과 미국이 만주에서 얻는 이익에 감탄했다. 그 이전에 워싱턴에서는 러시아의 약속을 전적으로 신뢰했으며, 러시아에 대한 영국의 불신은 러시아를 향한 극복할 수 없는 적대감에서 기인한다고 생각해 왔다. 밀러Millar 씨가 뉴좡에 가기 전까지, 미국 남부의 면포 제조업자들이 매년 거의 500만 달러어치의 면포를 만주에 수출하는 사실을 알고 있는 미국인은 거의 없었다. 만주는 예나 지금이나 중화제국에서 랭커셔의 방직기로 생산된 제품보다 미국의 면포를 더 선호하는 유일한 곳이다. 이제 설령 대부분의 미국인들이 그다지 열광하지 않더라도, 미국의 면포 제조업자들은 거의 100만 파운드에 가까운 거래를 무시할 수는 없게 되었다. 그래서 미국 정부의 만주 문제에 대한 태도가 최근 1~2년간 크게 바뀌게 되었고 헤이Hay 씨가 만주에 새로운 개항장들을 설치하고 외국 영사들을 임명할 것을 요구하고 있는 것이다.

물론 대영제국은 반드시 미국의 입장에 찬성해야 한다. 그리고 우리가 만약 이 갑작스럽게 깨닫게 된 관심사를 흥미롭게 주시한다면, 이에 대한 해명을 들을 수 있을 것이다. 우리 정부가 무엇을 하려 했든, 여하튼 간에 과거 수년 동안 이 문제에 관심을 가져 왔던 영국인 저술가들은 오직 전쟁을 통해서만 러시아를 만주에서 몰아낼 수 있다고 생각했다. 사실, 심지어 의화단의 난이 일어나기 전부터 영국의 주요 신문사들은 러시아의 지배를 거의 기정 사실로 인정하고 있었다. 미국 신문은 일반적으로 그 문제를 내버려 두거나 아니면 우리의 선입견을 질책하는 논조를 취하였다. 반면에 미국 정부는 진부한 태도를 취하는 것으로 자신의 역할을 한정하였다. 이제 게임은 거의 끝나갈 때가 되었고 마침내 그들은 사태의 진짜 상황을 발견하게 되었다. 엄청난 노력을 통해서 막판에 결과가 바뀔 가능성은 있다. 그러나 과연 그것이 수지가 맞는 게임일까? 그 질문에 대해 헤이 씨는 아직 만족스러운 답을 찾아내지 못하였다.

  제국 세관이 파악한 바로는 만주의 전체 교역액은 1899년에 725만 3,643파운드에 이르렀다. 그해는 중국 특히 만주의 무역에서 기록적인 해였다. 지금도 그것이 정상적인 상황에서 만주의 해외 무역이 당연히 도달할 수 있는 적절한 교역액이라고 생각할 수 있다. 실제로 사람들은 1900년에는 더 많은 교역액을 기록할 것이라고 멋대로 예측하였다. 그러나 그해 의화단의 난이 일어나 모든 예측을 뒤엎었고, 그때부터 1899년의 전체 교역액에는 아직 회복하지 못하고 있다. 1901년에는 전년도의 것에 해당하는 많은 거래량이 통계 수치에 포함되어 625만 1,283파운드라는 상당한 교역액을 달성했지만, 1902년에는 겨우 554만 9,977파운드에 불과하였다. 이 해의 전체 교역액조차도 최근 5년간의 평균치보다는 높은데, 아마도 5년 간의 평균이 1년의 기록보다는 더 신뢰성 있는 표준이 될 수 있을 것이다. 그러나 1899년부터 시작된 전체 교역액의 감소는, 종종 제기되었던, 러시아의 점령이 만주의 해외 무역을 붕괴시키고 있다는 주장을 그럴듯하게 뒷받침하고 있다. 이 주장을 입증하거나 논박하는 것은 모든 관계자들에게 중요한 문제이다. 그러나 만주 항구들의 부분적인 폐쇄라는 이론에 우리가 아무리 강하게 반대하더라도, 철도의 개발과 광물의 채굴 그리고 러시아인들이 도입한 더욱 안정된 형태의 정부 등을 통해 여전히 우리는 충분히 보상받을 수 있다. 만주에 차별적인 관세 제도를 두거나 통상적인 러시아 관세를 적용함으로써 러시아가 유리한 입장에 놓이는 경우에도 말이다.

조금만 더 고찰해 보면, 최근 3년간의 전체 교역액 수치로는 어느 쪽의 주장도 거의 논증할 수 없다는 것을 알 수 있다. 1902년 해외 무역의 총액은 비록 뚜렷한 감소세를 보이지만 사실은 꽤 만족스러운 것으로 생각할 수 있다. 이미 나는 1901년의 수치가 의화단의 난이 있었던 해까지 포함한 무역 거래 때문에 부풀려졌다고 지적하였다. 예를 들어, 1900년에 수확된 콩은 1901년 여름까지 대부분 항구로 운송되지 못했는데, 이는 강에 도적 떼가 창궐했기 때문이었다. 따라서 1902년의 교역액은 아마도 1901년과 비교하여 사실상 전혀 감소하지 않았을 것이다. 또한 1901년의 특수한 조건을 감안하더라도 1902년에 기록된 실제 교역 화물의 부피는 1901년보다 더 컸다. 하지만 중국 은량의 가치가 11퍼센트나 떨어진 탓에 파운드화로 계산했을 때의 가격이 낮았다. 다시 말해서, 우리가 해관량海關兩으로 기록되는 세관 신고서를 살펴본다면, 1902년 교역액은 4,269만 2,135냥으로 1901년의 4,226만 2,209냥보다 높았다는 것을 알게 될 것이다.

다음으로, 반드시 고려해야 할 또 다른 사항이 있다. 1902년에 다롄 항이 통상을 위해 부분적으로 개방되었다. 그리고 그 당시 다롄에서 북쪽으로 뤼순 항에 이르는 철도가 상당히 잘 정비되어 있었다. 그 결과 다른 해에는 뉴좡에서 이루어졌을 일정량의 무역이 1902년에는 다롄이나 뤼순에서 이루어졌다. 그 무역량을 밝힐 수 있는 방법은 없다. 왜냐하면 그 과정에 대해 어떠한 세금도 징수되지 않아서 계산이 불가능하기 때문이다. 그러나 약간의 편차가 있었다는 것은 매우 분명하다. 예를 들어 1901년에 5만 1,201파운드의 미국산 기름이 뉴좡에 수입되었는데, 1902년에는 1만 5,416파운드로 감소하였다. 왜냐하면 많은 양의 러시아 기름이 다롄 또는 뤼순을 통해 대신 수입되었기 때문이다. 또한 뉴좡의 수출 교역에서 비단의 교역량이 감소한 것으로 나타나는데, 그 이유는 이제 비단을

라오둥 반도를 통해 수출하게 되었기 때문이다. 그리고 비록 아직까지는 대부분의 중국인들이 모르고 있지만, 많은 소규모 품목들 경우에도 만주 철도와 다롄의 항구로 연결된 새로운 교역로가 유용하게 이용되기 시작하였다. 이는 곧 만주 상업의 모든 조건이 바뀌는 것을 의미한다. 실제로 은값의 하락과 그 양을 알 수 없는 다롄 및 뤼순의 무역 상황을 고려했을 때, 파운드화 가치만 아니었으면 만주에서의 모든 해외 무역 규모가 거의 1899년의 수준으로 회복되었을 것이라고 해도 과언이 아니다. 1900년에는 지역 전체가 의화단의 난으로 혼란스러웠고, 이에 더해 1901년에는 농작물의 절반을 망쳐놓은 심각한 홍수로 고통을 받았으며, 1900년에는 중국 정규 부대들이 해체됨으로써 인원이 크게 늘어난 비적들에게 아직도 시달리고 있다. 그러나 이런 여건에도 만주의 해외 무역 규모가 증가한 것은 사실이다. 요컨대 러시아가 점령하는 바람에 1899년까지 가시적으로 빠르게 진행하던 성장이 멈추게 되었다고 해도, 최소한 그 결과로서 그에 역행하는 어떠한 움직임도 일어나지 않았다.

과연 무엇이 19세기의 마지막 5년 동안 만주의 무역을 크게 성장시켰는가? 우리는 철도의 건설자이자 소유자로서 러시아 정부의 존재가 무역 성장의 큰 요인이었다는 것을 솔직하게 인정해야만 한다. 우선, 1899년 뉴좡을 거쳐 50만 파운드 이상의 가치를 지닌 철도의 자재들이 수입되었다. 700만 파운드라는 당시의 전체 무역량을 고려하면 이것은 결코 작은 항목이 아니다. 구체적이긴 하지만, 이것은 러시아의 철도 건설이 수입에 자극을 주었다는 작은 예시에 불과하다. 외국 상품에 대한 수많은 러시아 장교들과 기술자들의 수요는 분명히 수입품의 목록을 조금 더 늘렸을 것이다. 그리고 만주에서의 건설 사업을 통해 수백만 루블이 지출되면서 중국인들의 구매력도 분명히 크게 증가했을 것이다.

중국에 철도가 건설되기 전까지 중화제국의 해외 무역이 넘어서기 힘든 한계에 봉착하고 있었다는 것은 거의 설명할 필요가 없는 사실이다. 제국 세관의 유능한 통계학자 테일러Taylor 씨는 중국의 해외 무역의 파운드화 가치가 19세기의 마지막 10여 년간 거의 변동 없이 유지되었다는 사실을 분명히 보여 주었다. 세관에서는 지금까지 중국 은량으로만 계산하였고 그러한 체제 때문에 비록 일반 대중은 깨닫지 못하고 있지만, 이 파운드화 가치의 허구적인 증가를 제외하고는 일정함을 항상 유지해 왔다는 것 또한 분명히 보여 주었다. 진짜 진전을 보였던 유일한 해는 기록적인 증가가 나타난 1899년뿐이었다. 그리고 나는 1901년에 쓴 글에서 철도가 그 진전의 직접적인 원인이라고 지적했던 것을 기억한다. 왜냐하면 해외 무역의 진전이 한커우, 톈진, 뉴창 등 특히 철도의 개발에 영향을 받은 개항장에서 주로 관찰되었기 때문이다. 중국과 같은 나라에서 이것은 명백한 결과이다. 중국은 최근 5세기 동안 교육이나 산업에서 어떠한 발전도 없었다. 중국의 인구는, 적어도 우리가 알아낸 바로는, 증가하기보다는 감소하였다. 광물 자원을 채집하는 것은 명 왕조 시절에 그랬던 것처럼 여전히 간신히 지표면을 긁는 수준이다. 해외 무역은 엄격히 제한되어 있고, 게다가 운송비에 크게 영향을 받고 있었다. 하지만 조약항 체제가 성립되고 증기선을 통한 해양 운송이 발전하면서 중국의 해외 무역은 한계에 도달하게 되었다. 철도가 건설되고 중국의 광물 자원이 채굴될 때까지 할 수 있는 것은 아무 것도 없었는데, 더욱이 채굴의 진행은 철도에 의존하였다.

지금까지 우리는 즈리와 만주에서 철도 개발의 사례들을 많이 보았고, 가장 최근에는 루한 철도나 산둥에서 독일 철도의 사례를 보았다. 그리고 최근 몇 년 동안 중국 해외 무역의 증가는 하나같이 바로 이 철도들의 건설과 직접 관련이 있었다. 결론은 러시아 정부가 만주 철도를 건설하면서 ─ 그리고 훨씬 작은 범위에서는 브리티시 코퍼레이션the British Corporation이 산하이관 또는 뉴좡 노선을 건설함으로써 ─ 뉴좡 무역의 빠른 발전을 가져왔고, 그것이 1899년에 정점에 달하였다는 것이다.

만주 철도는 많은 사람들 ─ 대개 영국인 ─ 때문에 과소평가되어 왔다. 심지어 호지 씨도 1901년의 영사 보고서에 하얼빈에서 다롄까지의 단선 철도로는 결코 이 부유한 만주 지역이 공급하는 생산물을 절반도 운반할 수 없다고 주장하였다. 또한 그는 그 철도 노선을 이용하는 대부분의 여행자들처럼 운행이 심각하게 지연되는 것과 시간 엄수의 필요성에 대해 상세히 설명하였다. 이러한 혹평에 대답하기 위해서는, 지금 건설 중인 철도에 대해 지나치게 비판하는 일은 매우 불공평하다는 점을 제기해야 한다. 사업이 승인된 날짜와 건설 사업을 시작하자마자 나타난 모든 문제들을 고려한다면, 1902년에 뉴장에서 다롄까지의 여정을 완주하는 데 13시간이 걸렸다는 사실은 이상한 것이 아니다. 오히려 언제든지 철도로 이러한 여행을 할 수 있었다는 사실이 이상하다. 그리고 이제 이러한 불평은 한물간 것이 되어 버렸다. 왜냐하면 지금은 다롄에서 모스크바까지의 전체 노선에서 정규 서비스가 이루어지고 있으며, 만주에서의 운행시간도 매우 만족스럽기 때문이다. 대부분의 영국인 기술자들은 철도를 건설하는 동안 모든 여객들이 철도를 이용하는 것을 금지함으로써 이 같은 성급한 비판이 일어나는 것을 막는다. 그리고 단선철도가 이처럼 부유한 지역의 운송 수단으로 부적절하다고 주장하는 사람은 분명히 러시아가 진행하는 모든 일에 편견을 가지고 바라본다고 단언할 수 있다. 과연 세계의 어떤 신생 국가가 처녀지에 복선 철도를 건설한 적이 있는가? 세계에서 누구도 생각하지 못했던 일을 러시아인들이 해야만 하였다고 말하는 것은 그리고 철도가 존재한 적이 없는 땅에 3,218킬로미터의 복선 철도를 건설해야만 하였다고 이야기하는 것은, 정말로 만주의 부유함에 대한 찬사이다. 문제가 있는 특수한 상황에서, 다른 이유를 제외하고 전략적인 측면만을 따져 보았을 때. 러시아가 철도를 건설한 것은 논의할 필요도 없는 일이었다. 러시아인들이 하얼빈과 블라디보스토크 그리고 뤼순 사이에 철도 교통망을 부설하는 것은 만주에서 자신들을 방어하기 위해 절대적으로 필요한 일이었다. 교통망이 확보될 때까지 뤼순은 불안한 상태였으며 언제든지 일본의 기습에 함락될 수 있었다. 이제 단선 철로가 완성되어 전체적인 형세는 바뀌었다. 그리고 러시아 정부는 형편이 될 때 철도의 복선화를 계획할 수도 있다. 그러나 이제 바뀌지 않는 분명한 사실은, 무역을 할 때마다 철도를 통해 엄청난 양의 무역품을 처리할 수 있게 되었다는 것이다. 예전에 수상 교통을 이용하기에는 랴오허나 그 지류에서 너무 멀리 떨어져 있던 넓은 농업 지대가, 이제는 바다로 직접 연결되는 철도망을 갖추게 되었다. 가장 보수적인 관점에서 보더라도 이 나라의 수출 역량은 두 배가 되었고, 구매력도 이에 상응하여 증가하였다. 만약, 무역 보고서에는 아직 이러한 증가 추세를 입증할 만한 것이 없다고 주장한다면, 그에 대한 답변을 할 때 반드시 지적해야만 할 점이 있다. 그것은 여전히 랴오허에는 평소보다 많은 비적들이 출몰하고 있으며, 철도만이 정상적으로 개통되어 있다는 사실이다. 비적들이 소탕되고, 중국인 곡물상들이 철도의 완전한 가치를 깨닫게 되기까지는 앞으로 한두 해가 더 걸릴 것이다.

덧붙여, 만주에 관한 한 러시아 정부는 불합리한 식량 수출 금지 조치를 해제했으며, 이제 기장이 수출 품목에 포함되었다는 것도 언급해야 하겠다. 만약 러시아가 세력을 유지한다면 앞으로 일본은 식량 공급을 만주에 크게 의지할 것이다.

따라서 조건이 동일할 경우, 만주의 해외 무역은 러시아의 점령과 러시아 철도의 발달을 통해 큰 이익을 얻게 된다. 모든 부분을 고려했을 때, 이 점은 논쟁의 여지가 없다. 이제 남은 유일한 문제는 다른 조건들이 동일한가 그렇지 않은가 하는 것이다. 다시 말하자면, 러시아가 마음대로 관세 장벽을 쌓아서 자신들이 만들어 온 무역의 원칙을 훼손할 것인지에 대한 의문이다. 만약 러시아가 이러한 장벽을 세우지 않는다면, 만주에서 러시아는 매우 필요한 존재가 될 것이다. 러시아는 이미 새로운 교통 수단을 빠르게 개발함으로써 자신이 무엇을 할 수 있는지 보여 주었다. 하지만 러시아는 자신이 이 나라에서 평화를 이룰 수 있는지는 아직 보여 주지 않았다. 나는 이미 강 위의 비적 문제를 러시아가 어떻게 다루는지를 묘사하였다. 그 방법들이 만족스럽다고 말하기는 어렵다. 그리고 러시아가 이 나라의 다른 지역, 그러니까 철도 또는 랴오양과 야루 강의 연결 도로 같은 주요 도로와 떨어져 있는 지역에서도 모두 성공적으로 대응했다고 할 수도 없다. 이 나라는 매우 불안정하며, 일반적으로 매우 나쁜 상태라고 말할 수 있다. 중국인 순무들은 자신들의 군대를 빼앗겼고, 대신에 터무니없이 적은 경찰대를 갖게 되었다. 경찰대의 그 적은 숫자만으로는 힘을 쓸 수 없다. 결국 그들은 옛날에 비적 문제를 해결할 때 사용했던 방법조차 쓸 수 없게 되었으며, 옛 방법도 거의 도움이 되지 않았다. 반면, 러시아인들은 자신들의 철도를 운영하느라 분주하였다. 게다가 강도 무리를 없애는 데 온 신경을 기울이고 그 전략을 수행하느라 바쁘기는 마찬가지였다. 그들의 주요 목적은 철도를 보호하는 것이었다. 그래서 그들은 철도 전 노선에 코사크 기병 소초를 5.3킬로미터 간격으로 배치하였고 이를 매우 효율적으로 수행해 냈다. 하지만 그들은 겨우 강 위의 콩 운반선들만 보호해 주었는데, 자신들의 이익이 되는 뉴좡의 지역 세입을 유지하려는 것이 그 이유였다. 그러나 그들이 비적들을 궤멸시키고 싶어도 그럴 수 없다는 것은 도무지 이해할 수 없다. 예를 들어 철도를 보호하는 것처럼 코사크 기병 초소를 두어 강을 보호하는 것은 아주 쉬운 일일 것이다. 그러나 여기서 상기해야만 할 점은, 러시아인들이 비싼 비용을 치르면서까지 이 나라의 평화 회복에 대한 특별한 욕구를 가질 수는 없다는 사실이다. 더욱이 러시아가 반드시 철수해야 한다는 요구를 받고 있는 나라에서 말이다. 게다가 비적들이 출몰하는 상태를 유지하는 것은 뉴좡에 대한 일종의 협박 수단으로 유용한 측면이 있다. 만약 강이 비적들한테 완전히 접수된다면 뉴좡의 수출 무역은 몰락하게 될 것이며, 모든 콩은 철도를 통해 다롄으로 운송될 수밖에 없을 것이다. 이는 극단적인 수단이며 분명히 비난받을 일이다. 하지만 그럼에도 이 방법은 러시아가 마지막 수단으로 남겨 둘 만한 것이었다. 일단 러시아가 만주에서 자신들의 지위를 인정받고 뉴좡의 통치를 승인받게 되면, 그들은 자유롭게 이 나라의 평화를 회복하는 일에 착수하여, 순식간에 교활한 훙후쯔를 해치워 버릴 것이다.

그렇다면 러시아 방식대로 만주를 개발하는 것이 허용되고 이 나라의 행정과 철도 체계 개발에 대해 러시아의 효율적인 통제를 가로막는 어떠한 장애물도 없다고 가정해 보자. 그렇다면 해외 무역에 어떠한 제한도 받지 않는 조건에서 무역이 반드시 해마다 증가할 것이라는 점을 어떻게 의심할 수 있겠는가? 철도 그 자체만으로도 향후 5년 동안 동북 3성의 무역은 두 배로 늘어날 것이다. 비적이 완전히 진압되면 그것 또한 상업에 상당한 자극이 되어 1899년의 700만 파운드의 기록은 1909년에는 2,000만 파운드까지 늘어날 것이다. 특히 이 나라의 광물 자원이 과학적으로 채굴된다면 더욱 그러할 것이다. 이는 고려해 볼 만한 포상금이 아닌가? 모든 해외 수입품들의 원래 수출국을 추적하는 일은 불가능하다. 왜냐하면 홍콩이나 상하이에서 너무 많은 양이 들어오고 있기 때문이다. 일본을 제외하고는 어떠한 국가도 만주와의 직접 무역이 고려할 만한 가치가 있다고 생각하지 않는다. 그러나 대략, 우리는 여전히 수입 무역의 25퍼센트를 차지하고 있다. 우리의 경쟁국인 미국인들이 면제품 무역의 주요한 부분을 확보하고 있음에도 말이다. 즉, 관세 때문에 우리의 상품이 배제되지 않는 한, 우리가 그 비율을 유지하지 않을 이유는 없다. 따라서 모든 문제는, 러시아가 만주의 문호 개방을 유지할 것인가 그렇지 않을 것인가 하는 것으로 귀결된다. 그리고 오직 시간만이 대답해 줄 것이다. 하지만 과거의 경험에 비추어 판단해 보면, 그 항구들이 자신의 문호 개방 정책에 부합하는 한, 러시아는 이를 계속 개방한 상태로 둘 것이라고 말해도 무방할 것 같다. 프리모르스크Primorsk 주를 획득한 이후로 오랜 동안 러시아는 블라디보스토크 항을 폐쇄하려는 어떠한 시도도 하지 않았다. 그 이유는 단순하게도 블라디보스토크가 러시아로부터 일정한 공급량을 도저히 이끌어내지 못한다는 것 때문이었다. 블라디보스토크에 정규 관세를 적용하려는 시도는 1901년에 있었지만, 이것은 곧 실용적이지 못한 것으로 밝혀졌고 따라서 관세는 감소해 왔다. 만주에서도 분명히 비슷한 과정이 진행될 것이다. 러시아 정부는 상업의 발전에 반대하지 않는다. 오히려 그와 반대로 상업 및 산업의 발전은 러시아 진보 당파의 슬로건이다. 비록 그 발전을 위한 행동들이 우리로서는 합리적이지 못한 것으로 보이는 것들일지라도 말이다. 그러므로 우리는 러시아가 만주에서 무역을 개척하는 모든 수단을 보게 될 것이다. 그러나 어쨌든 처음에는 그것이 해외 무역을 금지하는 형태는 아닐 것이다. 이론상으로는 우리가 아무리 그들을 반대하더라도, 실제 우리는 러시아 제품들이 얻는 어떠한 작은 이점에 대해서 지나치게 반대하지 말아야 한다. 왜냐하면 우리 제품들 그리고 일본과 미국의 제품들은 사실상 개방된 시장에서 항상 자신들의 지위를 유지해야만 하기 때문이다. 예를 들어 러시아 상품이 만약 철도를 통해 만주로 들어오면 이론상 30퍼센트가 할인되어 왔다. 사실 그들은 결코 어떠한 세금도 내지 않았다. 그러나 러시아에서 철도로 들어오는 어떠한 제조업 상품도 바다로 들어오는 같은 종류의 물건과는 경쟁할 수 없다. 그렇기 때문에, 그 상품들에 주어진 특혜는 명목뿐이다. 그러나 앞으로 10년 또는 20년 동안 러시아가 광활한 만주 지역을 자신의 제국에 편입하기 위해 만주에 대한 자신의 기득권을 강력히 주장한다고 가정해 보자. 그렇다면 러시아가 과중한 관세를 만주의 항구들에 적용하는 것을 과연 무엇으로 막을 수 있을까? 그리고 지금 맺은 협정 중 어떤 것이 그때 가서 가장 가벼운 가치를 갖게 될까? 만주가 러시아의 일부가 되었을 때 러시아의 항구 폐쇄를 막기 위해 노력하는 것은 코카서스[14]에서 러시아의 관세 규정을 폐지하려고 노력하는 것만큼이나 무의미할 것이다. 러시아는 열강들과 바툼 항the port of Batoum[15]을 요새화하지 않겠다고 분명히 합의하지 않았는가? 하지만 지금 열강 중 어느 나라도 감히 그 항구의 요새화에 반대하지 않으며, 오히려 그 요새는 해마다 강화되고 있지 않은가? 물론 우리는 러시아가 언제나 만주의 문호를 개방하겠다고 말하는 것을 믿는 쉬운 길을 택할 수 있다. 혹은 여하튼 간에 미래의 러시아 재무장관의 지혜를 믿을 수도 있다. 그러나 러시아의 약속이나 러시아의 재무장관을 믿는 것은 둘 다 분명히 실망스러운 결과를 초래하는 길이다. 그럼에도 우리는 만주에서 우리의 권리를 주장하기 위해 혼자서 러시아와 전쟁을 할 수는 없거니와 분명히 하지도 않을 것이다. 그리고 미국이나 일본 역시 그러할 것이다. 지금까지

14 캅카스의 영어 이름.
15 바투미Batume. 흑해 동부 해안의 항구.

우리는 외교적인 항의를 하는 일에만 국한해 왔다. 외교적 항의로 최후의 수단은 무력에 호소하는 일뿐이라는 것을 암시하지 않는 이상, 그것이 적혀 있는 종이보다도 사실 가치가 없는 것임을 알고 있었지만 말이다. 미국이 우리보다 최근에 더 성공적이었던 것은 사실이다. 내가 이 글을 쓰고 있을 즈음, 중국인들이 만주에서 최소한 두 개 이상의 통상항을 여는 데 동의하였으며 러시아가 이를 받아들였다는 발표가 있었다. 그리고 그 두 개의 통상항은 아마 성징과 다둥 항(Ta-tung-kao≒대동항大東港, 현재 단둥 항丹東港)이 될 것이라고 하였다. 이는 물론 결코 지켜지지 않을 약속일 뿐이다. 만주에서 러시아가 철수하는 1903년 9월에 이 항구들이 개방될 것이라는 추가 정보는, 이 모든 약속이 비현실적이라는 느낌을 더해 준다. 그러나 통상항들이 9월 혹은 다른 시점에 개항되는 것을 우리가 당연하게 받아들이게 된다면, 결국 무엇을 얻게 되는가? 아무도 러시아가 만주의 항구들을 즉시 폐쇄할 것이라고는 예상하지 않는다. 그리고 그런 까닭에 성징과 다둥 항의 개방은 러시아의 계획에 크게 방해되지 않는다. 러시아는 뉴좡을 통치하고 뉴좡에서 3년 동안 ─ 독일을 제외한 ─ 다른 관련 국가들의 저항을 무릅쓰고 세금을 징수함으로써 이미 자신이 통상항에서 무엇을 할 수 있는지를 보여 주었다. 통상항의 존재는 전쟁의 시기가 되었을 때 큰 차이가 없다. 예를 들어 일본이 타이완을 합병할 때 그 섬의 통상항에 대한 우리의 권리 때문에 방해받는 일은 없었다.

만주에서 성징과 다둥 항 또는 다른 항구들을 개항하는 것은 올바른 방향을 향한 아주 작은 움직임일 뿐이다. 아주 작은 움직임이지만 러시아는 일본과 미국의 압력이 아니었으면 결코 이에 동의하지 않았을 것이다. 그리고 이것은 우리를 전체 문제에 대한 유일한 해법으로 이끌어 주었다. 그것은, 러시아가 끼치는 악영향을 저지하기 위해서는 세 국가가 직접 이해관계가 있는 부분에서 서로 강력하게 연대해야 한다는 것이다. 정확히 말하자면 독일은 네 번째 국가가 되어야 한다. 그러나 독일은 러시아를 돕고 있을 뿐 아니라 중국에서 문호 개방 정책에 전혀 부합되지 않는 행동을 하면서 자신의 이익을 도모하고 있다. 게다가 공동 정책의 원칙에 서로 동의하는 한, 다른 세 열강은 동아시아에서 자신들이 원하는 것을 성취할 수 있을 만큼 강력하다. 일본, 미국, 영국은 모두 진심으로 그리고 조건 없이 중국의 문호 개방 정책을 희망한다. 그러나 지금까지 이 세 열강들은 그 정책이 좋은 결과를 거둘 수 있도록 완전히 통일된 행동을 해야 할 필요성을 느끼지 못해 왔다. 각국, 아마도 특히 미국은, 정규 동맹으로 인해 세 열강 가운데 하나 또는 두 국가가 세 번째 국가만이 원하는 전쟁에 말려들게 되는 것을 두려워해 왔다. 나는 다른 장에서, 목표로 삼는 결말이 어떠한 전쟁의 위험 없이도 도달할 수 있는 것임을 보여 주려고 노력할 것이다. 사실 극동에서의 지속적인 염증 상태를 없앨 수 있는 유일한 길은, 중국의 문호 개방이 유지되기를 지향하는 세 열강의 삼각 동맹일 것이다.

제 11 장
만주 철수

1900년 의화단의 난 이래로, 러시아는 외부 세계에 만주라는 이름으로 알려진 중국의 동북 3성을 점유해 왔다. 러시아 군대가 이 지역을 점령하였으며, 그들은 중국인 관리들에게 명령을 내리고 있다. 게다가 러시아인들은 열강들과의 조약으로 전 세계에 문호가 열려 있는 뉴좡 항에서 세금을 징수해 왔다. 심지어 의화단의 난 이전부터 러시아는 만주에 발판을 마련해 두고 있었으니, 결국 만주는 병합으로 귀결될 운명이었다. 1897년 러시아는 만주 철도에 대한 이권과 러시아 군대가 철도 주변을 경비할 수 있는 권리를 획득하였다. 그리고 이듬해 러시아는 발해만을 통제할 수 있는 근거지인 뤼순을 조차租借하였다. 게다가 1899년에는 영국과 협약을 맺어 만주를 자신의 세력권 안에 두었다. 그러나 러시아에게 결정적인 기회를 제공한 것은 의화단의 난이었다. 러시아 정부는 지체하지 않고 운명의 신에게서 상을 받아 냈다. 그것은 다른 상황에서라면 수년간의 외교를 통해서만이 얻을 수 있는 것이었다. 그 과정에서 장군들은 차르를 위해 싸우고 있었다. 만주에서 가장 큰 상업적 이익을 누렸던 열강인 미국은 극동에 대한 자신의 의무에 관해서 아무런 책임도 자각하지 못하였다. 영국은 남아프리카 전쟁(보어 전쟁)에 발이 묶여 있었으며, 결정적인 순간에 현장 관리들의 무능력함 때문에 더욱 약해지고 말았다. 독일은 평소처럼 러시아에게 아첨하고 있었으며, 일본은 매우 중요한 이익을 잃을 수도 있는 상황에 처해 있었다. 다시 말해 일본은 결과가 어떻게 되든지 간에, 수년 동안 일본의 국익에 심각한 손상을 입힐 큰 전쟁을 치를 것인지 아니면 만주에 관한 한 러시아의 행동을 방치하는 정책으로 묵인할 것인지 둘 중 하나를 분명히 선택해야 하였다.

의화단의 난 이후로 러시아는 공격적인 의도를 드러내기 시작했는데, 그 첫 번째 조짐이 차르 정부가 내린 상당히 이상한 결정에서 나타났다. 강화 협상이 시작되기 직전에, 차르 정부는 모든 러시아 군대와 베이징의 러시아 공사관을 철수시켰다. 이 움직임의 동기는 아주 명백하였다. 수년 전 프랑스와 영국 군대가 중국의 수도를 점령했을 때, 러시아 총리 이그나티예프Ignatieff는 만주족 왕조의 친구이자 보호자로서 자진하여 나섰다. 적어도 분쟁 당사자 중 어느 한쪽이 도움을 요청한 것도 아닌데, 그는 분쟁의 중재자 역할을 하겠다고 공언하였다. 그리고 중재가 협상의 과정에 전혀 영향을 주지 못했음에도, 차르를 위한 대가로서 연해주와 그 지역의 수많은 수로, 긴 해안선 그리고 블라디보스토크라는 훌륭한 항구를 손에 넣었다. 이번에도 러시아는, 의화단의 난을 거치면서 다른 열강들보다 더욱 중국과 반목하게 되었고 또 외국인에 대한 거의 국가적이라 할 만한 반란을 진압하는 과정에서 러시아 군대가 — 잔인하다고까지는 할 수 없어도 — 전례 없이 가혹하게 행동했음에도 협상이 시작되자마자 중국에 거주하는 유럽인들에 대한 보호자로서 바로 등장하였다. 그리고 여기에서 러시아는 이익을 챙겼다. 당시 상하이에서는 소문이 무성하게 퍼지고 있었다. 그리고 뒤를 이은 사건들은 상하이의 소문이 완전히 사실이었음을 증명해 주었다. 그것은 리훙장이 러시아와 비밀 협약을 맺었는데, 러시아가 즈리에서 외국군의 철수를 위해 최선을 다하는 대가로 만주에서 행동의 자유를 얻게 되었다는 것이었다. 더 나아가, 독일도 비슷한 철군 제안을 받았으며, 그 대가로 산둥에 대한 특권을 얻게 될 것이라는 소문도 돌았다.

나는 이런 계획을 가진 협상이 1900년 가을에 상하이에서 진행되었다고 믿을 수 있는 모든 근거를 가지고 있다. 러청 은행의 은행장 욱돔스키 공은 상하이에서 리훙장과 지속적인 연락을 주고받았다.. 그리고 이 은행의 중국 지점장이자 러시아가 동아시아에서 가장 신뢰하는 대리인인 포코틸로프가 비밀 회의를 보좌하기 위해 베이징에서 내려왔다. 그 결과 러시아 장관은 실제로 톈진으로 철수하였다. 그리고 철도 경비대를 제외한 모든 러시아 군대는 그들의 역할이 절실했던 만주로 이동하였다. 약속된 자신의 역할을 수행하면서 러시아는 모든 것을 얻었고 아무것도 잃지 않았다. 중국과 협상이 시작되고, 특히 프랑스 원정대가 양국 동맹[16]을 대표하여 현지에 주둔하게 되자, 러시아가 즈리에 군대를 주둔시켜야 할 특별한 목적이 없어지게 되었다. 러시아 장관이 톈진으로 철수하도록 한 조치는 단지 일시적일 수밖에 없었다. 왜냐하면 열강의 대표들이 강화 조건을 논의하기 위해 만나기 시작하자, 러시아 장관 역시 베이징에 머물러야 했기 때문이다. 따라서 러시아는 모든 군사적 압력에서부터 중국을 해방시켜 주고 싶어하는 중국의 보호자처럼 행세했지만, 실제로는 자신의 이해만을 도모하고 있었다.

---

16 프랑스와 러시아 사이의 정치군사 조약.

리홍장과 욱돔스키 공이 맺은 협약의 가시적인 결과는 1~2개월 후 성징 협약이 발표되면서 더욱 분명해졌다. 그리고 이것은 그해 말 「타임」에 발표되었다. 성징의 몽골인 장군과 알렉세예프 제독이 체결한 이 협약에 따르면, 러시아는 일정한 조건 아래 만주에서 철병하기로 합의했고, 사실상 이 조건들로 만주는 러시아의 속령이 되었다. 이는 1903년인 올해까지, 러시아가 중국 황제를 속이려고 시도한 몇몇 서면 협약 중 첫 번째 것이었다. 그리고 올해까지도 여전히 러시아에 더 유리한 제안들이 많은 외교적 논쟁의 원인이 되었다. 이 모든 철병 제안의 정확한 조항들을 다시 인용하는 것은 지루하고 불필요한 일이다. 특히 가장 최근에 맺은 협약들은 다른 모든 협약의 내용들, 그것도 내가 곧 상세히 인용할 내용들을 포괄하고 확대한 것이기 때문이다. 그 주요 요점은 언제나 러시아가 동북 3성에 대한 군사적 통제력을 가질 권리를 가지며 또한 영사나 이권 사냥꾼의 형태로 나타나는 다른 모든 외국의 영향력을 차단할 수 있는 힘을 가지는 것이다. 군사적 통제권은 물론 명시적으로 요구되지는 않았다. 당연히 그것은 철수의 개념과 대비되는 것이기 때문이다. 그러나 중국의 순무들이 소규모 경찰력을 제외한 모든 군사 자원을 빼앗기면서 러시아의 군사적 통제권은 암시되었다.

러시아 정부가 실질적으로 만주를 소유하며 도전을 받지 않는 시점에서 왜 구체적인 형태의 점령 문제를 제기하기 원했는지는 분명하지 않다. 물론, 성징 협약은 비밀 협약이었으며, 「타임」의 유명한 통신원인 모리슨Morrison 박사의 행동이 아니었으면 결코 공표되지 않았을 것이라고 여기고 있다. 이러한 시각에 반대하려면, 정부의 전신망이 구멍이 가득 뚫린 체와 같은 중국 같은 나라에서 이러한 모든 협약들은 즉시든 나중에든 반드시 공개되기 마련이라고 말하기만 하면 된다. 「타임」의 통신원은 결국 영국 공사관도 얻게 될 것이 분명한 정보를 몇 주 빨리 서둘러 공표한 것일 뿐이다. 그리고 무엇보다도 성징 협약은 몇 달 전 상하이에서 리홍장과 욱돔스키 공이 도달한 합의를 더 제한적이고 국지적인 형태로 구현한 것일 뿐이다. 러시아의 행동에 대해서는 충분히 이렇게 설명할 수 있을 것이다. 러시아가 그 협약을 '기상 관측용 기구氣球', 즉 여론의 반응을 관측하기 위한 수단으로 이용하였고 말이다. 또한 만주에서의 러시아의 지위를 세계가 자연스럽게 받아들일 수 있도록 이를 이용하였다고도 볼 수 있다. 실제로, 얼핏 보기에 외교적인 실책으로 보였던 것이 사실은 영리한 움직임이었던 것이다.

그 협약으로 러시아는 다른 라이벌 열강과의 관계에서 어떤 심각한 곤경에도 처하지 않게 되었다. 왜냐하면 공식적으로는 러시아가 만주에서 철병할 것을 공언했기 때문이다. 게다기 심지어 중국 황제가 이 협약을 비준할 수 있었던 것은 러시아에게 일종의 기회였다. 그리고 이를 통해 동북 3성에서 러시아의 지위는 어느 정도 합법화 되었다. 그 반면에, 설령 열강들이 중국 황제에게 비준을 거부하라 고 설득했더라도 러시아인들의 상황은 이전보다 악화되지는 않았을 것이다. 오히려 러시아인들은 만주에서 자신들이 얻은 권리가 최소 한 다른 나라들의 권리와는 다르다고 세계가 자연스럽게 여기도록 만들었다. '기상 관측용 기구'의 역할이었던 그 협약은 뜻밖에도 성 공적이었다.

한두 달 전인 1900년 9월에, 영국과 독일이 중화제국의 영토 보 전을 보증하는 내용의 협약을 맺은 일이 떠오른다. 그리고 이 협약 의 위력을 시험할 수 있는 더할 나위 없는 기회가 있었다. 이 협약을 맺을 당시, 여기에 만주에 대한 특별한 언급이 있었다고 일반적으로 알려져 있다. 그러나 독일 총리는 지체 없이 이 협약은 만주와 아무 런 상관이 없다고 명백히 하였다. 영국 국민들에게는 놀랍고 혐오스 럽기까지 한 일이겠지만, 사실 독일은 만주에서 보호해야 할 어떠한 이익도 없었던 것이다.

이 사소한 에피소드를 되돌아보고 있자니 상당히 답답하다. 그리 고 요즘에도 권총에 총알이 장전되어 있다며 엄청나게 떠들어 대고 있는 랜스다운Lansdowne 경이 한마디 불평도 없이 '침대에서 쉬면서'

이 충격적인 일을 받아들인 모습을 떠올리는 일 또한 매우 자연스럽지 않다. 이보다 더 큰 외교적 무례함을 상상할 수는 없다. 그 당시에 영국과 독일의 협약이 동북 3성이 포함하지 않은 중국 본토만을 언급한 것임을 보여 주려는 시도가 있었다. 그러나 이러한 논쟁은 이치에 맞지 않았다. 왜냐하면 협정서의 범위는 중화제국의 모든 영토를 포함하였으며, 18개의 성省에 대해서는 아무런 언급을 하지 않았기 때문이다. 영독 협약의 잉크가 채 마르기도 전에, 독일 총리가 제국의회에서 일어나 만주를 예외로 만들면서 협약 전체를 한편의 희극으로 만들어 버린 일은 랜스다운 경이 외무부에서 세운 첫번째 업적이다. 이제 이것은 명백한 사실로 남아 있다. 이 협약과 관련하여 영국의 이익만 타격을 받은 것은 아니다. 폰 뷜로우von Bülow 백작은, 비록 만주에는 독일의 지분이 없지만, 산둥 지역에 대해서는 매우 중요한 지분이 있다는 것을 분명히 하기 시작하였다. 그 협약에 따르면, 산둥 지역에서 독일을 내쫓을 수 없었다. 이에 반해 독일은 불과 1년 전에 영국의 영향권 아래 귀속된 양쯔 강 전 유역에 대해 영국과 동등한 대우를 주장하였다. 실제로 영독 협약은 독일인들에게는 양쯔 협약으로 알려져 있다. 왜냐하면 그들의 논리에 맞는 매우 훌륭한 방책으로 러시아와 독일은 각자의 영향권을 지켜주기로 되어 있었기 때문이다. 반면에 중국 내 영국의 영역은 전 세계에 개방되어 있었다. 즉, 독일이 우리를 속이고자 그리스인들의 목마를 가져오자 랜스다운 경은 그들의 용감한 적수였던 트로이가 되었던 것이다. 이 문제에 대한 폰 뷜로우 백작의 비상한 행동을 랜스다운 경이 기꺼이 용인할 수 있다는 사실을 우리는 남아프리카 전쟁(보어 전쟁)과 같은 위기처럼 여겨야만 한다.

현재 이러한 관계 속에서 우리는 주로 1900년 영독 협약에 대해 만주의 러시아인들에게 영향을 주는 범위 안에서만 관심을 기울여 왔다. 단순하게 쓰인 문서의 내용에 대한 독일 총리의 탁월한 해석은 한두 가지 이유에서 주목할 만하다. 우선 그것은 러시아인들이 성징 협약을 '기상 관측용 기구'로 이용하려는 의도를 전적으로 정당화하고 있다. 이것을 보면, 극동 정책에 관한 한 독일이 러시아에게 영합하려는 것이 매우 분명하다. 러시아가 만주를 원하는 한, 독일의 항의 없이 러시아가 진출할 수 있음은 명백한 사실이다. 우리 또한 이 수치스러운 좌절을 통해 적어도 한 가지 교훈을 배웠다. 만일 우리가 중국의 문호 개방 정책을 지지할 의도를 가지고 있다면, 논의할 여지도 없이 우리는 독일을 완전히 배제해야 한다는 것이 그것이다. 우리는 잠시도 독일을 믿을 수 없기 때문에, 그들에게 우리를 쓰러뜨릴 수 있는 기회를 절대로 다시 주어서는 안 된다.

더욱이 폰 뷜로우 백작의 행위가 기존의 소문을 더욱 그럴 듯하게 만들었다고 주장하는 것은 일리가 있다. 이미 언급했듯이, 그 소문은 리훙장과 러시아 그리고 독일 사이에 일종의 삼자 협정이 있었고, 이를 통해 두 유럽 열강이 각자의 세력 범위를 굳혔다는 것이었다. 이러한 비공식적인 합의는 러시아와 독일이 모두 때때로 주장해오던 문호 개방 정책에 전면적으로 배치되는 것이다. 그러나 두 열강 모두 세계 어느 곳에서도 그 정책을 꾸준히 시행한 적이 없었으므로, 그들이 동아시아에서 그 정책을 중요하게 여길 거라고 기대할 필요는 없다. 반대로 두 열강 모두 이미 중국을 분할하기 시작했다.

'기상 관측용 기구'로서의 첫 번째 협약은 당시 매우 성공적이었다. 그 일에 관한 한 러시아는 독일을 같은 편으로 끌어들였다. 그리고 1901년에 또 다른 만주 협정의 형태로 두 번째 협약이 나타났다. 이 협약은 몽골을 러시아의 세력 범위 안에 넣을 정도로 그 범위가 확대되었다. 이번에 우리는 강력히 반발했으며, 러시아의 요구에 반대하기 위해 심지어 난징의 나이 든 총독 류쿤이劉坤一에게까지 찾아갔다. 왜냐하면, 당시 리훙장은 베이징에서 한 번 더 권력을 부여받았으며 자신의 러시아인 보호자를 만족시키려고 열심히 일했고, 따라서 우리는 리훙장에게 헛된 애원을 하는 것보다 양쯔 강 유역의 총독들을 부추김으로써 더 많은 것을 할 수 있을 것으로 확신했기 때문이다. 교양 있는 중국인들 사이에서는 러시아에 대한 반감이 강하게 자라나고 있었고, 그 결과 상하이에서는 군중 집회가 열렸다. 내 기억이 정확하다면, 집회 중에 한 젊은 중국인 숙녀가 군중에게 연설을 하기도 하였다. 이 사건은 중국의 사회적 진보에 새로운 발자국을 찍었다는 점에서는 흥미로울지 모른다. 하지만 러시아에는 아무런 영향도 주지 못하였다. 러시아는 개항장의 중국 대중이 지니는 정서와 그 정확한 가치를 판단하는 뛰어난 능력이 있었다. 만약 어느 한 가지가 다른 것들보다 어떤 제안을 수용하도록 중국의 조정朝廷을 설득하는 데 적합하다고 하자. 그러나 개항장의 중국인들에게는 조정을 설득하는 데 적합한 그 사항들이 반대로 적용되는 것이다. 이 시점에서 러시아에게 정말 중요한 것은 일본의 태도였다. 만주 철도는 아직 완공되지 않았으며, 러시아 군대는 매일 만주로 행진해 들어갔다. 그러나 러시아의 지위를 강화하기 위해서는 여전히 증원군이 필요했으며, 게다가 러시아 함대는 당연히 일본 함대보다 열세였다. 만약 일본이 만주의 점유를 놓고 러시아와 싸우고자 하였다면 1901년 초에 그럴 기회가 있었다.

사실 실제로 일본의 민중과 언론은 전쟁에 대해 상당히 많이 이야기하고 있었다. 그러나 일본 정부는 육군과 해군의 계획이 완성되지 않은 상태에서 재정 위기에 직면하였기 때문에, 여론에 휘둘리는 것을 확고하게 거부하였다. 일본의 객관적인 정치가들은 만약 일본이 혼자서 러시아와 싸워야 한다면, 만주를 되찾기 위한 전쟁은 성공적으로 끝날 수 없다는 것을 알고 있었다. 그리고 그들은 또한 영국이나 미국이 이러한 분쟁에서 중립을 지키리라는 것도 알고 있었다. 하지만 러시아가 조선에 관심을 가지고 1901년 여름에 마산포에 조계지를 얻으려고 시도하자, 일본의 태도는 매우 확고해졌다. 왜냐하면 이러한 분쟁에서는 자신에게 친숙한 자연 요소인 바다에서 전투를 하게 되리라는 것을 알고 있었기 때문이다. 게다가 프랑스 차관의 역사를 통해 입증되었듯이, 영국은 일본을 위해 조선에서

서울. 신축 궁전 앞의 광장.

진정어린 지원을 해 주겠다는 의지를 보여 주었다. 이에 대해서는 다른 장에서 다룬다. 그러나 만주가 관련되어 있는 한, 우리 정부는 통상적이고 효과 없는 외교적 압력을 가하는 것 외에는 아무것도 할 수 없음을 느꼈다.

우리는 사실 행동할 수 있는 당연한 이유가 있었다. 러시아는 중국에 대해 만주 협정을 강요하려 했을 뿐 아니라, 다른 열강들의 직접적이고 완강한 저항에도 불구하고 여전히 뉴좡의 개항장을 점령하고 있다. 물론 러시아는 뻔뻔스럽게도 톈진과 상하이의 외국 주둔군을 가리키면서 자신을 정당화하였다. 그러나 이 사례들 사이에는 어떠한 유사점도 없다. 톈진과 상하이의 외국 주둔군은 국제적이었다. 반면에 러시아인들은 뉴좡을 단독으로 점유한 데다, 지역의 세금을 자신의 목적을 위해 사용하고 있다. 심지어 군사적으로 유리한 입장에 대해 한마디 해명도 하지 않았다. 사실 뉴좡의 외국인들은 홍콩에 있는 것만큼이나 안전하였다. 그럼에도 만주 전체에서 유일하게도 ─ 순수한 러시아 도시인 하얼빈을 제외하고 ─ 뉴좡의 개항장만은, 지방 행정기관을 중국인의 손에서 빼앗거나 지방세를 징수해야 할 필요가 있다고 여겼던 것이다. 이것은 이상한 일이다.

러시아의 철병 약속은 지켜지지 않았다. 내가 1901년 뉴좡을 떠날 때 영국 영사는 내게 베이징에서 최고의 소식을 들었다고 했고,

러시아인들이 틀림없이 겨울이 와서 항구가 폐쇄되기 전에 돌아갈 것이라고 장담하였다. 그것이 2년 전의 일이며, 러시아인들은 여전히 뉴좡을 통치하고 있다. 그리고 여전히 그곳에서 떠날 것이라고 약속하고 있다.

이 사건들 때문에 1901년 영일 동맹이 맺어졌다. 동아시아를 여행한 영국인들은, 동아시아 정세의 균형을 확립하는 데에 가장 좋은 수단으로서 우리와 일본 사이에 확실한 합의가 있어야 한다는 것을 오랫동안 지지해 왔다. 본국의 정부는, 어찌됐든 일본은 우리의 보호를 받고 있으며 우리의 지도를 따를 의무가 있기 때문에 그러한 합의는 필요하지 않다는 입장을 일반적으로 취해 왔다. 일본은 영국 정부의 이러한 견해를 알고 분개하였다. 왜냐하면 성문화된 협정이 없는 한, 일본이 어떠한 희생을 치르더라도 대영제국이 자신들을 위험에서 구출하기 위해 손가락 하나도 결코 까딱하지 않으리라는 것을 너무나 잘 알고 있었기 때문이다. 실제로 우리가, 일본이 랴오둥 반도에서 쫓겨나는 것을 방관하고 또 일본이 정복을 통해 정당하게 획득한 것들을 러시아가 가로채는 동안에도 꼼짝도 하지 않았던 것은 부인할 수 없는 사실이었다.

우리가 만주에서의 이러한 침략 행위를 용인할 수 있다면, 러시아가 조선을 점령하는 것 역시 똑같이 묵인할 수 있다. 그렇게 되면 이것은 일본의 독립에 가장 치명적인 타격이 될 것이다. 우리는 동아시아에서 점차 태만해지고 있었으며 우리의 지원은 누구에게도 거의 가치가 없었다. 나는 1901년 여름에 일본의 가장 유능한 젊은 외교관 중 한 명과 이 문제에 대해 토론했던 것을 분명히 기억하고 있다. 그는 우리가 몇 달 안으로 결단을 내려야만 할 것이라고 매우 분명하게 말하였다. 우리는 일본과 확실한 협조 관계를 구축해야 한다. 그것이 아니라면, 러시아 군대에 일본이 굴복하는 것을 보며 불만을 가지지 말아야 한다. 재정적으로나 정치적으로나 일본의 지위는 이제 더 유지될 수 없게 되었다. 일본은 갈수록 러시아와 전쟁의 위험 속으로 빠져들고 있었으며, 일본 국민은 대영제국의 도덕적인 지원을 기대하고 있었다. 그러나 이는 아마도 헛된 기대였다. 사소한 약속이라고 해도 전쟁의 위험을 크게 줄일 수 있는 지원에 대해 성문화된 보증을 받지 못한다면, 일본은 러시아와 자신이 할 수 있는 최선의 합의를 해야만 한다. 그리고 자신의 고려 사항에서 영국을 제외해야만 할 것이다. 이것은 러시아와 일본의 경우에 대한 매우 공정한 주장이었다. 같은 해 가을에 랜스다운 경이 이 주장을 강경하게 제안하였고, 그 결과 영일 동맹이 기정사실이 되었다고 나는 확신한다.

이 동맹의 결성은 동아시아에서 힘의 균형을 회복하는 데 많은 도움이 되었다. 이 동맹이 우리에게 많은 것을 약속하지는 않을지라도, 적어도 우리의 의무를 명시하고 그 수행을 위한 우리의 행동을 분명히 하고 있다. 그리고 우리의 입장에서 보면 하나의 동맹국을 얻은 것이다. 일본의 정치적 정직성은 분명히 세계 어떤 다른 열강들에 견줄 만하며, 그의 협력은 1,000개의 영독 협정이나 영러 간 협조보다도 가치가 있다. 우리는 독일이나 러시아보다도 일본을 더 믿을 수 있다. 그리고 문서화된 우리의 약속을 가지고 있는 한, 일본 역시 우리를 믿을 수 있다.

그러나 우리는 만주 문제에 주로 관심이 있기 때문에, 영일 동맹이 러시아의 실질적인 만주 합병 이후에 체결되었고, 소급 적용될 수 없다는 점을 분명하게 이해하고 넘어가야 한다. 만약 영일 동맹이 3년만 일찍 결성되었다면 러시아는 결코 뤼순을 점령하지 못했을 것이다. 그러나 불행히도 우리는 지난 3년 동안 일어난 사건들을 지울 수 없다. 랜스다운 경이 중화제국의 정직성에 대해 일반적으로 뭐라고 말해 왔든, 그는 우리가 어떠한 경우에도 러시아를 만주에서 축출하기 위한 전쟁을 하지는 않을 것이며 전쟁을 할 의무도 없다는 점을 일본 대사에게 명확히 이해시켜야만 하였다. 왜냐하면 우리는 오직 일본이 두 열강에게 공격받을 경우에만 싸울 의무가 있기 때문이다. 그리고 러시아는 단독으로 민주를 유지할 수 있는 한, 자신의 동맹국인 프랑스의 도움을 요청하지는 않을 것이다. 더욱이 대영제국을 분쟁에 끌어들여 일본 편에 서게 하는 위험을 무릅쓸 리는 만무하다. 영일 동맹은 현재와 미래에 한정된 것이며 동맹은 조선의 운명에 확실하게 영향을 끼칠 것이다. 그러나 이미 만주의 정치적 미래에는 영향을 줄 수 없게 되었다.

한편, 러시아는 비록 그 동맹에서 자신의 입맛에 맞는 부분을 찾을 수 없었지만, 만주에서 꾸준히 자신의 독자적인 길을 걸어 왔다. 의화단의 난이 있은 지 3년이 지났지만, 여전히 러시아는 만주를 점령하고 있으며, 그곳에 머무를 것임을 명백하게 드러내고 있다. 그러나 지금 러시아의 지위는 아주 확고한 것이 아니다. 지난 여름에 미국이 러시아에 강하게 반대하면서 만주 문제가 첨예하게 재연되기도 하였다.

약간 뒤늦은 감은 있지만, 1901년 3월부터 헤이 씨는 지칠 줄 모르는 열정으로 러시아의 지위에 대한 외교적 공격을 맹렬하게 퍼부어 왔다. 내가 다른 곳에서 지적했듯이 미국은 1901년까지 극동, 특히 만주에 대한 자신들의 책임을 깨닫지 못하고 있었다. 예를 들자면, 그들이 뉴좡에 영사 대표를 파견하고 만주의 무역에 진심으로 흥미를 가지게 된 것은 겨우 1901년부터였는데, 그때부터 그들의 목적은 적어도 중화제국의 상업적 정직성commercial integrity을 보증하는 것에 있었다. 그리고 미국은 이를 위한 수단으로서 만주의 새로운 개항장들을 세계 무역에 개방하라고 중국을 압박해 왔다. 반면에 러시아 정부는 ― 쉽사리 이해할 수 있듯이 ― 아주 필요한 경우가 아니고서는 만주를 세계 무역에 개방하려고 하지 않았다. 따라서 러시아는 새로운 방식으로 중국 정부를 압박하여 북중국에서 러시아의 지위를 합법화하는 협정을 맺었다. 그리고 이 협정에는 지난 3년간 실패로 돌아갔던 다른 모든 제안들이 확충되어 포함되었다. 때문에 나는「타임」1903년 5월 5일자 칼럼에 실렸던 그 원문 전체를 게재한다.

서문은 제국 정부의 명령에 따라 다음과 같은 서신이 보내졌음을 진술하면서 시작한다.

러시아와 중국은 2세기 이상 우호적인 이웃으로 지내 왔다. 이 둘은 4,828킬로미터에 걸쳐 국경선이 맞닿아 있다. 그러나 이 상호적인 관계 속에 끼어든 낯선 이들의 간섭이 문제의 우호적인 해결을 방해하면서 양국의 관계를 손상시켜 왔다. 따라서 러시아는 외국의 간섭, 특히 만주에 영향을 끼치는 간섭에 대해 이를 지키는 것을 자신의 의무라 생각한다. 만주에서 러시아는 이 지역을 안정시키고 중국의 합법적인 권위authority을 회복하기 위해 수천의 생명과 수백만의 자금을 희생해 왔다. 전령지에 대한 권리에 의거해 러시아는 이 지역을 합병할 수도 있었다. 그러나 러시아는 이를 통해 이익을 추구하려 하지 않는다. 그래서 1881년 러시아가 이리_{III. 伊犁}를 중국에 돌려주었고 지난해에는 장성_{長城}과 뉴좡 사이의 지역을 돌려주었다. 이와 같이 이번에는 다음과 같은 중국의 약속을 받고 성징과 지린 성 그리고 뉴좡 통상항을 돌려줄 것이다.

1. 돌려받은 영토의 어떠한 부분도 다른 열강에게 어떠한 형태로든지 양도되지 않을 것이다. 만약 이것이 허사가 된다면 러시아는 가장 단호한 방법으로 대처할 것이다.

2. 몽골의 현 행정부는 곤경에 처하지 않을 것이다. 왜냐하면 만약 현 행정부가 대체된다면 인민은 동요할 것이며 러시아 국경을 따라 혼란이 지속될 것이기 때문이다.

3. 중국은 러시아 정부의 사전 동의 없이 만주에 새로운 통상항을 개방하거나 새로운 영사의 주재를 허가하지 않을 것을 약속한다.

4. 만약 중국이 자신의 행정부의 어떠한 지부에든 외국인을 고용하고자 한다면 그들의 권한은 북중국의 사무에까지 미쳐서는 안 된다. 북중국에서는 러시아의 이익이 우선하며 그곳에서의 사무는 러시아인에게만 위탁되어야 한다. 예를 들어, 외국인 광업 고문이 고용된다면 그들의 권한은 만주 또는 몽골의 광업 사무에까지 미치지 못할 것이며, 만주와 몽골의 광업 사무를 위해서는 반드시 러시아인 고문

이 고용되어야 한다.

    5. 러시아는 베이징 – 뉴좡 선의 필수적인 연장 구간이라고 할 수 있는, 뤼순과 뉴좡과 성징 사이에 현존하는 전신선電信線을 베이징 – 뉴좡 전신선이 존속하는 모든 기간 동안 자신의 관할 아래 계속 유지시킬 것이다.

    6. 뉴좡의 중국인 행정부를 회복한 뒤에도 러청 은행은 현재의 관세 은행Customs bank으로서 기능들을 유지한다.

    7. 러시아 국민이 점령 기간 동안 만주에서 획득한 모든 권리는 철병 후에도 그 효력이 유지된다.

마지막은 맺음말인데, 철도의 위생을 책임지는 러시아가 현존하는 효과적인 공중위생위원회의 존속을 요구한다는 내용을 공식적으로 표명한 긴 조항이 있다. 그리고 이 조항에 따라 반드시 러시아인이 세관 판무관Customs Commissioner과 세관 의사를 담당하게 된다. 공중위생위원회는 반드시 이 두 관리와 세관 도대 1명, 영사들, 세균학자 1명, 러시아 철도의 대표 1명, 필요한 재원을 구하기 위한 도대 1명으로 구성되어야 한다.

    앞서 조건들에 동의하는 공식적 답변을 받으면 러시아는 언제든지 성징, 지린, 뉴좡에서 철수할 것이다.

그 문서는 플라송M. de Plançon의 조인을 받았으며, 그 날짜는 4월 5(18)일로 기록되어 있다.

이 조항들은 러시아가 만주에서 철병하기로 약속한 것에 대한 최종 조건들이다. 이 문서는 내용 자체의 가치뿐 아니라 그것이 공개된 배경 역시 흥미롭다. 중국에서 종종 일어나는 것처럼, 제안의 골자는 정확한 조건들이 공개되기 전에 누설되었으며, 4월에 「타임」에 타전되었다.

러시아 대사들과 러시아의 관보 성격의 언론은 즉시 분개했고 첫 번째 기사를 '새빨간 거짓말'이라고 비난하였다. 심지어 러시아 외무부는 헤이 씨에게 보도된 조항들은 '완전히 잘못되었으며' 그러한 문서는 결코 존재한 적이 없다고 단언하였다. 이보다 더 뻔뻔스러운 외교적 거짓말은 상상도 할 수 없다는 것이 이 일에 딱 들어맞는 표현이다. 워싱턴과 런던의 러시아 대사들이 그 제안의 존재를 부정하고 있던 바로 그때, 그리고 람스도르프Lamsdorff 백작이 상트페테르부르크의 새 미국 대사에게 중국이 만주에 새로운 항구를 개항하는 것에 대해 러시아는 조금도 방해할 뜻이 없다고 단언하고 있을, 바로 그때였다. 사실, 경친왕慶親王은 러시아의 대리공사 플라송이 베이징에 있는 자신의 아문에서 실제로 조인한 문서를 가지고 있었다. 그리고 이 문서가 최종적으로 공개되자 러시아인들이 할 수 있었던 일은 플라숑이 그 문제에서 행동할 권한이 없다고 주장하는 것뿐이었다. 이들 협상을 처리하는 방식은 전반적으로 지극히 어리석었다. 결국 러시아는 자신들의 의도와 방법에 대해 미국이 완전히 분개하게 만들고 말았다. 당시까지 미국 언론은 러시아의 약속을 크게 신뢰하였고, 때때로 우리의 선입견을 나무라는 경향이 있었다. 이제 러시아를 신뢰하는 것은 실제로 불가능한 일이라는 것이 분명해졌다. 러시아는 참으로 엄청난 기만 행위를 하는 도중에 현행범으로 붙잡혔다. 그뿐만이 아니라, 러시아의 정책을 묵인하게 만들고자 만주에서의 특별한 혜택을 약속하면서 미국을 매수하려고 했다는 것이 입증되었다. 헤이 씨와 미국 언론의 명예를 생각할 때, 그 제안은 분개해야 할 일이었으며 즉시 거부되었다고 알려져야 한다. 「뉴욕 트리뷴」은 다음과 같이 미국의 의견을 매우 분명히 대변하였다.

이러한 협정은 미국을 거슬리게 할 것이다. 이 나라는 독점적인 특권을 원하지 않는다. 다시 말해서 공정한 무대를 원하며 호의를 바라지 않는다. 미국은 특별히 준비된 쪽문을 통해 만주에 남몰래 들어가기를 원하지 않는다. 미국은 전 세계에 동등한 조건으로 열려 있는 앞문으로 들어가기를 원한다. 영국의 통치에서 벗어났을 때부터 미국은 동등한 조건의 문호 개방 정책을 모든 국가가 보편적으로 수용해야 한다고 주장해 왔다. 미국은 모든 국가에 대해 그 정책을 유지할 것을 스스로 맹세하였다. 미국은 지금 어떠한 열강과도 그 정책을 부정하는 거래를 하는 것을 희망하지 않는다. 또한 그 정책을 부정하는 행위에 연합하거나 편승하지 않을 것이다. 미국이 만주와 중국 전체에 대해 원하는 것은 새로운 약속이 아니라 기존 약속에 대한 성실한 이행이며, 특별한 혜택이 아니라 모든 합법적인 무역에 대한 문호 개방이다.

플라송의 제안들이 공표되자, 외교적 항의가 뒤따랐다. 그리고 즉각 이것은 만주에서 최소한 두 개 이상의 새로운 항구를 개방하고 외국 영사들의 주재를 허용하겠다는 워싱턴 주재 중국 대사의 약속을 받아내는 결과로 이어졌다. 이 결과로 미국은 외교의 위대한 승리자로 갈채를 받았다. 그러나 불행히도 축하하기에는 너무 일렀다. 왜냐하면 베이징에 있는 러시아 하수인이었던 경친왕이 콩거Conger 씨에게 중국은 새로운 항구의 개항에 동의할 수 없다고 말했기 때문이다. 다시 말하자면, 중국이 이에 동의하는 것을 러시아가 반대한 것이었다. 따라서 이 문제는 아직도 무슨 일이 일어날지 두고 봐야 하는 상태로 남아 있다. 한편, 러시아인들은 9월, 즉 이 책이 출판되기 전에 만주에서 철병하기로 맹세한 바 있다. 러시아인들이 형식적

으로 이 약속을 이행하는지 않는지는 사실 중요하지 않다. 그들이
철병을 이야기하던 바로 그때 그들은 1만 명의 새로운 군대를 뤼순
에 추가적으로 배치하는 중이었다. 기껏해야 철병은 철도 수비대를
증원하고 정규 부대를 뤼순이나 하얼빈 같은 장소로 철수시키는 정
도로 끝날 것이다. 위에 인용된 조항들은 만주에서의 철병이 무엇을
의미하는지 정확히 보여 준다. 즉, 러시아는 만주에서 엄청난 재정
적 희생을 치렀으며 그에 대한 정당한 대가를 거두어들이려는 강한
의지를 가지고 있는 것이다.

제 12 장
서울 방문

1901년 여름은 만주에 대한 러시아의 속박이 굳어져 가던 시기였다. 또한 유럽의 시선을 잠시 동안 조그마한 나라인 조선으로 돌리게 한 일련의 음모로 인해 특별했던 시기이기도 하였다. 오늘날 조선의 수도 서울은 몇 년 전 지금의 인도 총독이 그곳을 방문하고 묘사했던 때보다 훨씬 더 접근하기 쉬워졌다. 나가사키와 다구Taku 사이를 오가는 일본의 증기선은 훌륭한 운송편이다. 부산과 제물포를 경유하며 — 태풍만 없다면 — 그림 같은 조선의 다도해를 관통하는 즐거운 여행을 할 수 있다. 또한 이제 서울은 한강과 육지에 놓인 철도로 제물포와 연결되어 있어서, 여행자들은 해안을 떠난 지 대략

2시간 쯤 지난 후에는 수도의 성벽 바깥에 내릴 수 있다. 그럼에도 누군가가 상하이에서 나가사키를 경유하여 서울까지 가는 여행을 일주일 안에 마친다면 그는 운이 좋다고 할 수 있다. 또한 조선의 전신電信은 비싸고 불안정해서 서울의 소식은 매우 느리고 어렵게 바깥세상으로 퍼져 나간다.

그런 이유 때문에 상하이에 있을 당시 우리는, 조선 정부와 관련된 누군가가 브라운M'Leavy Brown 씨를 그가 살던 집에서 내쫓으려고 끈질기게 시도한 사건과 그 이유를 전혀 이해하지 못하고 있었다. 우리는 브라운 씨가 조선 세관의 감독관이며, 더 작은 범주에서 보자면 로버트 하트 경에 견줄 만한, 탁월한 능력을 소유한 사람이라는 것을 알고 있었다. 그는 중화제국 세관의 간부였는데 이후에는 조선의 해외 세입을 통제하는 일을 하기 위해 조선으로 갔다. 조선의 황제는 5년의 기간으로 브라운 씨를 임명하였다. 그는 맡은 부문의 사무들을 매우 성공적으로 수행했을 뿐만 아니라 일반적으로 공익을 위한 일도 많이 다루었다. 내가 가진 자료를 보고 단순히 판단했을 때, 왜 대한제국 황제가 브라운 씨를 그가 살던 집에서 내쫓을 수밖에 없었는지 그 이유를 떠올리는 것은 불가능하였다. 이것은 만약 황제가 축출을 결심하였다면 왜 세관 감독관은 떠나지 않고 다른 집에 있었는지 그 이유를 생각하는 일만큼이나 어려운 것이었다. 막연하게나마 우리는 그 분쟁의 배후로 러시아의 존재를 의심하였다. 왜냐하면 한두 해 전에 러시아가 영국인 세관 감독관을 내쫓고 자신들의 사람을 그 자리에 앉히려고 시도한 적이 있었기 때문이다. 하지만 지금의 경우, 우리가 입수한 소식들 가운데는 러시아가 연루되었다는 명확한 어떤 것도 없었다. 다만, 영국인 관리가 음모의 희생양이 되는 곳이니 거의 틀림없이 러시아인들이 관여했을 것이라는 일반적인 관점들을 바탕으로 이를 당연한 것으로 여길 뿐이었다.

브라운 씨의 사건과 동시에, 윈난雲南 신디케이트 측에서 해외 관세를 담보로 조선 정부에게 억지로 500만 엔(50만 파운드)의 차관을 빌려주려고 시도했던, 꽤 불가사의한 일이 있었다. 이 미래의 차관은 일본인들의 엄청난 불만을 사고 있었다. 왜냐하면 일본은 조선에서 유럽인의 영향력을 증대하는 것이라면 무엇이든 매우 의심스러운 것으로 간주했기 때문이다. 그러나 일본 언론은 이 일의 진상에 대해 다소 확신이 서지 않는 것 같았다. 왜냐하면 그 차관은 한 프랑스의 기업이 시도한 것으로 항상 이야기되었기 때문이었다. 게다가 비록 상하이의 러청 은행 관리들은 그 일에 대해 아무것도 모른다고 부인했지만 러청 은행이 재정적인 투자를 할 것이라고 알려져 있던 데다가, 더욱이 윈난 신디케이트는 의심할 여지 없이 런던에 등록된 영국 회사였기 때문이었다.

　이러한 문제들에 관한 정확한 정보를 얻는 데는 단 한 가지 방법이 있었는데, 그것은 서울로 가서 그 문제를 조사하는 것이었다. 당시는 중국 북부의 자연이 한창 아름다운 5월이었다. 그래서 수많은 섬과 뚜렷한 해안선을 가진 조선의 해안을 여행하기에도 유리하다는 이야기가 많이 들렸다. 상하이에서 나가사키로 가는 데에는 전혀 어려움이 없었다. 독일과 프랑스의 우편선 그리고 아름다운 캐나다의 태평양 정기선까지 포함하면 일주일 동안 거의 매일 증기선이 운항하고 있었다. 더도 말고 하루만이라도 비가 오지 않는다면 아름다운 항만을 가진 나가사키에서는 매우 유쾌할 것이다. 물론 그런 일은 매우 드물었다. 나는 내가 그렇게 즐거운 해안 여행을 할 수 있을 것이라고 조금도 믿지 않았다. 왜냐하면 사실상 내 운에 달린 것이었기 때문이다. 나는 영국 국기를 달고 다구로 가는 어떤 연안 운행선보다도 일본 우편선이 더욱 청결하고 안락하다는 것을 알게 되었다. 다만 배 안이 사람들로 가득 찼기 때문에, 나는 한 동양인과 객실을 같이 사용해야 하였다. 나는 처음에 그가 일본인인 줄 알았으나 곧 조선인이라는 것을 알게 되었다. 그는 평범한 짙은 유럽식 의복을 입고 있었고 서구화한 일본인들이 즐겨 쓰는 검은 중산모를 쓰고 있었다. 나는 조선인과 일본인이 비슷한 복장을 하면 서로 구별하기가 매우 어렵다고 생각했다. 그리고 후에 조선 군대를 보았을 때 이를 확인할 수 있었다. 게다가 중국의 연안에서는 외국인과 중국인이 상호간의 이익을 위해 가능한 한 서로 떨어져 지냈던 반면, 이 같은 일본의 증기선들에서는 당연한 일처럼 유럽인이 일본인 그리고 조선인과 같은 테이블에서 함께 식사하였다. 나는 내 조선인 친구가 영어는 못 하지만 러시아 문학에 깊이 빠져 있다는 매우 의미 있는 사실을 알아차렸다.

우리는 먼저 한반도의 남쪽 끝인 부산에 도착하였다. 그리고 하나

부산.

의 함대를 수용할 정도로 크고 이제 경부선 철도의 종착역이 된 아름다운 항구에 왔다는 것을 알게 되었다. 부산에 정착한 외국인은 한두 명의 선교사를 제외하고는 모두 일본인이었다. 그리고 당시에는 200여 명의 일본군이 매우 안락한 막사에 주둔하고 있었다. 실제로 부산의 상업 지역은 모든 의도와 목적을 보았을 때 일본인들의 것이었다. 사정이 이러했기 때문에, 심지어 우리는 드럼과 심벌즈 그리고 트럼펫 등으로 완벽하게 꾸려진 일본의 구세군 분견대가 중심가를 따라 내려오는 것도 만날 수 있었다. 조선인 마을은 근대화된 부산에서 서쪽으로 1.6~3.2킬로미터 정도 떨어져 있었는데 버섯처럼 생긴 오두막이 초라하게 모여 있는 곳이었다.

뱃짐을 내리는데 반나절이나 소모하고 난 뒤, 우리는 제물포 해안이 열악한 항구여서 정말 화가 났다. 이곳은 조수간만의 차이가 매우 심하고 물 밑으로는 길게 개펄이 펼쳐져 있어서, 흘수가 깊은 배는 바닷가에서 4.8킬로미터 이내는 접근할 수조차 없었다. 한두 명의 영국인 거주자가 있고 영국 영사관이 이곳에서 가장 인상적인 건물이기는 하지만, 이곳도 조선의 다른 곳과 마찬가지로 외국인은 대부분 일본인이다. 일본 호텔이 한 곳 있었지만 그다지 깔끔하지 않았다. 그래서 나는 항구 밖에 정박하고 있는 영국 순양함의 객실을 마음대로 쓸 수 있게 되었을 때 무척이나 기뻤다. 전체적으로 보았을 때 제물포는, 비록 여행자에게까지 동양의 통상적인 환대를 베푸는 외국인 클럽을 자랑하고 있을지라도, 그리 매력적인 곳이 못 된다. 게다가 부산이 일본의 철도로 서울과 연결되면 곧바로 조선의 가장 중요한 항구가 될 것이기 때문에, 제물포가 미래의 상업 중심지로서 크게 번성할 것 같지도 않다.

내가 도착했을 당시, 영국 함대의 상당수가 제물포에 집결하고 있었다. 아스트로이Astrœa 호와 아이시스Isis 호 그리고 피케Pique 호는 이미 그곳에 도착했다. 해군 소장의 기함인 바플러르Barfleur호는 오고 있었고 심지어 테러블Terrible 호가 명령에 따라 인도군의 분견대를 태우고 항해해 오고 있다는 소식도 들렸다. 분명히, 분쟁의 기운이 감돌고 있었다. 그래서 내 첫 목표는 가능한 한 빨리 서울에 도착하는 것이었다.

요즈음 서울에 도착하는 것에는 아무런 어려움이 없지만 정작 문제는 그곳에 도착한 다음의 거주지이다. 사실 서울에는 정식 일본인 주거 지역이 있었다. 일본인들이 편히 지내 왔던 곳이라면 어디든 간에 반드시 청결한 숙소를 구할 수 있을 것이다. 다만, 지나치게 사치스러운 것들을 요구하지 않는 한 말이다. 그리고 일본을 여행해 본 사람이라면, 아마도 동양에서 흔히 볼 수 있으며 동서양 두 문명의 나쁜 점을 모두 갖추고 있는 명색뿐인 유럽식 호텔보다는 일반 일본식 여관을 선호할 것이다. 서울을 잘 알지 못했고 일본인 주거 지역의 존재를 잊고 있었기 때문에 나는 일본 우편선에 탑승한 승객이었던 프랑스인이 막 설립한 프랑스 호텔로 갔다. 그는 새로운 궁궐의 벽 바로 맞은편, 그 도시의 가장 낮은 지역에 부지를 확보하여 조그마한 2층짜리 건물을 지었다. 그곳은 그나마 괜찮았다. 왜냐하면 새 건물이었던 데다가 방은 깨끗하였으며, 게다가 도시의 중앙에 위치하여 모든 공사관과 가깝다는 장점이 있었기 때문이다. 또한 이 호텔은 시끄러운 소동을 일으켜 유명해진, 바로 그 차관을 계획했던 원난 신디케이트의 프랑스 대리인을 숨겨 주었던 곳이기도 하였다. 그래서 나는 그 문제의 연원부터 상세한 내용을 모두 알 수 있었다. 그러나 이틀 동안 분지 모양의 지형에 세워진 도시, 그곳에서도 가장 낮은 곳에서 지내다 보니 말라리아의 공격을 받게 되었다. 다행히도 영국 공사가 호텔에서 나를 구해 주었고, 인접한 언덕 위에 있는 영국 공사관에 머물게 해 주었다. 그래서 나는 남은 방문 기간에 그의 환대를 즐길 수 있었다.

  도시의 서반부에 솟아 있으며, 새로 지을 궁전의 부지로서 황제가 현재 무척 탐을 내고 있는 매력적인 산등성이에 영국 공사관은 위치하고 있다. 서울은 오래된 궁전으로 가득 차 있지만 그것들은 한 가지 혹은 다른 이유 때문에 더는 사용할 수 없었다. 한 가지 경우를 살펴보자면, 북동쪽 구석에 있는 궁전은 지붕에서 뱀이 떨어진 일로 거주할 수 없는 곳이 되었다. 그리고 선대에 사용했던 중앙에 있는 궁전은 1895년 황후가 시해된 곳이었는데, 그 궁전에서 연상되는 것들은 너무 슬픈 일이어서 황제는 이제 그곳에서 살 수가 없었다. 그 무도한 사건 때문에 결국 황제는 앞서 말한 산등성이에 있는 러시아 공사관으로 도망쳤다. 그는 그 장소를 마음에 들어했고, 그래서 같은 언덕에 새로운 궁전을 짓기로 결심하였다. 그러나 불행히도 그는 모두 같은 언덕에 위치한 공사관들과 세관 건물들을 철거하지 않고서는 그렇게 할 수 없었다. 그것이 아니라면, 영국 공사관이 올려다보이는 언덕 낮은 곳에 궁전을 짓고 황제로서 참기 힘든 위치에서 만족해야만 하였다. 사실, 1901년 내가 서울을 방문했을 때 그는 매우 어렵게 건물을 짓고 있었다. 그리고 건물을 계속해서 짓기 위해서는 많은 돈이 필요했고, 그래서 이른바 프랑스 차관이 필요하였던 것이다. 또한 그는 외국 공사관들과 세관 사무실들이 모여 있는 그 언덕 전체를 원하였다. 때문에 브라운 씨를 내쫓으려 했던 것이다. 이 두 사건은 세상에 알려져 있지 않았던 조선을 국제 사회의 주목을 받게 만들었다. 이 둘은 완전히 따로 떨어져 있는 것처럼 보이지만, 사실은 새로운 궁전을 완성하려는 조선 황제의 욕망이라는 공통적인 원인이 있었던 것이었다.

두 가지 에피소드는 당시 조선 정치 연구에 상당한 흥미를 불러일으켰다. 나 역시 영국 공사관에 거주하고 있었기 때문에, 영국과 일본의 장관들이 있는 한편과 그 다른 편에 있던 프랑스와 러시아의 음모, 이 양쪽 사이에서 벌어지는 투쟁이 가져올 결과에 관심을 가지지 않을 수 없었다. 비록 러시아 장관은, 자신의 프랑스인 동료를 동맹의 일을 수행하도록 남겨 놓고는 광견병 치료를 받고 있는 코사크 기병 중 한 명을 보기 위해 과시하듯이 일본으로 떠나 버렸지만, 모든 일의 기저에 프랑스와 러시아 간의 양국 동맹이 있었음은 의심할 여지가 없었다. 조선인들은 돈이 관련되어 있지 않은 한 이 투쟁에 대해 대부분 관심이 없었다. 그들은 황제와 황제 주변의 관료들이 당장 쓸 돈만 얻을 수 있다면, 자신들이 팔거나 주어 버린 이권이 무엇인지, 자신들 국가의 신용이 얼마나 저당 잡혀 있는지에 대해 최소한의 관심도 가지지 않았다. 재무장관(탁지부 대신) 이용익은 벼락출세한 사람으로 어떠한 교육도 받지 못했으며 자신의 가장 기본적인 직무에 대해서도 완전히 무지한 인물이었다. 내가 길게 인터뷰를 한 적이 있는 외무대신 박제순은 호감이 가는, 그리고 악의 없는 사람이었지만 한 국가의 사무를 이끌 만한 인물은 아니었다. 그는 본래 외국 열강에게 조선에 대한 새로운 정치적 영향력을 부여할 수 있는 이권의 양도에 반대하였다. 그리고 나와 달콤한 샴페인을 마시며, 영국을 자신의 나라의 가장 진실하고 이타적인 친구로 믿는다고 솔직하게 말하였다. 하지만 조선 관료들이 그러한 말을 한다고 해도 사실 도움이 되는 것은 없다. 그들은 자신이 받아 온 교육 때문에 정력적인 활동을 할 수 없기 때문이다. 사람들은 지금 벌어지고 있는 논쟁의 진정한 결론은 영국 공사관의 담장 안에서 이루어진다고 느꼈다. 그곳의 임차인(영국 공사)은 적지 않은 함대를 조선의 근해로 즉시 불러들일 수 있었고, 충분한 군대를 서울로 행군시켜 조선군이 시도하는 어떠한 저항도 돌파할 능력이 있었다. 이 나라의 장래는 충돌하고 있는 열강들의 야욕에 전적으로 달려 있었다.

조선은 사실 동양이라는 커다란 세계의 축소판이다. 수년 내에 진보적인 한 강대국이 조선을 차지하고 통치하여 자신의 국가로 만들 수도 있다. 그러나 동양에는 다른 세력들에게 질투나 미움을 불러일으키지 않으면서 독립적으로 행동할 수 있는 강대국이 없다. 그래서 4~5개 국가가 얼마 되지 않는 조선의 이익을 승강이를 벌여 가며 탐욕스럽게 쪼아 먹고 있으며, 조선의 독립을 승인해 주면서도 결과적으로는 파멸시키고 있다. 조선인들은 매우 유쾌하고 친절한 사람들이다. 오랜 고통에도 인내심이 강하고, 공격성이나 외국인에 대한 혐오가 없으며 중국인들의 특징인 하늘을 찌르는 오만함 역시 없다. 그래서 우리는 그들에게 슬며시 매혹될 수밖에 없으며,

그들의 거친 운명을 유감스러워하지 않을 수 없다. 조선인은 힐렁한 흰옷을 입고, 넓고 평평한 챙과 턱 밑으로 묶는 리본이 달린 우스꽝스러운 말총 모자를 쓴다. 그리고 소처럼 빤히 사람을 응시하며, 튀어나온 턱에는 숱이 적은 수염이 나 있다. 이는 마치 퀘이커 교도와 사랑스러운 염소를 섞어 놓은 것 같다고 묘사하면 딱 맞을 것 같은 모습이다. 다른 관점에서 본다면, 조선인은 1,000년 전 중국인의 창백한 유령을 닮았다. 그들은 중국인보다 더 자신들의 조상을 숭배하고, 공자보다 더욱 철저한 유학자이다. 그리고 푸른 치마를 입는 천조天朝보다도 더 틀에 박힌 옷을 입고 있으며, 매우 완고한 제한을 두는 사회 구조에 속해 있다. 중국인을 틀에 박힌 생활에서 벗어나게 하는 것이 가망 없는 일이라고 본다면, 조선인의 관습을 변화시키는 것은 이보다 100배는 더 어렵다.

중국인은 장점이 많아서 그들이 우리에게 대항하여 자신들의 문명을 지키는 일은 변증적으로 가능할 수 있다. 그러나 조선인은 결코 중국인에게 그들의 선한 본성을 보호하라고 추천할 수 없다. 그들은 진보를 반대하는 이들에게 변치 않을 본보기이다. 어떤 이들은 유교에 부합하는 곳이 중국이라고 하지만, 오히려 완전히 꼼짝달싹 못할 정도로 유교에 가장 부합하는 곳은 조선이다. 그러나 조선의 관습이 아무리 무쇠처럼 단단하다고 해도, 조선은 중국보다 더 빨리 외부 세계의 문명에 굴복할 것이다. 왜냐하면 그들은 중국과 같은 생명력이 부족한 데다, 외세를 몰아내야 한다는 의식마저 점차 식어 가고 있기 때문이다. 황제는 백성들에게 존경을 받지 못하며 황제에 대한 충성심도 거의 없다. 궁 밖에서 황제의 몰락을 유감스럽게 생각할 사람은 아마도 거의 없을 것이다. 관료 계층은 탐욕스러워서 당연히 대중들에게 미움을 받고 있으며, 양반 또는 사대부라고 불리는 계층 역시 그러하다. 중국에서와 마찬가지로 건장한 쿨리만이 실제 이 민족 최고의 생산물이었는데, 이 또한 유럽인 노동자의 수준으로 그들을 양육해야만, 전체적으로 어떤 일을 시킬 수 있을 것이다. 자기 방어의 지식도 없고 타고난 충성심도 없는 조선과 같은 나라가 오랫동안 자신의 독립을 유지할 수 있을 것이라고 상상하는 것은, 현실적인 감각으로 말하자면, 이 투쟁의 세계에서 지금까지 결코 존재하지 않았던 상태를 상상하는 것과 같다. 사실 지금 조선의 독립은 라이벌 열강들에 의해 유지되는 허상에 지나지 않는다. 열강들은 한 나라를 독점함으로써 언제든 큰 전쟁에 휘말릴 수 있는 위기로 자신들을 내몰고 싶어하지 않기 때문이다.

이러한 상황에서 상상할 수 있는 것처럼, 조선은 이권 사냥꾼들에게 행복한 사냥터가 되어 왔다. 영국, 미국 그리고 독일의 신디케이트들은 이미 최소한 중국에 있는 광산들만큼이나 장래성 있는 조선의 광산 채굴권을 확보하였다. 중국의 관료들만큼 부패한 데다 그들보다 더욱 어리석은 조선 관료들은 죽 한 그릇만도 못한 가격에 광산의 권리를 팔아 왔다. 중국인들은 광산의 이권을 팔 때는 자신들을 위해 세계의 다른 나라들에서 지불된 적이 없는 엄청난 사용료를 유지하는 것에 주의한다. 그러나 항상 돈이 부족하였던 조선인들은 그 사용료를 현금으로 받아 왔고, 광산에서 임대료 이상의 이익을 유지하지도 않았다. 물론 광산 회사들은 자신들의 사업에 대하여 많은 이야기를 하지 않으며, 특히 미국과 독일 회사들은 더욱 입을 다물고 있다. 그러나 조선인들이 그 원초적인 사금 채취 방식으로 1900년에 30만 파운드어치의 사금을 수출한 것 — 이는 단지 세관 관리들에게 보고된 양일 뿐이다 — 을 생각해 보면, 금광업이 얼마나 많은 이익이 남는 사업이 될지는 너무나 쉽게 예측할 수 있을 것이다.

미국의 회사는 오리엔탈 연합 광업 회사Oriental Consolidated Mining Company라는 이름 아래 합병되었고, 현재 다섯 곳의 독립 광산이 채굴 중이다. 1901년에는 총 120개의 쇄광기碎鑛機를 가진 네 곳의 공장이 가동 중이었는데, 그 수가 꾸준히 증가하고 있다. 1901년에는 이 회사의 광산에서 15만 파운드가 수출되었다. 회사의 소유지는 약 2,072제곱킬로미터에 걸쳐 있고, 중앙 캠프에서 몇 마일 이내에 깊은 수로가 있다. 게다가 저렴한 조선인 노동력이 훌륭하게 공급된다. 요컨 대, 동양 전체에서 리 헌트Leigh Hunt가 시작한 미국의 이 사업보다 더 욱 장래성 있는 채광 사업은 없다.

영국의 이권은 처음 프리처드 모건Pritchard Morgan이 획득해서 브리티 시앤드코리안 코퍼레이션British and Korean Corporation에게 팔았다. 광산들 의 접근성이 다소 떨어지기는 하지만, 성공할 가능성은 미국 회사와 거의 비슷하다. 평양에서 광산이 위치한 운산까지 강을 거슬러 항해 하려면 특별히 건조한 경輕화물 견인용 증기선이 필요하다. 당고개 에 있는 독일의 이권은 상대적으로 성공적이지 못한 것으로 드러났 다. 그러나 외국 기업들이 이제까지 채굴한 양은 조선에 석탄을 포 함하여 개발할 수 있는 광물 자원이 많음을 보여 주기에 충분하다고 하겠다.

프랑스인들은 현재 광산 채굴권이 없지만 그들 역시 가능성을 가 지고 있다. 사실, 1901년 여름 거의 내내 지속된 윈난 신디케이트의 차관 제안 사건도 부분적으로는 광산 채굴권을 획득하려는 목적이 있었다. 여기서 다시, 처음에 내가 서울에 온 이유였던 차관 및 세관 감독관의 문제를 떠올리게 되는데, 이것은 별도의 장에서 다루어져 야 할 것이다.

제 13 장
조선에 대한 프랑스와 러시아의 음모

이른바 프랑스 차관이라 일컬어지는 이 사건의 내막은 우리나라 외무부에서 출판된 공식 문서 어디에도 기록되어 있지 않다. 또한 영사 보고서 중에도 브라운 씨를 세관 총감독관의 지위에서 쫓아내려고 시도했던 1901년의 다양한 음모들에 대해 언급한 것은 없다. 그러나 두 사건 모두 조선과 관계가 있는 서로 다른 국가들의 비밀 정책을 분명히 드러내 주고 있다. 게다가 그해 여름에 있었던 일에 대해서 이야기할 때, 현지의 영국 관리들의 행동에 유감스럽다고 여길 만한 것은 아무것도 없었다. 불행히도 그들의 행동이 북중국의 경우에 관한 한 흔한 일은 아니었지만 말이다. 우리는 결연한 태도로 즉각 강력하게 행동하는 방법을 알고 있는 공사를 서울에 두고 있었다는 사실에 대해 정말 자축해야 할 것이다. 그 결과 우리는 우리의 주장을 관철했으며, 극동에서는 약간의 결단력이 우리의 정치적 적수들을 다루는 데 큰 도움이 된다는 사실을 증명하였다.

　내가 조선에 도착했을 때의 상황은 상당히 기이하였다. 당시 윈난 신디케이트의 대리인인 카잘리스M. Cazalis라는 사람이 조선 각료들과 하나의 협정을 맺는 데 성공하였다. 이 협정에 의거해 신디케이트는 조선 정부에 총 500만 엔(50만 파운드)의 금액을 5.5퍼센트의 이율로 빌려주고 해외 관세를 담보로 하기로 하였다. 채무는 25년 안에 상환하기로 했으며, 그 돈은 프랑스의 지원 아래에 있는 평양 탄광을 개발하고 조폐창을 조직하며 금화 및 은화를 제정하고 그 밖에 새로운 궁전을 증축하는 일에 사용될 예정이었다. 윈난 신디케이트는 서비스의 대가로 협정에 명시되지 않은 어떤 광산의 이권을 받기로 되어 있었다. 차관의 총액은 금괴와 은괴로 각각의 가격대로 전달될 예정이었고, 그 전달 날짜는 아직 정해져 있지 않았다. 협정에는 조선 측에서는 외무대신과 재정대신(탁지대신), 그리고 프랑스 측에서는 신디케이트의 대리인인 카잘리스와 서울의 프랑스 공사 콜랭 드 플랑시M. Colin de Plancy가 서명하였다. 협정의 조항에 대해서는 의심할 여지가 없다. 왜냐하면 동양에서 흔히 채택되는 방식대로 세관 총감독관이 협정 문서의 사본을 입수한 데다, 카잘리스 본인도 내가 서울에 도착하자마자 나와 대화를 나누며 협정 조항들의 개요를 알려주었기 때문이다.

가장 무관심하게 지켜보던 사람들일지라도 분명히 두 가지 문제에 대해 상당히 이상한 느낌을 받을 것이다. 우선, 앞에 언급한 목적들을 이루기에는 차관의 액수가 터무니없이 부족하다는 점이다. 둘째로는, 조선 정부와 영국 신디케이트 사이의 협정을 후원하는 것은 프랑스 공사와는 아무 상관도 없는 일이라는 사실이다. 내가 이 두 가지 문제를 거론했을 때 카잘리스는 조선의 신용도는 50만 파운드 이상의 가치가 없다고 하였다. 그리고 서명에 관해서는, 영국 공사의 후원을 받는 것이 불가능하기 때문에 드 플랑시 공사에게 의지해야만 하였다고 답변할 뿐이었다.

이러한 대답은 그의 입지를 약화시키기만 할 뿐이었다. 사실, 고작 50만 파운드에 조선의 세관을 담보로 삼으려는 계획에 대해서는 어떤 영국 공사라 해도 승인할 수 없었을 것이다. 이는 매우 자명한 사실이다. 그리고 어떠한 경우에도 영국 공사는 그렇게 적은 양으로 통화通貨를 제정하려는 시도에 대해 반드시 황제에게 경고했을 것이다. 과거에도 조선에 통화를 도입하려는 시도들이 있었지만 모두 유감스러운 결과로 끝나고 말았다. 게다가 보조적인 주화와 관련된 부분만 제외하면 현존 체제는 조선의 수요에 충분하였다. 조선의 법정 화폐는 일본의 지폐 엔화와 일정한 액수의 은$_{銀}$엔 및 반$_{半}$엔으로 구성되어 있는데, 그중 어떤 것도 결코 위조되거나 가치가 떨어지게 될 것 같지 않다. 왜냐하면 일본이 금본위 제도를 유지하는 한 — 그리고 일본은 결국 난관을 극복한 것 같다 — 지폐 엔화는 금과 같은 가치를 갖기 때문이다. 같은 시기에 가치가 떨어지는 니켈 화폐가 존재했는데, 이 화폐는 무역에 큰 장애가 되었다. 특히 개항장이나 서울에서 멀리 떨어진 지역에서는 더욱 그랬다. 정부는 돈을 마련하기 위해 이 니켈 주화를 법정 화폐로 삼았고, 한 미국 기업과 시장 가치의 90퍼센트 가격으로 대량 공급 계약을 맺었다. 정부는 특권을 가진 사람들에게 이 니켈 화폐를 만들 권리를 주었는데 이것이 혼란을 가중시키고 말았다. 그 결과 화폐의 순도가 지속적으로 낮아지게 되었고, 가짜 주화들이 일본과 다른 나라에서 다량으로 수입되었다. 한 영사의 보고에 따르면, 제물포에는 ① 정부의 니켈 주화, ② 1등급 위폐$_{僞幣}$, ③ 중등 위폐, ④ 밤에만 유통될 수 있는 위폐의 시세가 매겨져 있다고 한다. 이것은 이 나라의 화폐 유통이 어떠한 상황에 이르렀는지를 잘 보여 주고 있다.

그러나 협정을 통해 빌린 50만 파운드에서 할당한 액수로 금화와 은화를 토착화하여 유통을 시작하는 것으로는 어떠한 발전도 이루지 못할 것이다. 금은 즉시 유통망에서 사라지고, 은은 가치가 떨어지게 되면서, 결국 상인들은 일본 엔화에 의지할 수밖에 없을 것이다. 그리고 이 나라는 예전보다 전혀 나아지지 않은 채, 오히려 비생산적인 빚만 짊어지게 될 것이다. 또한 1~2년간 정규적으로 급여를 지급받을 프랑스인 기술자들을 제외하고는, 자본 총액 중에 평양의 탄광에 사용될 부분에서 그 누구도 이익을 얻지 못할 것이다. 조금이라도 이익을 얻을 수 있는 유일한 조선인은 황제와 일부 조정 관리들뿐이었다. 그들은 적어도 잠시 동안 자신들의 주머니를 가득 채울 수 있었을 테고, 새 궁전에 몇 칸의 방을 더 늘릴 수 있었을 것이다.

그러나 그 계획의 가장 사악한 부분은 해외 관세를 저당 잡히는 것이었다. 개항장의 세입은 정부가 보유한 유일하고 안전한 자산이다. 왜냐하면 영국인 총감독관의 지도에 따라 유럽인들이 세입을 징수하는 데다, 지금까지 어떠한 외국의 채권 소유자에게도 저당 잡히지 않았기 때문이었다. 또한 개항장의 세입은 필수적인 공공사업을 수행하는 데 필요한 돈을 마련할 수 있는 유일한 수입원이기도 하였다. 예를 들어 서울의 거리를 이야기할 수 있다. 비록 아쉬운 여지가 많긴 해도 서울의 거리는 그에 견줄 만한 베이징의 거리에 비하면 여전히 엄청나게 훌륭하다. 그리고 거리가 이러한 상태를 유지하는 것은 세관 총감독관인 브라운 씨가 관심을 기울인 덕분이다. 그는 자신이 있는 작은 공간에서는 독재자이면서, 세관 수입의 할당액을 궁정의 탐욕스러운 욕구로부터 지킬 수 있는 인물이다. 그러므로 차관의 수익을 유용성이 확인된 공공사업에 실제로 지출하기로 하지 않는 한, 브라운 씨가 세입의 어떠한 부분에서도 외국 신디케이트의 차관 서비스에 충당하는 것을 동의했을 리는 만무하다. 엄밀히 말해 — 아마도 — 브라운 씨의 동의가 필요한 것은 아니다. 비록 브라운 씨가 — 내가 믿기로는 — 처음 자신의 부서 업무를 맡았을 때, 그의 동의 없이는 관세를 담보로 잡히지 않겠다는 약속을 황제에게 구두로 받았지만 말이다. 하지만 실제로는 그가 돈의 지출권을 쥐고 있었기 때문에, 그는 신디케이트의 차관 이자를 지불하는 것을 간단히 거절할 수 있었다. 또한 자신은 분명히 그 방침을 고집할 것이라는 점을 이해시켰다. 실상이 이러했기 때문에, 브라운 씨는 신디케이트 사람들의 앞길을 가로막는 장애물이 되었다. 여차하면 그들은 차관에 대한 모든 담보를 빼앗길 수도 있었다.

　엄밀하게 영국 공사 역시 협정의 비준을 막을 수는 없었다. 그러나 그는 일본 공사와 연합할 수 있었으며 실제로 그렇게 하였다. 그는 일본 공사와 함께 외무대신 박제순에게, 차관 협정은 조선을 위한 최선의 이익에 분명 불리한 것인 데다가 더 나아가 관세를 무책임한 신디케이트의 통제 아래 두게 되는 것이므로 그 계획을 시행하는 것에 대해 강력하게 반대한다는 의견을 제기하였다. 왜냐하면 임기가 아직 3년 가까이 남은 브라운 씨를 ─ 당연히 ─ 신디케이트에서 지명하는 프랑스인 감독관으로 교체한다는 내용이 그 협정에 조건으로 포함되어 있었기 때문이다.

카잘리스는 우리 대사 거빈스Gubbins 씨의 행동에 몹시 분노했으며, 어떻게 영국 관리가 감히 영국 신디케이트의 이익에 반대할 수 있는지 알고 싶어하였다. 내가 이름을 잊어버렸지만, 런던의 신디케이트와 연결되어 있었고 윈난 신디케이트의 이익을 보호하기 위해 노력했던 어떤 사람이 「모닝 포스트」에 편지를 보낸 적이 있었다. 그는 편지에서 내가 그 차관을 프랑스의 사업이라고 말했던 것에 대해 공격하였다. 그러나 한 사람의 분노도, 다른 이의 반대도, 차관 협정을 조인한 것이 영국 대사 거빈스 씨가 아니라 프랑스의 대표 콜랭드 플랑시였다는 사실을 바꿀 수는 없었다. 문제의 진실은 윈난 신디케이트는 명의만 영국 회사였다는 것이다. 원래 그 회사는, 중국의 윈난과 인근 성省에서 많은 이권을 확보한 프랑스 영사가 사업을 하기로 마음을 바꾼 뒤 설립한 회사였다. 그는 자신에게 필요한 모든 자본을 파리에서 얻을 수 없었기 때문에 도움을 얻으려고 런던으로 갔다. 그리고 편의상 결국 런던에서 신디케이트를 등록한 것이었다. 원난 신디케이트가 조선에서 무었을 했는지는 그리 확실하지 않다. 그러나 차관을 위한 돈이 런던이 아니라 파리에서 마련되었다는 것은 분명한 사실이다. 그것은 의심할 여지 없이 프랑스 공사의 후원을 받는 프랑스의 사업이었다. 그리고 그것은 조선에서 재정적으로나 정치적으로나 프랑스 자본가들에게 큰 이익을 안겨줄 예정이었다. 비록 표면적으로는 그러한 종류의 어떠한 관계도 드러나 있지 않았지만, 일본의 신문들이 단언하는 것처럼 러청 은행이 간접적으로 간여했을 가능성도 있다. 아무튼, 그 계획에서 신디케이트의 명의를 제외하고는 영국과 관계된 것은 거의 없었으며, 그 명의마저도 프랑스의 야심을 은폐하려는 편리한 수단으로 이용된 것이었다.

나는 카잘리스가 얼마나 낙담했는지 잘 알 수 있었다. 만약 차관이 이루어졌다면 어떤 신디케이트에게도 위대한 성과가 되었을 것이다. 관세 수입은 그렇게 적은 빚에 비해 충분한 담보였으며, 이권 양도에 대한 약속은 그 규모가 알려지지 않은 부수적인 이익이었으나, 단순히 투자자의 시각에서 보더라도 협정 조건들은 흠잡을 데가 없는 것들이었다. 카잘리스는 협정을 비준시킨 결과로 이제 곧 축하받을 예정이었다. 그러나 반면, 그 모든 계획에 단호히 반대했던 거빈스 씨야말로 조선과 자신의 국가에 진정한 공헌을 하였다고 할 수 있다. 비밀 협정의 진상이 누설되기 전에 황제의 비준이 거의 이루어질 뻔했기 때문에 그는 신속하고 강력하게 행동해야만 하였다. 그러나 영국 신디케이트라는 명의가 사용되면서, 브라운 씨에 대한 음모가 동시에 진행되고 있었기 때문에 그는 큰 어려움을 겪었다.

신디케이트의 대리인이 개인적으로 브라운 씨에 대한 음모에 연루었다고 보는 것은 지나친 생각일 수도 있다. 그러나 바로 그때 프랑스의 야심을 가로막는 가장 심각한 장애물이었던 인물을 제거

조선의 마을.

하고자 각고의 노력을 기울여야만 했다는 것은 적어도 신기한 우연의 일치라고 하겠다. 표면적으로 보면, 세관 총감독관에 대한 조치는 자연스러운 이유에서 비롯된 것 같았다. 내가 전에 설명했듯이, 중앙 궁전에서 황후가 시해되었던 1895년의 비극적인 사건 때문에 황제는 새로운 거처를 짓고자 하였다. 그러나 서울에는 궁전을 지을 만한 부지가 거의 남아 있지 않았다. 서울의 북면 전체는 북쪽을 향하고 있는 언덕들의 비탈 위에 그림처럼 펼쳐져 있었는데, 이미 이곳에는 버려진 궁전의 건물과 정원이 있었다. 그리고 남쪽으로 솟아오른 언덕 위로는 서울에서 가장 인상적인 건물인 로마 가톨릭 교회의 주교좌 성당과 일본 공사관이 자리를 차지하고 있었다. 결국 이제 고지대에서 유일하게 남아 있는 구획은 도시의 서반부에 있는 산등성이였다. 그러나 그곳에는 영국, 미국, 러시아의 공사관과 세관 건물들이 모여 있었다. 황후가 시해되었을 때 황제(당시 그는 단지 국왕의 신분이었다)는 러시아 공사의 보호를 받으려 도피했고, 러시아 공사는 황제에게 러시아 공사관을 제공하며 환대하였다. 그리고 황제는 러시아 공사관에 머무는 동안, 바로 이 산등성이에 자신의 새로운 궁전을 짓기로 결심했다. 아마 앞으로 쿠데타가 일어날 경우를 대비해 피난처로 적절한 장소를 마련하려는 의도도 있었을 것이다. 그러나 그곳은 이미 있는 건물들을 대부분 철거하지 않고서는 궁전을 지을 수 없는 부지였고, 이것은 처음부터 명백한 사실이었다. 내가 믿는 바로는, 만약 공사관이 적당한 다른 부지를 구할 수 있다면 미국과 영국의 대표들은 언제나 자신들의 토지를 기꺼이 매각할 것이다. 게다가 물론, 황제는 그가 가진 세관 건물들의 위치를 바꿀 수 있다. 그러나 영국 공사가 지금 있는 곳에 계속 머무르기를 원할 가능성은 매우 높다. 왜냐하면 이보다 더 나은 곳을 찾기란 어려울 뿐만 아니라, 현재 영국 공사관은 황제의 새로운 궁전과 러시아 공사관 사이의 유리한 곳에 있기 때문이었다. 간단히 말해, 만약 영국과 미국의 공사관이 이전한다면, 러시아 공사관이 궁전의 별관이 되거나 혹은 그 반대로 궁전이 러시아 공사관의 별관이 될 우려가 있는 것이다.

영국 공사관을 매입하는 길 앞에 놓인 여러 난관 때문에, 황제와 그의 총신들은 자신들의 힘을 세관 감독관에게 집중해야 하였다. 그러나 영국 국민인 세관 감독관이 마치 어떤 양반 한 사람에 지나지 않는다는 듯이 가방과 짐을 쌀 수는 없는 노릇이었다. 황제도 반드시 예절을 존중해야 한다. 일군의 내시內侍들이 세관 총감독관의 집을 차지하려고 갔을 때, 그들은 사람을 잘못 공격하였다는 것을 알게 되었다. 브라운 씨는 간단한 방법으로 침입자들을 내쫓았는데, 이 일로 황제는 영국인의 집은 그의 성이라는 것을 이해하게 되었다. 내가 서울에 왔을 때 그 문제는 소강 상태였지만, 5월 말경에 이 고집 센 감독관을 쫓아낼 예정이라는 소문이 들렸다. 그러는 동안 거빈스 씨는 군함 몇 척을 요청하기 위해 사람을 보냈고, 해군 소장이 바플러르Barfleur 호를 타고 웨이하이웨이威海衛에서 바다를 건너왔다. 그래서 나는 황제가 영국 해군 여단이 궁전을 점령하는 모습을 보고 싶지 않으면 더 이상 브라운 씨를 괴롭히지 말라는 경고를 받았다고 여겼다.

황제가 자신의 건물을 짓기 위해 퇴거를 요구한 집에서 브라운 씨를 지켜 주려는 단순한 이유 때문에 거빈스 씨가 해군 함대를 제물포로 데려온 것이 아니라는 것은 이제 명백한 사실이 되었다. 여기에는 더 큰 이익이 걸려 있었다. 우선, 조정 측에서 브라운 씨를 완전히 제거하기를 원하였다고 믿을 수 있는 온갖 근거들이 있었다. 왜냐하면 심지어 조선 조정은 그에게 5년간의 급여를 모두 지급하겠다는 제안까지 하며 그를 내보내려고 했기 때문이었다. 아마도 영국인 특유의 고집스러움을 계산하지 않은 채, 그들은 그의 집을 공격하고 상황을 대체로 그에게 불쾌하도록 만듦으로써 브라운 씨를 떠나게 할 수 있을 것이라고 여겼던 것 같다. 그리고 그가 떠나자마자 황제 또는 그의 대신들 중 한 명이, 아마도 벼락출세한 탁지부 대신 이용익이 관세의 관리권을 쥐게 되었을 것이다. 그렇게 되면 관세 수입을 완전히 저당 잡히는 문제는 이제 모든 난관이 사라지게 된다. 영국 정부는 만약 자신이 원한다면 외세의 간섭 없이 1,000파운드에라도 소득세를 저당 잡힐 수 있다. 그러나 영국 정부는 자신이 저지른 어리석음이 불러온 결과 때문에 그 누구도 자신을 구하고자 개입하려 들지는 않을 것이라는 사실을 잘 알고 있을 만큼 노련하다. 그러나 조선 정부는 이와 다른 상황에 처해 있다. 무엇보다도, 조선 정부는 혼자서 걸음마를 할 수 없는 어린아이에 불과하다. 황제나 이용익 같은 충성스러운 대신들이 얼마나 그것을 갈망하든 간에, 자신의 유산을 죽 한 그릇에 팔아넘기는 것이 허용되어서는 안 된다. 따라서 설사 자신의 의사에 반할지라도 브라운 씨가 자신의 지위를 유지하도록 지켜 주는 것은 영국 대표의 의무였다. 게다가 거빈스 씨의 행동을 지지하는 것은 일본 공사에게는 특히 유리했다. 왜냐하면 조선의 관세를 프랑스 국민보다는 영국 국민이 관리하도록 두는 것이 일본 정부의 이익과 직접 관계가 있었기 때문이다.

이 모든 사건은 브라운 씨가 쫓겨나지 않는 것으로 결말이 났다. 그리고 카잘리스는 현지에서의 성공을 단념한 채 유럽으로 가는 배편을 예약하였다. 영국 공사에 대한 복수를 맹세하고 그 문제에 대한 압력을 행사할 수 있도록 프랑스와 영국 정부의 연합군을 데려오겠다고 다짐하면서 말이다. 서울에서 영국의 영향력을 약화시키려는 시도는 일단 실패로 돌아갔다. 그리고 일본 사회의 각계를 휘저어 놓았던 프랑스 차관의 역사는 점차 망각의 세계로 사라지고 말았다. 그러나 이대로 잊도록 둘 수 없는 그해의 사건들로부터 몇 가지 교훈을 얻을 수 있다.

우선, 이 작은 드라마의 주인공이 대영제국과 프랑스였다는 사실이 주목할 만하다. 실제로 이 사건은 조선에 대한 영국의 영향력을 프랑스의 영향력으로 대체하는 문제였다. 그러나 두 강대국들이 — 일본과 러시아 — 적어도 이 분쟁의 결과에 깊이 연루되어 있었다. 러시아는 이 사건의 무대 위로 모습을 전혀 드러내지 않으려 하였다. 사실 러시아 공사 파블로프는 미친 개에게 물린 자신의 수행원의 병원 치료를 구실로 삼아 일본으로 떠나려고 많은 노력을 기울이고 있었다. 그러나 파블로프가 무대 위에서 각광받는 것을 꺼려하였다면, 아마도 그는 프롬프터 박스 안에서 배우에게 대사를 가르쳐주는 역할을 맡았을 것이다. 일본 또한 명목상으로는 무대 뒤에 숨어 있었다. 왜냐하면 브라운 씨를 공격하는 일이나 관세를 담보로 삼으려는 시도는 그들과 관련된 문제가 아니었기 때문이다. 그러나 거빈스 씨와 하야시 남작은 끊임없이 연락을 취하고 있었고, 그해 여름 내내 이 둘은 서로 완벽한 조화를 이루면서 행동하였다. 사실 이 사건은 양국 동맹과, 아직 공식적으로 알려지지 않았지만 필연적으로 이미 존재하는 것이나 다름없었던, 영일 동맹 사이의 힘겨루기였다. 그리고 이 비공식적인 동맹이 승리를 거두었다.

왜 우리가 조선에 이처럼 관심을 가지고 있는지를 외부에서 지켜보는 입장에서는 어리둥절한 문제일 것이다. 우리와 조선 사이의 무역량은 우리와 만주 사이의 무역량만큼 크지 않다. 게다가 우리는 조선에서 산하이관 – 뉴좡 철도처럼 지켜야 할 철도 이익도 없으며, 더군다나 그와 같은 이익을 얻을 것 같지도 않다. 그러나 본질적으로 더욱 중요한 간접적인 이익을 우리는 얻을 수 있다. 러시아의 보호 아래로 조선을 넘겨 주는 일은 극동 지역에 거대한 해군력을 야기하는 결과를 낳을 수 있다. 그리고 이것은 중국에서 우리의 정치적, 상업적 지위에 치명적일 수 있다. 만약 러시아가 조선에서 확고한 발판을 얻게 된다면, 러시아는 일본을 지배하게 될 뿐만 아니라 당장 북태평양의 주인으로 부상할 것이다. 따라서 우리가 조선의 황제를 자신의 운명에 맡긴 채 그대로 내버려 둔다면 그것은 우리의 동맹국인 일본에 막대한 해를 입히는 일을 하게 되는 것이며, 또한 우리가 극동에서 무역을 위해 얻어 왔던 지위 – 이는 여전히 더욱 중요한 문제이다 –를 내던지는 일을 하는 것과 같다.

이제 수면 위로 떠오른 문제는, 조선의 관세 사건에서 우리 정부가 가능한 한 모든 결과를 숙지한 채 행동하였는가 하는 것이다.

솔직히, 우리는 외무부의 통찰력에 대해 과실을 물을 수 없다. 우리 대표는 서울에서 자신 앞에 놓인 위험에 아주 민감하게 대응했고, 책임을 지고 신속히 행동하는 것을 두려워하지 않았다. 우리가 그러한 대표를 그곳에 두었던 것은 순전히 행운이었다. 그리고 그가 그러한 조치들을 행동으로 옮겼을 때 모든 것이 얼마나 쉬워 보였던 가! 며칠 만에 거빈스 씨는 제물포에 해군력을 집결시켰고, 이는 조선 황제를 완전히 위압하였다. 그는 책임을 지고 이 일을 했으며, 분명히 해군 소장한테는 어떠한 격려도 받지 못했을 것이다. 왜냐하면 그는 황해에서 우리의 이익은 보호할 가치가 없다며 결코 지칠 줄을 모르고 주장하는 사람이기 때문이다. 게다가 본국 정부는 이 사건 전반에 걸쳐 매우 미온적인 반응을 보였다. 그러나 결과적으로는 별안간 해군 함대를 만들 수 없었던 프랑스인은 완전히 궁정 밖으로 쫓겨나게 되었다. 게다가 러시아의 경우, 뤼순 항에서 전함 한 척과 몇 척의 순양함을 보낼 수 있었지만 표면적으로 그들의 이익이 걸린 문제가 아니라는 사실 때문에 영국과 같은 무력 시위를 할 수 없었다.

동양의 한 군주의 마음을 움직였을 만큼 가시적인 힘이 거대한 영향력을 가진다는 점과 결단력이야말로 유럽에 있는 우리의 경쟁자들을 다루는 데 매우 중요한 가치라는 것을 우리는 이 사건들을 통해 배워야 한다. 또한 대영제국의 운명을 지켜보고 있는 신의 특별한 뜻이 명백히 존재한다는 것을 알게 되면서 약간의 위안을 느낄 수도 있다. 우리 측에서 신속한 조치를 취하였다면 뉴좡에서 일어난 사건의 전체 국면을 바꾸었을지도 모른다. 그러나 그곳에서 우리는 기회를 놓쳤다. 결국 우리의 태만함 때문에 뉴좡은 러시아에게 넘어간 것이다. 하지만 어떻든 간에 최종적인 결과는 같았을 것이다. 만일 우리가 만주에 있는 우리의 이익을 지켜 냈더라면 어느 정도는 일시적인 이익을 얻을 수도 있었겠지만, 만주의 러시아화는 지연시킬 수 있었을 뿐 우리가 막을 수는 없는 문제였다. 반면에 조선은 다른 상황에 처해 있다. 만약 우리가 옆으로 비켜서서 사태의 진행을 저지하지 않고 내버려 둔다면 조선은 러시아에게 흡수될 것이다. 그러나 그 지역에는 중국처럼 러시아의 진출을 필연적으로 이끌어 줄 조건은 아무것도 없다. 그와 반대로 일본에게 조선은 일본의 확장을 위해 꼭 필요한 무대이다. 그리고 우리는 여기에 간접적으로 관여하고 있다. 그 이유는, 일본이 조선에서 자신의 지위를 주장하는 것을 도와줌으로써, 우리는 우리의 무역에 필요한 문호 개방을 유지할 수 있고, 극동에서 힘의 균형과 같은 것을 지켜 낼 수 있기 때문이다. 따라서 가장 사소한 것이라 해도, 조선을 자국의 일부로 만들려는 러시아의 시도나 서울에서 어떤 식으로든 재정적인 지배를 획득하려는 프랑스의 시도에 반대하는 것은 신중하고 또 신중하게 대처해야 하는 일이다. 따라서 이러한 관점에서 볼 때, 1901년의 작은 드라마는 대다수의 사람들이 생각하는 것 이상으로 훨씬 중요한 사건이다. 그러나 안타깝게도 나는 영국 정부가 실질적인 어떤 동기나 설명 없이 움직인다는 것을 확신하게 되었다. 현지에 적합한 사람이 있었던 것은 단지 우리의 운이 좋았던 것뿐이었다. 사건의 추이는 우리 정치인들이 가진 권한 이상으로 강하게 진행되었다. 하지만 우리 대표가 했던 일을 전적으로 신뢰하는 것을 우리는 결코 잊어서는 안 된다. 영국 정부는 자각하지 못한 채 너무 자주 운명에 이끌려 다니지만, 그렇다고 해서 그것이 현지에 나가 있는 영국 정부의 대표들이 자신들 주변에서 작용하는 힘들을 보지 못하고 있다는 것을 의미하지는 않는다.

1901년 서울에서 일어난 사태를 보며 기분 좋게 주목할 수 있는 부분이 있다. 그것은 일본과 영국의 공사관들이 서로 지속적인 연락을 취하는 동안 미국 공사가 양쪽 모두와 완벽한 조화를 이루며 행동했던 사실이다. 미국 공사 알렌Allen 박사는 원래 선교사로서 조선에 갔고, 후에 황제의 조정에서 미국 대표의 지위에 올랐다. 그는 미국인 특유의 실용적인 상식을 상당한 수준으로 갖추고 있는 것 같았다. 게다가 한편에는 러시아, 다른 한편에는 영국과 일본을 사이에 두고 벌어지는 긴 분쟁에서 그는 어느 편을 택해야 하는지를 확실히 알고 있었다. 아마도 그의 태도는 황제가 결단을 내릴 수 있도록 하는 데 큰 도움이 되었던 것 같다. 나는 전에 조선이 극동 아시아라는 넓은 세계의 축소판이라고 말한 바 있다. 만약 그것이 사실이라면, 영국과 일본과 미국 사이의 협정이 조선에서 효과가 있었음이 증명되었으므로, 이를 중국에 적용하더라도 똑같이 좋은 결과가 나올 것이다.

마지막으로, 프랑스의 입장은 흥미롭다고 하겠다. 극동에서만큼 양국 동맹의 영향력이 강하게 느껴지는 곳은 없다. 러시아는 중국과 조선에서 프랑스의 도움을 얻게 되면서, 프랑스 함대 세력을 확보했을 뿐 아니라 로마 가톨릭 교회의 사제들이 가진 정치적 영향력 역시 이용할 수 있게 되었다. 누구나 서울의 거리 위로 높이 솟아 있는 프랑스 성당을 바라보기만 해도 즉시, 프랑스 선교사들이 차지하고 있는 강력한 지위를 알아볼 수 있다. 그들은 동양의 어느 곳에서나 영적 권력만큼이나 세속적인 권력을 갈망하고 있다. 그리고 그 권력의 성과는 브라운 씨에 대한 공격에서 잘 드러났다. 사실 황제가 세관 총감독관에게 등을 돌리게 된 것은 부분적으로는 로마 가톨릭 선교사들의 노력 탓이기도 하였다. 사제들은 업무 태만과 더 심한 과실들을 이유로 총감독관을 고소했는데, 그것들은 어떠한 근거를 보더라도 그의 잘못 때문은 아니었다. 카잘리스는 내게 그들의 고소 내용을 되풀이해서 전해 주었다. 고소 내용은 너무도 설득력이 있어서 외견상으로는 그들의 논박이 관철될 정도였다. 따라서 원난 신디케이트의 대리인이 브라운을 그의 사무실에서 제거하려고 했던 시도들과 완전히 관련이 없지는 않을 것이라는 견해에 나는 매우 깊은 인상을 받았다. 여하튼 간에, 브라운 씨와 관련된 음모에서 프랑스 사제들이 연기한 부분을 은폐하려는 시도는 없었다. 본국에 있는 프랑스 사람들은 이상하게 여길지 모르겠지만, 동양에서 로마 가톨릭 교회와 프랑스 정부는 종종 구별할 수 없는 존재이다.

이것이 양국 동맹이 그해 조선에서 유일하게 실패한 사건은 아니었다. 마산포에 발판을 마련하려던 러시아의 시도는 다행히 미연에 저지되었다. 그러나 반도의 남단에 항구 하나를 얻으려는 러시아의 강렬한 욕망은 이미 명백해진 뒤였다. 프랑스 또한 경의선 철도의 관할권을 얻으려고 노력하였다. 이 노선은 일본의 경부선 철도를 상쇄하는 역할을 할 것이며, 조만간 만주의 러시아 철도 체계의 유용한 연장선이 될 것이다. 게다가 철도에 대한 그들의 노력이 만들어낸 중요한 결과는 일본 정부에게 경부선 철도에 대한 투자의 필요성을 일깨워 주었다는 것이다. 경부선 철도에 대한 독점권은 일본에서 충분한 기금을 모으는 것이 어려웠기 때문에 소멸될 것 같았다.

요컨대, 의화단의 난 이듬해에 만주에서 러시아의 지배가 확립되었다고 한다면, 조선에서는 영국의 지지를 받은 일본이 러시아나 또는 프랑스와 러시아 동맹의 모든 계획에 반대하기로 결단을 내렸다. 지금까지 일본은 얼마간 성공적이었다고 할 수 있다. 그러나 이제 만주를 집어삼킨 러시아가 더욱 공격적으로 조선에 자신의 방식을 밀어붙일 준비를 하는 상황이 되었다. 러시아의 전진을 멈추게 하기 위해서는 우리와 일본이 극도로 경계해야만 한다.

제14장
조선의 현재 상황

프랑스의 대리인들이 조선에서 양국 동맹의 이익을 추진하는 데 실패한 후, 조선에서는 짧지만 잠시 평온한 상태가 이어졌다. 그러나 그 사이에 만주를 차지한 러시아의 입장과 균형을 이룰 수 있도록, 일본이 한반도에서 영구적인 발판을 확립하는 시도가 용인되었다. 반면에 러시아는 1903년의 사건들로 조선에 대한 자신들의 요구를 포기할 생각이 없다는 것을 보여 주었다.

조선의 수많은 사람들은 러시아가 비난을 받는 것만큼 음흉하지 않으며, 러시아의 공격적인 정책에 대한 예언들의 절반은 지나친 상상에서 온 결과물이라고 믿는다. 이러한 예언들이 곤란한 상황으로 실현이 될 때면, 그들은 방임주의 정치가들이 자주 입에 담았던 오래된 주장에 의지한다. 즉, 러시아 제국이 러시아의 재정적, 사회적 난관들 때문에 조만간 반드시 붕괴하리라고 여기게 되는 것이다. 그러나 불행히도 이는 하나의 주장일 뿐이며, 사실은 지난 반세기 동안 어떠한 종류의 확증도 없이 거론되어 왔다. 따라서 정책을 추진할 때 파멸의 운명이 러시아 제국을 기다리고 있다는 식의 믿음에 기반을 두는 것은 정치적으로 훌륭한 수완과는 거리가 먼 일이다. 만약 러시아가 지금까지 실제로 성취해 낸 것과 성취하기 위해 명백히 노력하는 것 그리고 앞으로 자신의 지위를 지키기 위해 논리적으로 반드시 성취하게 될 것들에 우리가 주목한다면, 그것이야말로 우리의 이익과 세계 전반을 위해 훨씬 더 나은 일일 것이다.

겨우 하루 이틀 전에 차르는 헤이룽장 성과 무창바오木場堡(랴오둥 반도의 조차지)를 총독의 통치 지역으로 전환하였다. 그리고 극동의 러시아 '진보' 당파 중 가장 정력적인 인물인 알렉세예프 제독을 초대 총독으로 임명하였다. 새로운 총독은 위에서 언급한 영토를 통치할 뿐 아니라 동청철도東清鐵道를 경비하는 군대도 책임질 예정이다. 철도를 경비하는 군대가 만주 전체를 통제하기 때문에, 사실상 만주가 알렉세예프 제독의 영지에 포함되리라는 것은 분명한 사실이다. 러시아가 독일과 프랑스의 도움을 받아 일본을 압박해 랴오둥 반도를 포기하도록 한 것이 겨우 몇 년 전의 일이었다. 러시아는 중화제국의 영토에 대한 침략 행위에 열강들이 결코 동의하지 않을 것이라는 것을 이유로 삼았다. 그런데 지금 랴오둥 반도의 일부가 똑같이 러시아의 총독령이 되었을 뿐 아니라 랴오둥 반도의 거대한 배후 지역이 총독의 군사적 통제 아래 놓이게 되었다. 만약 이러한 조치가 2년 전에 시행되었더라면 즉각적으로 러시아와 일본 사이에 전쟁이 벌어지는 결과가 초래되었을 것이다. 그러나 최근 몇 년간 러시아의 발전은 매우 빨라서, 최근에 발표한 이 조치에 대해 이야기하는 논평을 영국 신문에서는 하나도 찾아볼 수 없었다. 의화단의 난 이후로 줄곧 그리고 그 이전에도 어느 일정한 범위 안에서, 러시아는 만주가 자신에게 속한 지방으로 간주될 수 있도록 세계를 상대로 그 사실을 계속 주입시켜 왔다. 러시아의 노력은 성공적이었고, 이제 반대에 대한 큰 두려움 없이 러시아는 스스로 만주를 자신의 것이라고 선언하였다.

따라서 이것은 러시아의 성취이다. 러시아는 중국 황제의 영토 중 가장 풍요로운 지역을 러시아 제국에 편입시켰다. 그것도 전쟁 한 번 없이, 누구도 다치게 하지 않은 외교적 형태의 저항 외에는 어떤 어려움도 없이 이룬 것이다. 더욱이 세계의 다른 모든 국가와 심지어 러시아 자신마저도 중국의 영토 보전을 존중하겠다고 진지하게 맹세하고 있는 동안에 말이다.

이런 과정이 바로 우리 눈앞에서 진행되는 것을 보았으면서, 우리
는 러시아가 조선에서 무엇을 얻기 위해 노력하고 있는지를 깨닫지
못하겠는가? 러시아는 얼마 전 양국 동맹을 위해 프랑스의 이권을
확보한다는 것을 명목으로, 만주에서 서울에 이르는 철도의 관할권
을 확보하였다. 그러나 동아시아에서 결코 자신들의 계획을 적극적
으로 수행하지 않았던 프랑스는 이권이 소멸되도록 내버려 두었다.
이제 조선 정부는 자신이 스스로 철도를 건설하겠다고 주장한다.
프랑스의 이권이 소멸되면서부터 줄곧, 러시아 정부는 자신의 대리
인들 중 한 명을 통해 자연히 만주 철도 체계의 연장선상에 있게
될 이 철도의 재정 관리권을 얻으려고 노력해 왔다. 그러나 지금까
지는 조선 정부는 러시아인들의 책략에 잘 버티어 왔으며, 자신의
철도를 건설할 수 있도록 내버려 둘 것을 강력하게 요구하고 있다.
그러나 언제나 위험은 도사리고 있다. 왜냐하면 조선 정부는 그 계
획의 집행에 필요한 돈을 구할 능력이 없기 때문이다. 결국 조선
정부는 어쩔 수 없이 몇몇 외국 자본가들에게 도움을 요청할 것이
고, 그러다 보면 언제나 바로 옆에서 필요한 모든 자금을 만들어
줄 준비가 되어 있는 러시아의 대리인을 찾게 될 것이다.

현재 러시아의 활동은 주로 압록강 유역에서 눈에 띈다. 1896년

황제가 서울의 러시아 공사관으로 도피하고 있는 동안 블라디보스토크에 사는 한 러시아인이 두만강과 압록강의 조선 쪽 하안河岸에 대한 벌목권을 양도받았다. 그리고 나중에 그 이권은 러시아 정부로 넘어갔다. 벌채는 압록강 유역의 조선 쪽 둔덕에서 러시아의 이익을 보호하는 코사크 부대의 감시를 받으며 현재 시작되고 있다. 이제 러시아는 철저하게 쐐기를 박고 있다. 세계 대부분의 국가들이 만주 합병에 대해 여전히 고민하고 있을 때 러시아 군대는 압록강의 왼쪽 둔덕에 출현하였다. 조선의 황제가 러시아 공사관의 보호를 받고 있을 때 러시아 정부는 황제에게서 억지로 얻어 낸 이권을 주장하였다. 그러면서 목재 벌채의 권리뿐만 아니라 조선 땅에 전신선과 군사 주둔지를 설치할 권리까지 요구하였다! 우리는 러시아의 대담함과 일관성을 칭찬하지 않을 수 없다. 그러나 이와 동시에 극동에 상업적 이익을 가진 다른 열강들이 평온한 자기만족에 머물고 있는 데 대해 의아해하지 않을 수 없다.

물론 벌목권은 그리 대단한 문제가 아니며, 300명의 코사크 병사 역시 위협적인 군사력이 아니다. 게다가 압록강은 서울에서 멀리 떨어진 곳이다. 그러나 이것은 이와 관련된 원칙에 의거해서 병력의 규모를 문제 삼는 것이 아니다. 왜냐하면 러시아가 압록강 너머 군대를 주둔시킬 권리를 얻게 되면, 당장에 거의 무제한으로 병력을 증강할 수 있기 때문이다. 이미 러시아는 조선 영토 내 병력을 늘리기 위해 동원할 수 있는 수비대를 랴오양에서 압록강에 이르는 모든 길목에 주둔시키고 있다. 게다가 당연히 러시아는 의주를 개항장으로 개방하는 것에 반대하고 있는데, 그 이유는 다둥 항이 압록강의 만주 쪽 연안에 자리 잡고 있는 것처럼 의주가 압록강 어귀의 조선 쪽 연안에 자리 잡고 있기 때문이다. 더욱이 외국인, 특히 일본인 정착지가 의주에 생기는 일은 러시아의 계획을 심각하게 방해할 것이다. 여기서 다시, 우리는 러시아가 동원하는 방법이 정직하고 투명한 것인지에 대해 의심하지 않을 수 없다. 사실, 서울에 있는 러시아 공사가 자신의 세력을 이용해 의주의 개방을 반대하는 것이 자연스러운 일일 것이다. 그러나 파블로프는 그 범위보다 훨씬 멀리까지 나가서 행동하였다. 그는 의주에 개항장을 설치하는 것에 대해 공개적으로 반대해 왔다. 그런데 의주를 개항하면 압록강 유역에 일본인이 정착하고 어쩌면 일본 수비대도 주둔하는 결과를 가져온다는 것 말고는 그의 주장에 다른 이유는 전혀 없었다. 이런 그의 행동을 보면서, 러시아가 서울에 대한 영향력을 확대하려고 온갖 수단을 동원하고 있으며 동시에 최우선적으로 조선 내 일본의 세력과 싸우려고 한다는 것을 믿지 않는 일이란 불가능하다.

우리는 러시아에게 조선이 가지는 막대한 전략적 중요성을 결코 잊어서는 안 된다. 향후 러시아가 추진하는 극동 정책의 성공은 궁극적으로 조선을 합병하는 데 그 성패가 달려있다. 조선을 합병하지 않는 한, 러시아가 한반도에 해군 기지를 얻는 것은 기대하기 어렵다. 조선의 남단에 있는 마산포와 같은 해군 기지가 없을 경우, 러시아의 두 군항軍港인 뤼순과 블라디보스토크는 서로 고립될 것이다. 그리고 그것은 그들이 가진 잠재적 가치의 엄청난 손실을 의미한다. 만약 일본이 조선을 장악할 경우, 러시아 함대가 브루턴 해협Broughton Channel(대한 해협)을 통과하는 것은 어렵게 된다. 즉, 이것은 뤼순과 블라디보스토크의 러시아 소함대가 전쟁의 순간에도 두 개의 평행선처럼 절대 만날 수 없음을 의미한다.

러시아는 이미 오래전부터 자신의 입장에서 보았을 때 브루턴 해협을 단독으로 장악할 필요가 있음을 알게 되었다. 즉, 영국이 포트 해밀턴Port Hamilton(거문도항)을 포기하도록 설득했을 때부터였다. 영국이 포트 해밀턴을 포기할 당시, 러시아 역시 조선 영토의 어떠한 부분도 절대로 점유하지 않겠다는 조건을 달았다. 하지만 그럼에도 러시아는 줄곧 단독으로 항만에 대한 권리를 확보하려고 노력해 왔다. 러시아가 획득하게 될 항구가 실제로 어느 곳에 위치할지는 그리 중요한 문제가 아니다. 왜냐하면 조선의 남단에는 좋은 항구들이 많이 있기 때문이다. 그러나 1901년에 러시아가 마산포를 선택한 일은 그들이 무엇을 염두에 두고 있는지를 정확히 보여 주었다. 우리가 포트 해밀턴을 포기하고 러시아가 조선의 영토를 절대 점유하지 않겠다고 약속한 것은 1887년의 일이었다. 그리고 그 협의는 다시 1894년에 영국 하원에서 명백한 조항으로 명시되었다. 그렇기 때문에 영국과의 관계 악화를 무릅쓰지 않고서는 러시아가 조선에서 토지 사용권을 획득할 수 없었다. 하지만 분명한 사실은, 러시아가 극동에서 자신의 지위를 확립하기 위해 반드시 조선을 흡수하리라는 것이다. 뿐만 아니라 이를 위해 만주에서 매우 성공적이었던 것과 같은 식의 과정을 러시아는 밟아 나가고 있다는 사실 또한 자명하다.

만주를 염두에 두었던 것에 비하면 국가적 차원의 문제로서 우리가 조선의 운명에 대해서는 관심을 덜 가진다는 주장이 제기될 수도 있다. 그러나 조선에 대한 우리의 상업적 이해관계는 매우 작다. 왜냐하면 조선의 해외 무역 액수 전체가 250만 파운드를 넘지 않기 때문이다. 그 무역에서 우리의 몫은 면제품과 면사의 수입으로 구성되는데, 그 부문마저도 일본에 이어 두 번째의 무역량을 차지하고 있을 뿐이다. 게다가 일본은 점차 우리를 시장에서 밀어내는 중이다. 그러므로 우리가 조선 시장의 점유를 위해서 러시아와 싸우는 것은 의미가 없다.

나는 이미 만주의 무역을 논하면서 이러한 종류의 주장에 대해 지적하였다. 이런 식의 주장이 사실 그럴듯해 보이기는 하지만 절대로 지나친 영향력을 가지도록 해서는 안 된다고 말이다. 만약 우리가 각각 주목할 만한 가치가 없다는 것을 이유로 평범한 시장들을 하나씩 포기한다면, 얼마 지나지 않아 세계의 시장들은 결국 우리에게 문을 닫게 될 것이다. 이와 같은 이유로 만주와 조선을 포기한 후에, 다시 마찬가지 이유로 즈리 지방을 러시아에게 넘겨 주는 경우가 없으리라는 법은 없다. 우리는 이미 산둥에 대한 독일의 기득권을 허용하였다. 그리고 머지않아 결국 우리는 스스로에게 양쯔강 유역의 무역이 충분한 가치가 있는지를 묻게 될 것이다. 그것을 지키기 위해 독일과 전쟁을 할 만큼인지를 말이다. 뒤로 물러나기 시작한 정책은 일단 시행되면 끝이 없다. 따라서 우리는 어딘가에서 저항을 해야만 한다. 많은 사람들은 우리가 만주에서 저항을 했어야 했고, 우리가 절대 뤼순을 포기하지 말았어야 했다고 생각한다. 또한 우리가 여전히 러시아에게 자신의 철수 약속을 지키도록 강요해야 한다고 여긴다. 그들이 옳건 그르건 간에 분명한 사실은, 이미 우리는 만주에서 우리의 기회를 잃었다는 것이다. 또한 영국의 대중은 중국을 위해 중국이 잃어버린 지방들을 정복하여 되찾아 주려는 목적으로 전쟁을 하는 것을 결코 찬성하지 않으리라는 것 역시 매우 분명하다. 그러나 조선에 대해 단호한 입장을 취하는 것은 아직 늦지 않았다. 또한 우리는 비록 조선의 시장이 지금은 작지만 머지않아 상당히 중요해질 것이라는 점을 반드시 기억해야 한다. 우선 조선은 전도가 유망한 금 생산국이다. 나라 밖으로 밀수출되는 양은 말할 것도 없고, 이미 50만 파운드어치의 사금이 개항장을 통해 수출되고 있다. 미래에 금의 수출량이 얼마나 더 늘어날지에 대해 논하는 것은 불가능하다. 그러나 최근 3년간 금 산업이 오로지 외국 자본에 의해서만 개발되었다는 점을 고려하면, 금의 수출량은 앞으로 틀림없이 상당한 양에 다다를 것이다. 그렇게 되면 당연히 생각할 수 있는 사실들이 있다. 그것은 조선이 어떠한 형태의 정부 아래에 있든지 간에, 시간이 지나면서 그들의 구매력은 크게 증가할 것이라는 점이다. 또한 항구가 우리에게 폐쇄되어 있지 않다면, 구매력의 증가에 따른 무역의 증가 속에서 우리는 우리의 몫을 가지게 될 것이라는 점 또한 마찬가지이다. 그리고 만약 일본이 조선을 완전히 통제할 수 있는 힘을 가지게 된다면, 그리고 그곳에 더 나은 형태의 정부를 도입할 수 있다면, 예상되는 부의 증가를 제한하여 말하기 어려울 것이다. 조선은 이미 진보를 위한 요소를 갖추었다. 조선의 노동 계급은 보수가 주어지는 일을 할 수 있는 기회가 있을 때면 언제나 강인하고 부지런하다. 그러나 현재, 노동자들은 일을 하기 위한 동기가 없는 상태이다. 왜냐하면 생계를 위한 최소한의 돈 외에는 그들이 벌 수 있는 모든 돈을 수탈당하고 있기 때문이다. 더 나은 형태의 정부 아래에서라면 조선은 금 생산국이자 일본의 곡창지대가 될 것이다. 그렇기 때문에 경제적 이유만으로도 조선을 무역 경쟁국에게 항구를 폐쇄하는 다른 강대국의 지배로부터 지켜 줄 가치가 우리에게 있는 것이다.

그러나 상업적인 관점만으로 동아시아를 바라보는 것은 아니다. 우리에게는 돌봐야 할 우리의 정치적 미래가 있다. 만약 러시아가 한반도를 합병한다면 이는 우리의 정치적 이익에 심각한 타격이다. 우선, 러시아는 멋진 항만을 가진 조선을 점유하게 되면서 틀림없이 극동 최고의 해군 강국이 될 것이다. 또한 일본에 대한 뛰어난 작전 기지를 갖게 될 것이며, 결국 필연적으로 일본은 차르가 마음대로 부리는 속국이 될 것이다. 이것은 우리가 여유를 가지고 지켜볼 수 있는 상황이 아니다. 왜냐하면 이것은 결국 영일 동맹의 결렬을 의미하기 때문이다. 그렇게 되면 영일 동맹은 북중국에 대한 모든 정치적 영향력에서 우리를 배제시키는 러일 간의 협조로 대체될 것이다. 그리고 북중국의 상실은 엄청난 위신의 실추로 이어져서 우리는 양쯔 강 유역에서 얻었던, 그리고 전 세계를 위해 얻었던 이익들마저 결국 포기하지 않을 수 없게 될 것이다. 요컨대 우리는 극동에서 우세한 입지를 차지하려는 노력을 중단해야만 한다.

  만약 19세기에 우리를 위협하는 거대한 위험을 통과하여 우리를 위해 만들어 왔던 위대한 지위를 포기하지 않을 수 없게 되는 경우를 가정해 보자. 그리고 이와는 다르게 우리가 그 지위를 유지하기 위해 엄청난 대가를 치러야 할 경우 또한 가정해 보자. 아마도 이 두 가지 경우 모두 다 격렬한 논쟁이 벌어질 것이다. 그러나 조선을 지키고 러시아의 전진을 견제할 수 있다면, 이때 잠시라도 망설이는 영국의 정치인을 상상하는 것은 거의 불가능하다. 더욱이 그것이 우리가 우리 자신을 향한 어떠한 위험도 감수하지 않고 돈이나 선박에 대한 큰 지출 없이도, 단순히 지금 확고한 입장을 취하고 우리가 추진하려는 방침에 관해 결심을 굳힘으로써 가능한 일이라면 말이다.

  심지어 우리가 만주에서 러시아를 공격하고 싶은 열망을 가졌다고 가정하더라도, 러시아를 그곳에서 쫓아내는 것은 매우 어려운 일이다. 우리도 일본도 만주와 같은 지역을, 혹은 그 일부라 해도 아주 오랫동안 장악하기는 어렵다. 왜냐하면 대규모의 러시아 육군이 장기간의 압력을 행사할 때 이에 대항하여 그 지역을 보호할 수 있는 천연의 국경이 없기 때문이다. 그러나 조선은 완전히 다른 형세이다. 러시아는 그곳에 어떠한 큰 군사력도 배치하지 않고 있는 데다, 조선은 반도이기 때문에 극동의 바다를 지배하는 강대국의 영향 아래 놓여 있다. 게다가 또한 조선은 장백산이라는 거대한 보루 덕분에 상당히 강력한 육지의 국경을 가지고 있다. 장백산은 그에 속한 산맥들과 함께 조선과 만주를 분리하고 있다. 실제로, 조선은 육지 쪽에서는 오로지 두 가지 길로만 공격할 수 있다. 하나는 블라디보스토크에서 북쪽으로 오는 길이며, 나머지 하나는 랴오양에서 서쪽으로 오는 길이다. 그리고 두 길 모두 침략자들을 쉽게 막을 수 있다.

현재 상황을 보자면, 분명히 러시아는 바다에서 일본과 싸울 준비가 되어 있지 않다. 더군다나 일본이 대영제국에게 호의적인 중립을 얻을 것이라는 사실을 알고 있으면서 싸우려고 들지는 않을 것이다. 만약 러시아가 프랑스에게 도움을 청하면 영국 해군이 개입하게 되면서 프랑스 함대와 균형을 이루게 된다. 그러므로 러시아는 양국 동맹에 호소해 봐야 아무것도 얻을 수 없을 것이다. 따라서 현재 일본은 만주에서 러시아의 행동에 대한 대응으로 조선에 대한 지배권을 주장하는 것이 가능하다. 전쟁의 위험을 거의 무릅쓰지 않고서 말이다. 그리고 영국은 일본이 이러한 조치를 취할 수 있도록 격려해야 한다. 왜냐하면 러시아가 조선을 합병하게 되는 상황을 영원히 방지할 수 있기 때문이다. 만약 이러한 계획에 대해서 조선에 대한 배려가 거의 보이지 않는다는 주장이 제기된다면, 그에 대한 답변으로 조선은 현재 거의 세계 최악의 정부를 가지고 있다고 지적하기만 하면 된다. 황제와 조정은 애국심이나 백성의 복지에 대한 진정어린 근심이 완전히 결여되어 있다. 황제는 오직 자신의 새 궁전을 짓는 일에만 몰두하고 있으며, 조정은 자신만의 목적을 위해 돈을 원하고 있다. 조정 밖에는 오직 두 계급만이 존재한다. 양반 혹은 사대부 계급과 노동에 종사하는 평민 계급이 바로 그것이다. 하층 계급은 사실상 농노나 다름없는 평민들인데, 양반은 이 하층 계급에 기생하여 살을 찌우고 있다. 어떠한 상황도 현재의 상황보다 더 나쁠 수 없을 것이다. 사람들이 조선과 같은 나라의 독립을 유지하는 것에 대해 이야기하고 그 독립을 방해하려는 어떠한 시도도 정치적 죄악이라고 간주할 수도 있다. 그러나 그때, 그들은 조선의 독립이 단지 황제가 그의 신민을 학대하고 약탈할 수 있는 자유만을 의미한다는 사실을 분명히 잊고 있다. 현재 조선의 국민에게는 어떠한 독립도 없다. 그들은 일본의 통치 아래서 1,000배는 행복해질 것이다. 그리고 자유로운 입장을 가진 우리로서는, 그 나라의 비참한 국민들을 계속해서 지금과 같은 농노 상태에 머물도록 내버려 두기보다는 조선이 명목상의 독립을 잃는 것을 보는 편이 더 나을 것이다.

그리고 일본이 조선을 다스릴 권리를 확립해 왔다는 사실 또한 기억해야만 한다. 일본은 조선을 중국의 멍에로부터 풀어 주기 위해 중국과 전쟁을 치렀다. 특히 군대, 철도, 우체국, 전신국 등의 형태로 조선에 많은 개혁을 이루었다. 그리고 조선에서 유일하게 신뢰할 수 있는 통화는 일본 화폐이다. 일본 최초의 은행은 이제 자신의 은행권을 발행하는데, 이제 조선에서 러청 은행이 만주에서 차지했던 지위와 같은 지위를 갖고 있다. 마지막으로, 조선에는 다른 외국 국적을 가진 이가 500명 미만에 불과한데, 반면에 현재 이곳의 일본인 거주자는 거의 4만 명에 이르고 있다. 그리고 부산의 경우, 이제 사실상 일본인의 도시라고 할 수 있는데, 이곳은 조선의 모든 항구들이 어떻게 될지를 보여 주는 모델이라고 하겠다. 모든 게임의 법칙에 따라 조선은 일본의 몫이다. 만일 이 결말을 위해 우리가 영향력을 행사한다면, 조선은 내일 당장 일본의 속국이 될 수도 있다. 그러나 우리가 그렇게 하지 않는다면, 매우 심각한 위험이 도사리게 된다. 즉, 러시아는 자신이 조선에서 일본을 무시할 수 있을 만큼 강력하다고 느낄 때까지 계속해서 세력을 확장할 것이다 그렇게 되면 일본은 결국 조선을 포기하거나 전쟁을 해야만 하는 상황에 놓이고 만다. 지금 우리가 내린 작은 결단은 전쟁의 위험을 거의 수반하지 않을 뿐만 아니라, 실제로 전쟁이 확실해지는 상황을 막을 수 있다.

제 15 장
독일의 야심

    중국에 대한 우리의 정책과 관련해 어떤 명확한 결론을 내리기에 앞서, 반드시 우리는 극동에서 독일 정부가 가진 목표와 야심에 조금은 주의를 기울여야 한다. 겨우 몇 년 전만 해도 독일은 중국 영해 내 정치권에서 미미한 존재에 불과하였다. 실제로 중국의 형세를 좌우할 만큼 실질적인 영향력을 가진 유럽 열강은 영국, 프랑스, 러시아, 오직 이렇게 세 나라밖에 없었다. 그러나 독일의 해외 무역이 확대되고 독일 기선들이 대양에 모습을 드러낸 이후로, 그들은 동아시아의 거대한 시장에서 새로운 이익을 가져가기 시작하였다. 또한 동아시아의 정치적 운명에 대해 발언할 수 있는 영향력을 가지기로 결정하였다. 러시아에게 만주 철도 이권을 넘긴 일을 제외하면, 최근 몇 년 동안 독일이 자오저우膠州 만을 점령한 일만큼 중국 역사에 중요한 영향을 끼친 사건은 없었다. 그리고 독일은 강압적으로 자오저우 만을 불법 점유하면서 호전적인 세력으로 중국의 정치무대에 등장하게 된다. 이 사건은 중화제국 분할의 새로운 시대를 열었으며, 적어도 그 유명한 1900년 의화단의 난을 일으킨 원인들 중 하나였다. 따라서 독일인들이 그들의 특별한 세력권인 산둥 성에서 과연 무엇을 하고 있는지 약간의 설명을 하는 일이 필요하다.

수심이 얕고 쓸모가 없는 만의 동쪽 끝에 위치한, 메마르고 나무가 없는 돌투성이 해안에서 독일인들은 자신들의 동아시아 수도를 빠르게 건설하고 있다. 이 도시는 북중국을 향한 해군 기지이자 상업 기지로서, 지구의 동반구에 있는 독일의 모든 해군과 상업 기지는 이곳에서 재집결할 것이다. 그러나 그들의 사업은 오래된 중국 전문가들 쪽에서 다소 은밀한 비웃음만을 받아왔다. 어떤 것이든 중국에서 무언가를 건설하는 엄청난 일을 시도하는 것은 개항장 사교계의 비웃음을 자초하는 일이다. 왜냐하면 지출을 정당화할 수 있는 어떠한 무역도 존재하지 않는 곳에서 이러한 시도를 하는 것은, 동아시아에서는 광기 또는 고의적인 악의나 다름없는 것으로 여겨지기 때문이다.

그럼에도 이러한 종류의 흥미로운 실험이 현재 중국 내 두 곳, 그러니까 다롄에서는 러시아인들이 칭다오에서는 독일인들이 진행하고 있다. 두 경우 모두, 결코 목적에 잘 부합하지 않는 장소에서, 엄청난 비용을 쏟아 거대하고 수심이 깊은 항구를 건설하고 있다. 더욱이 이 두 곳 모두, 유일하게 비용의 지출을 정당화할 수 있는 상업은 미래에만 존재할 뿐이다. 차이점이 있다면 다롄이 철도 계획을 실행하고 마무리하기 위해서 건설된 반면, 산둥 철도는 칭다오를 보완하는 역할로서 지선支線으로 건설되었다는 점이다. 두 사업은 거의 동시에 시작되었고, 어림잡아 보았을 때 현재 개발 상태가 거의 비슷한 수준에 이르렀다고 말할 수 있다. 러시아 정부가 다롄에 들이는 비용은 700만 루블 정도로 추산되며, 칭다오에는 1억 2,000만 마르크 이상이 소요될 것으로 예상된다. 따라서 경쟁은 지금까지 어느 한쪽에도 크게 유리하지 않게 잘 진행된다고 할 수 있다. 양쪽 모두와 관련해서 다양한 의견들이 제기되어 왔지만, 그중 대부분은 이 두 곳 중 어느 쪽도 방문해 보지 않은 사람들이 제시한 것들이었다. 또한 시대에 뒤떨어진 영국인과 중국인들 역시 경멸 어린 비판을 해 왔다. 그들은 그와 같은 전대미문의 방법에 강하게 반대하고 있으며, 중국 관습을 침해한 행위에 대해 적절한 처벌로서 온갖 불운이 있을 것이라고 예견한다.

하지만 이 사업의 장래성을 대략적으로 평가할 수 있는 시기가 거의 임박하였다. 혹은 최소한 그들이 실패할 운명인지, 아니면 적어도 어느 정도는 성공할 운명인지 결론을 내릴 수 있을 것이다. 나는 이미 다롄이 무역을 위해 개항되었을 무렵부터 그곳이 반드시 중요한 항구가 될 것이라는 점을 보여 주기 위해 노력해 왔다. 그러나 칭다오가 다롄과 마찬가지로 성공적일 것이라고 예견하는 것은 다소 성급한 일이다. 칭다오는 처음부터 그 배후 지역의 빈곤함(빈곤하다는 것은 상대적인 말로, 만주의 풍요로움과 비교했을 때만 적용이 가능할 것이다) 때문에 불리한 입장에 있다. 그러나 성공은 원래 계획의 범위에 따라서만 판단할 수 있다. 그렇기 때문에 먼저 독일인들이 자오저우 만을 점유할 때 무엇을 염두에 두고 있었는지를 지적할 필요가 있겠다.

독일인들은 우선 그들의 상업을 보호하고 중국 근해에서 자신들의 위신을 지탱해 줄 해군 기지를 원하였다. 그러나 그들의 선택은 매우 제한되어 있었다. 중국의 연안을 신중히 조사해 보면, 결국 그들은 웨이하이웨이와 자오저우로 선택의 폭을 줄일 수밖에 없었다는 것을 알 수 있다. 이보다 앞서, 리훙장 역시 같은 선택에 직면했을 때 그는 군사적 목적에 적합하지 않다는 이유로 자오저우를 거부하였다고 한다. 그렇다면 중국 해군에게 불필요했던 곳이 독일 함대에게 훌륭한 곳이 되기는 어려울 것이라는 주장이 있을지도 모르겠다. 그러나 주변 상황은 완전히 달랐다. 러시아가 이미 뤼순을 차지했고, 추측이지만 독일은 강력한 유럽의 이웃과 가까운 곳에 기반을 잡을 생각이 없었을 것이다. 웨이하이웨이와 자오저우 사이의 거리는 그리 멀지 않다. 그러나 뤼순에서 어뢰로 공격을 받을 수 있는 가능성을 고려했을 때, 웨이하이웨이보다는 자오저우가 더 나은 위치라고 볼 수 있는 충분한 거리였다. 비용 문제라면, 웨이하이웨이가 천연의 상태에서 훨씬 훌륭한 항만이기는 하지만, 아마도 각각의 항구를 난공불락의 요새로 만들기 위한 비용에는 큰 차이가 없을 것이다.

따라서 전략적인 관점에서 볼 때 독일은 자오저우 만을 선택할 수밖에 없었다. 그러므로 독일의 새로운 식민지를 비웃으려는 이들은, 적어도 독일이 중국에 해군 기지를 가져야 할 필요성을 인정한다면, 독일이 전략적인 목적을 위해 고를 수 있는 유일한 지점이 자오저우 만이라는 것을 기억해야 한다. 설령 항만을 만들고 요새를 건설하는 데 500만 파운드를 지출해야만 한다고 하더라도, 독일은 이미 자오저우 만을 점유하기 전부터 분명히 필요하다고 여겨 왔던 일들을 실행하고 있을 뿐이다. 만약 독일이 군사적 측면에서 목적을 달성하는 것 말고도, 자신의 식민지를 무역의 중심이자 북중국에 대한 상업 기지로 만드는 데에도 성공한다면, 그들은 원래 사업의 본질적인 부분이 아니었던 영역에서도 어느 정도의 성공을 거두게 될 것이다. 게다가 만약 독일이 산둥 그리고 ― 아마 ― 즈리의 일부 지역을 정치적으로 통제하기 위해 자오저우 만을 지렛대처럼 활용한다면, 항만에 소비된 돈은 훌륭한 이익으로 되돌아올 것이라고 분명히 주장할 수 있다.

칭다오는 자오저우 만의 동쪽 경계를 형성하는 곳에 있으며 도시 자오저우에서 철도로 77킬로미터 정도 떨어져 있다. 도시 자오저우는 독일이 중국으로부터 '임대한' 길고 얕은 만의 안쪽에서 내륙으로 1.6~3.2킬로미터 들어간 곳에 자리 잡고 있다. 자오저우 자체는 임대된 땅에 포함되어 있지 않다. 하지만 독일은 자오저우 만의 갯벌 전체와 칭다오에서 반경 30여 킬로미터 이내인 모든 지역을 차지하고 있다.

당신이 칭다오에 상륙한다면 메마른 바위투성이 구릉들을 마주하게 될 것이다. 이런 삭막한 구릉들은 산둥의 해안 어디에서나 볼 수 있으며 기분 나쁘고 황량한 인상을 준다. 칭다오는 곶의 끄트머리에서 바다와 마주하고 있다. 한편, 도시의 상업 구역(다부다오 Ta-pu-tao라 불림)은 얕은 구릉 위에 위치하며, 새로운 항만 건설 작업이 진행되고 있는 만을 바라보고 있다. 처음에는 연안 증기선을 위해 방파제를 갖춘 작은 항구가 칭다오에 건설되었다. 그러나 포구가 바위로 가득하고 입구가 너무 좁아서 안전하지 않다는 것을 알게 되었다. 그 이후로 연안 증기선들은 칭다오를 마주 보고 항만 밖에 정박하는 것을 선호하게 되었고, 그곳에서 삼판선과 거룻배로 승객과 화물을 하선시켰다. 하지만 그들은 동남쪽에서 불어오는 격렬한 강풍 때문에 만의 남쪽 후미로 대피할 수밖에 없었다. 마치 즈푸에서 배들이 북풍을 피해 절벽 아래로 대피하는 경우와도 같았다. 물론 이러한 불만스러운 상황은 일시적인 것일 뿐이었다. 왜냐하면 칭다오 안에서 작업 중인 대항大港 건설이 완료되면, 모든 크기의 배들을 수용할 수 있는 충분한 시설이 제공될 것이기 때문이다.

들어오는 증기선들을 마주 보고 있는 칭다오 시내에는, 두 곳의 훌륭한 호텔 그리고 수많은 회사 건물들과 개인 주택을 포함하여 크고 새로운 건물들이 매우 많았다. 토착 중국인 촌락을 제외하면 이곳에서는 소매 상점도, 중국인들이 사는 집도 찾아볼 수 없었다. 더욱이 그마저도 빠르게 철거되고 있었다. 내가 칭다오를 방문했을 때 호텔 앞의 해안 구역은 아직 완공되지 않은 상태였고, 수많은 건물들이 여전히 공사 중이었다. 그럼에도 새로운 개항장에서 볼 수 있는 규모의 일반적인 외국인 거주지를 찾을 수 있을 것이라 기대하고 오는 방문자는 놀라워하면서도 기뻐할 것이다. 그리고 그가 만약 사업가라면 어안이 벙벙해질 것이다. 상하이에 있는 아스토어 하우스Astor House를 제외하면, 프린스 하인리히 호텔은 일본을 포함한 동아시아에서 단연 최고이다. 게다가 상관과 공공 건물들은 상하이, 아니 홍콩에서도 찾아볼 수 없을 정도로 매우 넓고 견고하게 지어져 있다.

산둥에서는 거의 언제나 그렇지만, 이곳 역시 여름이나 겨울에 햇볕이 들 때의 경관은, 비록 헐벗은 모습이기는 해도 바다에서 처

야루 강의 중국 정크선.

음 보았을 때처럼 매력이 떨어지지는 않는다. 호텔 앞에서는 만의 입구가 바다를 향해 펼쳐진 풍경을 볼 수 있다. 푸른 수면 위에는 돌섬들과 수많은 정크선이 점점이 흩어져 있으며, 전함이나 순양함의 길고 하얀 선체가 가끔 반짝이기도 한다. 호텔 창문의 바로 맞은 편으로는 만 저편에 1,000여 개의 봉우리가 있는 긴 구릉이 보인다. 그중 가장 높은 봉우리는 만의 푸른 수면에서 500미터 정도 솟아 있다. 시가지의 뒤편에서는 낮은 구릉들이 겨울에 칭다오를 북풍으로부터 보호해 주고 있는데, 독일이 이곳을 통치한 이후로 그곳은 푸른 소나무로 뒤덮이게 되었다. 구릉들 뒤편으로 더 먼 곳까지 뾰족하고 환상적인 산봉우리를 가진 900미터가 넘는 산들이 이어져 있는데, 그 황량함에도 불구하고 보는 이들을 즐겁게 한다. 칭다오의 동쪽은 또 다른 작은 만에 위치하고 있는데, 그곳은 총독의 관저로 적합한 곳이라고 할 수 있다. 그곳의 해변은 해수욕을 하기에 매우 좋다. 한편 테니스장과 폴로 경기장을 갖춘 거대한 막사들과 작은 경마장은 미래 사교계를 위한 장소가 될 것으로 보인다.

만의 안쪽을 향한 칭다오의 서쪽으로는 갓 지어진 상업 구역이 들어서 있는 정말 놀라운 공간이 펼쳐져 있다. 그곳은 모두 완공된 건물들로 가득 차 있는데, 만약 필요하다면 상하이의 소매상 절반을 수용할 수 있을 정도이다. 이곳이 다부다오이며, 관대하게도 독일인들이 중국인의 거주와 상업 활동을 허가한 곳이기도 하다. 중국 상인들이 결코 다롄이나 칭다오에 가지 않을 것이라고 주장하는 이들에게는 다부다오가 성공적인 대답이 될지도 모른다. 사실 이곳에서 중국 상인들은 최대한 빨리 땅을 산 뒤, 밤낮으로 열을 올리며 서둘러 건물을 지었다. 그리고 그들은 이제 독일의 새로운 도시에서 살고 있다. 몇 가지 이유 혹은 다른 이유에서 중국인들은 칭다오를 신뢰하고 있다. 그리고 실용적인 방법을 통해 자신들의 믿음을 뒷받침하고 있다. 3.2킬로미터 정도 북쪽으로 가면, 구릉들과 높은 산악지대 사이에 작은 평원이 있다. 그리고 이곳에는 넓은 거리와 깔끔하게 지어진 집들, 큰 시장이 있는 모범적인 중국인 마을이 있다. 이 마을은 철도와 항구에서 일하는 모든 쿨리들 그리고 소수의 중국인 소매 상인들을 수용하기 위한 곳이다. 대체로 독일인들이었던 방문객과 거주자들은 이 마을의 계획을 재미 삼아 하는 일로 여겼다. 그러나 그 결과는 예상외로 상당히 성공적인 것 같다. 이 계획은 쿨리 구성원들을 적당한 거리 밖으로 몰아내었고, 그들이 위생적인 방식으로 살도록 요구하였다. 게다가 정부는 용케도 각각의 주택마다 1개월에 2파운드씩의 임대료를 징수하고 있다. 중국인은 붐비는 오두막집에 떼를 지어 사는 것을 좋아하지만, 깔끔하게 살도록 강요받자 체념하며 운명을 받아들이는 듯하다. 때문에 누구나 독일의 체계가 이 외국의 세력권 아래 있는 중국의 다른 모든 지역으로 확대되기를 희망하지 않을 수 없을 정도이다.

새로운 항구는 다부다오 아래의 만 안쪽에 제대로 자리 잡고 있다. 내가 방문했을 때에는 막 형성되고 있는 중이었다. 두 개의 거대한 방파제가 넓은 포구를 형성하고 있었는데, 방파제 중 하나는 3.2킬로미터가 넘는 반원형이었으며, 다른 하나는 이보다 훨씬 짧은 직선형이었다. 큰 방파제의 건설은 잘 진행되었으나, 두 방파제로 둘러싸인 포구는 매우 얕았고 수면 아래 곳곳에 암초들이 있었다. 그래서 필요한 모든 준설 공사와 매립 작업이 완료되고 다양한 부두가 건설되려면 4년이란 시간이 더 소요될 것이라고 보고 있었다. 항구가 완성되면 상선과 군함 모두를 수용할 수 있게 되며, 양쪽 모두에 도크 시설을 제공할 예정이다. 예전에 그곳에는 안전한 정박 시설이 전혀 없었다. 왜냐하면 원래 곶의 끄트머리 가까이에 건설되었던 작은 항구는 대형 정크선을 수용하는 것 ─ 이러한 목적은 전혀 고려된 적이 없었다 ─ 외에는 어떠한 목적에도 쓸모가 없다는 사실이, 이미 언급한 바와 같이, 드러났기 때문이다. 따라서 해운 회사들은 정부에 압력을 넣었고, 결국 1902년에는 새로운 항구에 1,500미터(7펄롱) 길이의 부두 하나가 준비되었다.

이제 도로와 철도에 대한 이야기가 남았다. 칭다오의 모든 환경에 대해 넉넉한 규모로 건설되는 도로는 영국인 기술자들조차도 부러워할 정도이다. 그러나 도로들은 부분적으로 중요한 요소이다. 철도야말로 칭다오의 개발과 미래의 번영에 가장 중요한 요소이다. 내가 1901년에 철도를 따라 여행했을 당시, 철도는 자오저우 시까지만 (77킬로미터) 순조롭게 운행되었다. 그러나 가오미高密까지 철도 개통을 기념하는 축제가 준비 중이었다. 가오미는 자오저우 다음 가는 도회지이며 칭다오에서 103킬로미터 떨어진 곳에 있는 도시이다. 이제 철로는 작년부터 칭다오에서 150킬로미터 떨어진 웨이시엔濰縣까지 놓였으며, 비로소 철도 운행은 진정으로 중요성을 띠게 되었다. 칭다오와 자오저우 사이 구간은 상당한 양의 개착開鑿 공사를 해야 했지만, 자오저우를 넘어서 성회省會에 이르기까지 사실상 기술적인 어려움은 없었다.

도로 건설 공사는 1899년 말에 시작되었는데, 1900년의 분쟁 기간에 부분적으로 방해를 받았다는 것을 고려한다면, 지금까지의 진척 상황은 어떠한 과실도 없었다고 볼 수 있다. 공사는 견실하게 진행되고 있다. 선로의 궤간軌間은 표준궤(1.2미터, 2.5미터)이고, (크룹스 사의) 레일의 중량은 0.91미터당 70파운드이며, 철제 침목을 사용하였다. 철둑과 바닥에 까는 자갈은 흠잡을 데가 없다. 순조롭게 공사가 이루어지는 이 구간의 길이는 5년 동안 만주에 놓인 2,000킬로미터와 비교하면 매우 짧아 보인다. 그러나 그 이전에 우리가 반드시 염두에 두어야만 하는 사항들이 있다. 그것은 산둥 철도는 만주 철도처럼 정부가 진행하는 것이 아니라 사영 기업이 건설하고 있다는 점이다. 그리고 산둥 철도의 경우에는 노선에 대한 긴박하고 전략적인 필요성이 없다. 그렇기 때문에 실제로 운행에 적합한 구간들만 개통하면서 — 이는 그 필요성이 만주에서는 지켜지지 않았던 규칙이다 — 천천히 그리고 견실하게 건설할 수 있는 것이다.

상업적인 측면에서 살펴보았을 때, 자오저우까지의 노선은 개통되었지만 아직 아무것도 입증하지는 못하고 있다. 이 지역의 생산품(주로 콩)은 자오저우의 항구에서(다부다오라 불리지만, 칭다오의 상업 구역과 절대 혼동해서는 안 된다) 정크선에 실려 계속 수송되었다. 주로 닝보寧波와 산터우汕頭로 수출되었는데, 그 생산물을 구매하는 상인들 소유의 해상 정크선이 이를 운반하였다. 독일이 이 소규모 무역을 손에 넣는 일을 기대하기는 어렵다. 왜냐하면 그렇게 하려면 칭다오와 자오저우 사이의 증기선 요금과 철도 요금을 합해도, 정크선으로 전체 여정을 갈 때 소요되는 비용과 같아야 하기 때문이다. 이와 마찬가지로 정크선을 타고 자오저우로 가면 200전錢 또는 20센트밖에 들지 않는 반면에 철도의 경우에는 현재 1.20달러를 지불해야 하기 때문에, 중국인 승객들 역시 철도를 이용하려고 하지 않을 것이다. 처음부터 철도 요금은 너무 높았다. 아마도 독일인들은 중국인들이 요금을 지불할 수 있을 것이라는 터무니없는 생각을 했던 것 같다. 게다가 그들은 목적에 맞게 충분히 열차를 갖추기 전까지, 어떠한 상황에서도 운행을 장려하는 일을 꺼리고 있었다. 그러나 아무래도 자오저우 구간은 그 자체로서는 결코 수지가 맞을 수 없다. 철도가 내륙까지 닿기 시작해야만 철도의 장래성을 완전히 평가할 수 있을 것이다. 현재 웨이시엔이 개통되었기 때문에, 상품 운송은 이제 늘어나기 시작할 수밖에 없다. 왜냐하면 웨이시엔은 산둥 동부의 진정한 상업 중심지이기 때문이다. 웨이시엔 지역은 산둥의 세 가지 특산물, 즉 콩과 새끼줄straw-braid, 폰지pongee[17]의 생산지이며, 지금까지 즈푸를 통해서만 무역의 출구를 확보해 왔다. 상품을 철도로 칭다오로 보내는 것이 손수레나 마차, 또는 쿨리를 이용하여 험한 길을 따라 비슷한 거리의 즈푸로 운반하는 것보다 유리하다. 이 사실은 너무나 자명하여 논쟁이 필요없다. 다시 말하자면, 의심할 여지 없이 수출과 수입 모두에서 칭다오는 즈푸에서 이루어지는 무역의 많은 부분을 손에 넣게 될 것이다.

동아시아에는 중국인의 습관은 바꿀 수 없다고 말하는 사람이 많

17 생사를 사용한 황갈색 견직물.

다. 그리고 그들은, 만일 어느 중국인이 상품을 즈푸로 가져가는 습관이 있다면 얼마의 비용이 들더라도 그는 계속 그렇게 할 것이라고 이야기할 것이다. 그러나 정말로 이처럼 쓸데없는 소리를 믿는 사람은 머리가 굳은 개항장의 상인밖에 없다. 게다가 그조차도 자신의 기억을 더듬어 나간다면, 과거에 중국인 무역업자들이 자신의 교역로에서 비용이 드는 점을 발견할 때마다 경로를 바꾸는 것을 꺼리지 않았던 사실을 인정해야 한다. 따라서 칭다오는 옛 무역을 손에 넣게 됨과 동시에 철도를 통해 새로운 무역 활동의 중심지들을 창조하여 결국엔 상당한 정도까지 산둥의 수출과 수입 무역량을 흡수할 것이다. 철도는 또한 웨이시엔 인근의 탄광에도 연결될 것이다. 그곳의 탄광은 ― 비록 상투적인 표현에 따르면 ― '최고의 탄광인 영국 카디프Cardiff에 필적하는' 것은 아니지만 그래도 상당한 가치가 있다고 전해진다. 마지막으로, 칭다오는 수심이 깊은 항만으로 북중국, 만주, 조선에 대한 독일의 유용한 상업 기지이자 물류 센터가 될 것이다. 따라서 독일에 한해서만 본다면, 칭다오는 홍콩의 역할을 대신한다고 볼 수 있다. 영국 선박이 독일 상품의 상당량을 운송하고 있는 한, 물론 이것은 그다지 중요하지 않은 고려 사항이다. 그러나 독일 증기선이 늘어나면서 이런 관점에서 살펴본 칭다오의 중요성 역시 함께 증가하게 될 것이다.

따라서 독일의 새로운 항구는 상하이와 같은 대형 시장의 라이벌이 될 수 없다고 결론지을 수 있다. 심지어 이에 비견되는 만주의 항구인 다롄에 대해서도 그것은 마찬가지이다. 왜냐하면 다롄은 훨씬 거대한 철도 체계의 끝에 있기 때문이다. 반면에 칭다오는 그곳에 있는 상업적 이익을 산둥 지방의 밖으로 끄집어낼 운명을 갖고 있다. 그러나 사람들의 검소한 본성과 그 지역의 광물 자원에 대한 전망을 고려해 볼 때 그 이익이 상당하지 않은 것은 아니다. 그 누구도 칭다오에 소요된 자본을 경화硬貨로 정확하게 돌려받을 수 있을 것이라고 생각하지 않는다. 러시아가 뤼순에 들인 비용에 대해 정확한 상업적 보상을 얻을 수 있을지를 물어보는 것이 현명하다. 왜냐면 본질적으로 칭다오는 해군 기지이기 때문이다. 이를 위한 비용의 전부 혹은 상당 부분을 직접적인 상업적 이해관계를 고려하지 않고 지출해야만 하였다.

정치적인 관점에서 칭다오가 이점이 없는 것은 아니다. 칭다오는 산둥 철도 회사를 탄생시켰고, 이제 이 회사는 군사적 보호가 필요한 단계에 이르렀다. 내가 자오저우에 있을 때 120명의 기병으로 구성된 경비대가 가오미로 향하고 있었다. 그리고 이와 유사한 어느 부대는 웨이시엔을 지나는 노선을 호위할 예정이었다. 그 결과, 점차 산둥을 가로지르는 독일 군대의 방어선이 형성되었다. 마치 만주에서 코사크 군대가 그러한 경우처럼 말이다. 이렇게 예전의 철도 게임이 다시 한 번 재연되었다. 이것은 수지가 맞는 게임이다. 왜냐 하면 그들은 실제로 지는 일을 결코 하지 않기 때문이다. 언제든지, 그들은 자신의 경비대를 강화해서 그 지역 최고의 권력을 틀어줄 수 있다. 반면에 만약 주위 상황이 너무 강력할 경우, '체면'을 잃지 않고 분쟁을 초래하지 않으면서 경비대를 철수시키는 일은 항상 쉽 다. 그 게임은 그들에게 아무것도 약속해 주지 않지만, 모든 것을 가능하게 만들어 준다.

현재 독일인들은 조용히 자신들의 작업을 계속 수행하는 중이다. 칭다오를 포함한 산둥 지방 전체에는 겨우 2,500명의 독일 병사들 이 있다. 어찌되었든 간에 그들이 독일의 영토 밖에 있긴 하지만, 수백 명의 기병으로 이루어진 소규모 군대만으로 무슨 의미가 있겠 는가? 하지만 그럼에도 칭다오에는 거대한 규모의 새로운 병영 공간 이 있으며, 새로운 연대 병력이 모국에서 오고 있다. 그들이 모두 사영 기업 하나를 도와서 철도를 건설하는 것을 목적으로 하고 있는 것일까? 그럴 수도 있고 아닐 수도 있다. 아마도 독일 또는 독일 황제는 결단을 완전히 내리지 못한 것 같다. 그러나 준비를 해 두는 것은 언제나 좋은 일이다. 의심할 여지 없이 언젠가는 그리고 머지 않아, 만주가 러시아의 것이 된 것처럼 산둥은 독일의 한 주州가 될 것이다. 만약 다른 강대국이 이를 반대한다면, 독일은 반대의 이유들이 시대에 뒤떨어졌다는 근거를 대며 대답할 것이다. 그리고 그러는 동안에도 우리 차관들은, 독일이 산둥에 대해 어떤 의도를 가졌다고 여길 만한 근거는 전혀 없다고 계속 이야기할 것이다.

다른 외국 열강들은 독일이 중국에서 채취한 눈에 보이는 석탄통에 마음을 놓아서는 안 된다. 실제로 독일은 아마 어느 때보다도 더 단호하게 그리고 조용히 자신의 작업을 진행하고 있을 것이다. 칭다오는 상업적인 개발뿐 아니라 방어 시설을 건설하는 일도 시작하였다. 그리고 산둥이 흡수될 준비가 되었을 때 칭다오의 요새들은 완성될 것이다. 현재, 민간인과 군대 양쪽 모두의 영국 관리들은 산둥 해안의 방치된 지역을 등한시하며 거들떠보지도 않는다. 그러나 여러 가지를 고려할 때, 그 지역은 향후 10년간 중국의 역사에서 두드러진 역할을 맡게 될 것이다. 나는 그곳의 중요성을 과장할 생각이 없다. 게다가 독일 정부가 절대로 오류를 범하지 않는 것은 아니다. 칭다오의 소항小港 건설의 경우에서 보듯이, 큰 실수들이 칭다오에서 일어났으며 관료주의는 여전히 지배적이다. 심지어 나는 톈진에서 한 뛰어난 독일 상인이, 할 수만 있다면 결코 칭다오와 같은 독일 정부에 속한 항구에 정착하지는 않을 것이라고 맹세하는 것을 들은 적도 있다. 그러나 이러한 경우에 가장 중요한 것은 중국

상인들의 증언이다. 그리고 의심할 여지 없이 중국인들은 칭다오를
믿고 있다.

제16장
철도와 세력 범위

    우리가 중국과 관계를 맺은 역사는 기간이 다른 두 시기로 나누어 볼 수 있다. 첫 번째 시기에 우리는 '문호 개방'과 중화제국의 보전을 위해 매우 주의를 기울였다. 그리고 두 번째 시기에는 중국에 영향을 끼치는 세력 범위에 따라 중국을 분할시켜서 국제적인 난국을 해결하려 하였다. 두 번째 시기는 1899년의 영러 협정과 함께 시작되었는데, 이를 통해 만주는 러시아의 관할로 그리고 양쯔 강 연안은 영국의 관할로 승인되었다. 최종적으로 조인을 이끌어 낼 때까지의 긴 협상 기간, 중국의 발전에 진정으로 관심이 있다고 간주되었던 유일한 두 강대국은 대영제국과 러시아였다. 그러나 극동의 정세 속에서 영국과 러시아 중 어느 쪽이 우위를 차지했든지 간에, 얼마 지나지 않아 두 개의 다른 국가가 등장하였다. 그리고 그들은 중국의 운명을 결정하는 데에 모호한 발언권을 거부한다고 주장하였다. 그 두 국가는 바로 독일과 일본이었다. 그리고 이들의 등장은 독일과 협정을 맺는 것으로 귀결되었다. 이 협정으로 산둥은 독일의 야심이 미치는 특별한 영역으로 구분되었다. 그 한편에서 일본은 저장浙江과 푸젠福建 등의 연해의 성省에 세력을 행사할 수 있다는 보장을 받았다. 이 지역은 일본의 섬인 타이완의 맞은편에 있는데, 일본은 자신의 입장에서 이곳이 큰 가치가 있음을 인식했다.

중국 내 세력 범위 설정에 대한 전체적인 계획은 완전히 드러났다. 그리고 그중 우리의 몫에 관한 한, 우리 정책의 유감스러운 실패를 이제 와서 강조할 필요는 없다. 우리가 '문호 개방'이라는 오래된 주장으로 다시 돌아가서 이를 외치는 동안, 다른 강대국들은 우리의 일시적인 정신 착란으로부터 이익을 얻었다. 그리고 그들은 세력 범위를 허울뿐인 이름 이상의 것으로 만들어 왔다. 우리가 과거에 얼마나 심각한 손실을 입었는지 분명히 알아야 한다. 그리고 일본이 랴오둥 반도에서 철수하도록 강요받은 이후 그 짧은 기간 동안 정세가 얼마나 변화되었는지를 명백히 이해해야만 한다. 그렇게 하지 않는 한, 우리는 극동의 현 상황을 평가할 수도 없고, 어떠한 힘이나 가치에 대해 새로운 정책 또한 세울 수 없다.

남만주의 철도 계획은 지금까지 비교적 중요하게 다루어지지 않았다. 이 계획에 영향을 주게 될 협상에 들어갔을 당시만 해도, 영국 정부는 1899년에 실제로 시행된 정책이 완전히 반전되리라는 예상을 거의 할 수 없었다. 솔즈베리Salisbury 경이나 밸푸어Balfour 씨는 신중하게 행동하려고 했겠지만, 1899년 이후에 나타날 결과를 예견할 수는 없었다. 그러나 그 사실이 나라의 복지를 책임지는 정치가인 그들에게 유리하게 작용할 리는 없다. 더욱이 실제로 그들은 협상 기간 내내 진정으로 문제가 되는 쟁점들에 대해 상당한 무관심을 보였고 철저히 무시하는 것으로 일관하였다. 그리고 이러한 태도는 아시아의 문제들을 다룰 때 매우 자주 우리 외무부의 특징으로 간주되었다. 최근 바그다드 철도 분쟁을 다루는 과정에서 보여 준 놀라울 정도의 부주의함은 외무부가 이러한 측면에서 구제 불능이라는 점을 매우 명백히 보여 주었다. 제대로 된 아시아 담당 부서Asiatic Department가 조직될 때까지 외무부는 구제 불능인 채로 남아 있을 것이다. 이러한 점은 아시아 정치에 대해 깊은 지식을 가진 이라면 누구나 분명하게 아는 사실이다. 이제 중국에 대한 우리의 최근 정책을 재검토하고자 한다. 이것은 일반 독자가, 우리가 기울여 온 정책 방향에 대해서 명확한 견해를 가질 수 있도록 하려는 것이다.

외무부가 보통 수준의 통찰력도 가지지 못하였다고 막연하게 매도하는 것은 쉽다. 따라서 거의 가치가 없는 일이다. 중요한 것은 우리가 어떤 부분에서 실수를 했으며, 어떻게 하면 그것들을 제거할 수 있는지를 제시하는 데 있다고 하겠다.

1899년의 영러 협정으로 마무리되었던 협상 문제는 처음에는 비교적 사소한 논쟁에서 시작되었다. 그리고 그것은 산하이관 − 뉴좡 철도의 출자를 둘러싸고 일어난 이 나라와 러시아 사이의 논쟁이었다. 영국의 채권자들은 베이징에서 산하이관에 이르는 북부 철도의 건설에 투자하였다. 그리고 중국 정부와 계약을 맺기에 이르는데, 이를 이용해 철도를 뉴좡까지 연장하는 데 출자하고 그 철도 전체를 채권에 대한 담보로 삼으려고 하였다. 이 계약이 공개되자마자 베이징의 러시아 대사가 개입하였고, 장성 북쪽의 그 어떤 철도도 외국인 채권자들에게 담보로 제공되는 것을 반대하였다. 그가 주장하는 설명에 따르면, 중국 정부는 만주와 관련해서는 어떠한 사업도 시작하지 않겠다는 협정을 사전에 러시아와 맺었다는 것이다. 그러자 브리티시 코퍼레이션의 대리를 맡았던 홍콩상하이 은행The Hong Kong and Shanghai Bank과 자딘매디슨사Messrs. Jardine and Mathieson는 자신들과 중국 정부 사이에 협정이 체결될 수 있도록 도와줄 것을 영국 정부에 요청할 수밖에 없었다.

러시아 정부가 중국과 사전에 맺었던 협약을 실제로 제시할 준비가 되어 있지 않는 한, 표면상 그들의 주장은 정당한 근거가 없었다. 러시아 정부는 중국과 1,000여 개의 비밀 협약을 체결했을지도 모른다. 하지만 그중에 어떤 것도 중국 정부가 영국의 회사와 체결할지도 모르는 협의를 무효화할 수는 없다. 사실 이러한 원칙을 인정하는 것은, 앞으로 중국과 같은 나라와 교섭할 때 문제가 발생하면 우리 자신을 매우 불리한 상황에 몰아넣는 일이 될 수도 있다. 왜냐하면 우리 계획을 어떤 것이든지 거부할 수 있는 길을 러시아에게 열어 주는 것이기 때문이다. 사전에 맺었던 비밀 약속이 있다고 주장하면서 특별히 동의하지 않는 식으로 말이다. 불행히도 우리 정부는 이 뻔한 속임수에 너무도 소심하게 대응해 왔다. 러시아가 페르시아와 철도 부설권에 관해 이와 비슷한 비밀 협약을 맺었을 때, 우리 정부는 그 협약과 실제로 결부되는 부분이 있다고 생각은 했지만 정작 그 협약에 대해서 공식적으로는 그 어떠한 것도 알지 못하였다. 뉴촹 철도의 경우, 우리는 러시아의 항의를 완전히 무시하거나 혹은 러중 협약 전문을 제시하라고 요구했어야만 하였다. 그래야 우리가 향후 어떻게 해야 하는지 정확히 알 수 있기 때문이었다. 하지만 그러기는커녕, 매우 나약하게도 우리는 러시아가 이에 대해 간섭하며 일련의 긴 협상을 시작할 권리를 허용하고 말았다. 이 협상의 과정에서 밸푸어 씨는 때때로 솔즈베리 경을 위해 행동했지만, 그 역시 진정으로 문제가 되는 쟁점들에 대해 정확한 인식이 부족했던 점은 마찬가지였다.

그들이 그 문제를 다루는 방식이 잘못은 아니라고 외무부를 위해 이야기할 필요가 있다. 왜냐하면, 협상에 대한 상세한 보고서가 청서靑書의 형태로 간행되었는데, 그 보고서를 살펴보면 우리 외교관들이 중국의 지리에 대해 무지하다는 사실이 드러나 있기 때문이다. 게다가 그들이 내린 결론에 대해서 아무것도 의아해할 필요는 없다는 점 또한 이야기해야겠다. 예를 들면 이런 적이 있었다. 협상 내내 외무부와 우리 대사는 브리티시 코퍼레이션의 사업 설명서를 제공하였다. 그런데 협상이 거의 1년 가까이 진행된 뒤에야 람스도르프 백작이 갑자기 신민팅新民廳 방면의 철도 지선이 그 협정에 들어 있다는 것을 발견하였다. 람스도르프 백작은 그 발견 때문에 전체 상황이 달라졌다고 주장하였다. 찰스 스콧 경이 사업 설명서를 읽어 보지도 않았다는 것은 분명하였고, 그래서 그는 외무부에 걱정스럽게 전보를 쳐서 신민팅이 어디인지 물어보았다. 그에게 모든 중국의 지명은 똑같은 의미였다. 외무부도 똑같이 당황하였고 결국 대사에게 람스도르프 백작에게 물어보라고 조언하였다. 그리고 마침내 가장 가까운 서적 판매업자에게 사람을 보내 중국 지도를 구입하고 나서야, 최근에 출판된 아키볼드 콜퀴하운Archibald Colquhoun의 책에 실린 지도에서 신민팅을 찾았다고 대사에게 조언할 수 있었다. 외무부와 대사 모두 거의 1년 가까운 시간 동안 신민팅 방면의 지선이 포함된 철도 사업 설명서에 대해 협상을 해 왔다. 게다가 신민팅은 만주의 중심으로 잉글랜드의 버밍엄Birmingham 만큼이나 중요하며, 정확한 중국 지도라면 모두 큰 활자로 표시되어 있다. 이러한 사실들을 기억하고 고려했을 때 사람들의 반응은, 국가 업무를 수행하는 사람들이 엄청나게 무지하다는 사실에 대해 경악하거나, 이 무지를 청서에 그대로 기록해 놓은 부서의 정직함을 찬사하거나, 둘 중 하나로 나뉠 것이다. 외무부에게 다행인 것은, 영국에는 청서 읽기를 거부하는 건강한 대중들이 있다는 사실이다.

협상은 간신히 끝을 맺었다. 그리고 뉴좡 철도의 영역을 훨씬 넘어선 영러 협정의 체결로 귀결되었다. 협정 내용에서 우리는 만주에서의 철도 또는 광물 개발에 대한 영국인의 어떠한 계획에도 정부는 지원하지 않겠다고 약속하였다. 반면에 러시아는 양쯔 강 연안에 관해 이와 유사한 내용으로 정부의 지원을 자제하겠다고 약속하였다. 영국 대중은 열렬한 갈채와 함께 협약을 받아들였다. 왜냐하면 그들은 이 협약을 양쯔 강 유역 전체 또는 중국의 절반 정도를 합병하기 위한 큰 진전으로 여기도록 교육받아 왔기 때문이었다. 이렇게 세력 범위 정책은 정식으로 시작되었다.

협상의 토대를 확대하자고 제의한 쪽이 러시아 정부가 아닌 우리 외무부이었다는 사실에 주목해야 한다. 우리는 브리티시 코퍼레이션이 만주에서 철도를 저당 잡을 권리가 있었던 오직 그 쟁점만을 객관적으로 정확하게 다룰 수도 있었다. 러시아 정부는 자신들이 만주 전체에 대한 기득권을 가지고 있다는 근거를 대며 즉석에서 이의를 제기하였다. 그러나 우리는 분명히 이 기득권에 대한 지식이 없었다. 게다가 그것을 받아들일 이유도 없었다. 하지만 만약 이 권리를 거부하는 직접적인 방침을 취하지 않는다면, 우리 정부가 가지고 있는 생각, 즉 중국의 독립과 영토 보전에 대한 입장과 명백히 모순되는 방침이 아니겠는가? 왜 러시아와 거래를 해서는 안 되는가? 만일 러시아가 그 답례로 우리에게 거대한 양쯔 강 연안의 엄청난 자원을 넘겨주려 한다면, 만주라고 하는 그 미개하고 황량한 지역에 대해 러시아가 주장하는 모든 권리를 가지게 하자. 물론 누구나 모스크바 사람의 교활한 속임수 속에서 순진하게 즐거워하는 우리의 천진난만한 총리의 모습을 상상할 수 있을 것이다. 영국 대중의 박수갈채 또한 매우 쉽게 이해할 수 있다. 오직 극소수의 사람들만이 어렴풋이 극동에 대한 견해가 있을 뿐이었고, 모든 이들이 나일 강 유역보다 훨씬 크고 부유하며 인구가 더 많은 새로운 왕국이 대영제국의 일부로 추가로 종속되었을 때 기뻐할 준비가 되어 있었다. 물론 분별 있는 방관자들은 분명히 그 문제에서 하나 이상의 파벌들을 염두에 두어야 한다는 점을 언제나 머릿속에 떠올리고 있었을 것이다. 그러나 그 파벌이 중국의 입장을 존중하는 것에 관심을 가져야 한다고는 누구도 기대하지 않았다. 하지만 독일, 일본, 미국은 분명히 고려해야만 하는 대상이었다. 우리 외무부는 조금도 당황하지 않았다. 독일은 다소 황량한 지역인 산둥을 선택했고, 그것을 기꺼이 받아들였다. 일본은 어떠한 경우에도 우리의 정책을 존중할 의무가 있었으나, 그렇다고 자신의 야심을 양보할 이유는 전혀 없었다. 일본은 한때 번영했으나 지금은 쇠퇴하고 있는 아모이厦門와 푸저우福州의 운명을 소생시킴으로써 자신들이 원하는 바를 얻을 수 있었다. 미국의 경우는, 우리는 그들이 토지를 강점하는 일에 뛰어들 것이라고 생각하지 않았다. 미국이 극동에서 자신의 권리를 항상 소극적으로 주장해 온 것을 생각해 볼 때, 미국은 중국 중부에 있는 우리 지배권 밖에서 이익을 얻는 것에 기꺼이 만족할 것이 틀림없었다.

이 모든 일들은 남아프리카 전쟁(보어 전쟁) 이전에 일어났다. 이때는 우리가 가진 힘에 대해 꽤 자신이 있을 때였고, 우리의 자부심이 그렇게 갑작스럽게 추락할 것이라고는 생각하지 못하였다. 그러나 영러 협정과 영독 협정에 내포되어 있는 바와 같이, 라이벌 강대국들이 중국 영토를 분할하는 것에 동의할 것이라고 영국의 어느 정치인이 믿을 수 있었겠는지 상상이나 할 수 있겠는가? 우리는 지구의 가장 풍요로운 부분들을 흡수하는 과정에 익숙해져 있기 때문에, 중국에서 얻은 전리품의 분배가 얼마나 심하게 불공정했는지를 생각하지 못했을 수도 있다. 그러나 우리는 우리의 반대 세력들이 이 상황에 충분히 민감하였다는 것을 전적으로 확신할 수는 있다. 더욱이 러시아는 1899년의 협정에 조인했지만, 최소한 그것이 중국의 나머지 지역에 대한 자신의 권리를 침해한다는 의미가 아니었음은 분명하다. 러시아는 그 협정으로 얻을 수 있는 모든 것을 얻었고 아무것도 잃지 않았다. 왜냐하면 그 협정은 만주 내 러시아의 특권을 완전히 인정하고 있었기 때문이다. 그리고 러시아는 만약 필요하다면 무력을 동원해서라도 이를 유지할 준비가 되어 있었다. 반면에 협정으로 우리가 얻은 특권은 아마도 전 세계가 이를 노리고 경쟁을 하게 될 것들이었다. 그러나 그것은 다만 그것이 어떤 진정한 의미를 가지고 있는 경우에만 가능한 일이었다. 독일은 러시아와 상당히 비슷한 상황에 놓여 있었다. 독일이 산둥을 차지한 것은 비록 '문호 개방' 이론에 반하는 것이었지만, 독일의 상품은 상대적으로 별 볼일이 없기 때문에 우리에게 엄청난 반감을 야기할 것 같지는 않다.

따라서 독일은 산둥을 얻고 양쯔 강 유역의 권리 중 아무것도 내놓지 않겠다고 고집하였다. 게다가 이 밖에도 러시아와 독일은 항상 우리와는 매우 다른 식민지 정책을 채택해 왔다는 사실을 기억해야 한다. 그들이 각자의 영역에서 결코 우리가 주장할 생각을 못했던 기득권을 기대하고 있었던 것은 자연스러운 일이었다. 이것이 우리 정치인들이 그들의 눈앞에서 분명히 지켜야 했던 요점이다. 우리가 정말로 양쯔 강 유역을 합병하려고 했던 것이 아닌 한, 우리는 그 지역을 우리의 세력 범위라고 불러도 아무것도 얻을 것이 없다. 즉, 우리는 양쯔 강 유역을 우리의 세력 범위라고 부르게 된 후에도, 별다른 변화 없이 그 전과 정확히 똑같은 권리를 갖게 된 것이다.

사실, 우리는 중국 중부에서 어떠한 종류의 독점적인 권리도 가지고 있지 않다. 양쯔 강 유역에 건설된 유일한 철도는 대부분 프랑스 자본으로 만들어졌으며, 러청 은행의 재정적인 관리를 받는 벨기에의 노선이다. 그리고 양쯔 강 유역의 시장인 한커우에는 최근에야 독일, 러시아, 일본의 조계가 형성되었다. 독일과 일본의 상업용 증기선들이 강 위에서 우리와 경쟁하고 러시아의 소형 군함이 영국 군함과 마찬가지로 자유롭게 이창宜昌을 왕래한다. 심지어 계곡의 상류에는 최근 올리Olry라 불리는 다리미 모양의 조그만 포함砲艦이 프랑스 국기를 달고 등장하였다. 이 모든 것이 의심할 여지 없이 훌륭하다. 그러나 어디에 영국의 세력 범위가 존재하는가? 우리는 양쯔 강에서 다른 강대국들보다 더 많은 포함을 운용하고, 따라서 막대한 경비를 지출해 가며 모든 외국인의 안전에 공헌하고 있다. 그러나 이 사실들을 제외하면, 우리는 다른 열강들이 가진 것과 동등한 독자적인 이익을 챙기지 못하고 있다. 반면에, 러시아와 독일의 세력 범위로 눈을 돌려 보면 우리는 큰 차이를 알 수 있다. 만주는 현재 러시아 총독의 관할 아래 있으며, 사실상 러시아의 영토이다. 앞으로는 러시아 정부의 동의가 없으면, 누구도 그 지역의 막대한 광물 자원을 개발하는 일이든 혹은 철도를 건설하는 일이든 간에 어떠한 방법으로든지 동북 3성을 개발하는 일에 참여할 수 없을 것이다. 더욱이 심지어 만주의 대외 무역도 머지않아 십중팔구 러시아의 관세 아래 놓일 것이다. 또한 산둥에서는 독일인들 역시 만주에서 러시아인들이 펼치는 정책과 비슷한 정책을 시행하고 있다. 칭다오 항은 전 세계에 개방되어 있지만 그것은 명목상일 뿐, 독일 국적이 없는 이상 외국 상인들은 그곳에서 환영받지 못한다. 산둥의 철도는 완전히 독일의 것이며, 그 지역의 광산을 개발할 권리는 독일인들에게 배정되었다. 우리는 어떠한 상황에서도 양쯔 강 연안의 자원에 대해 우리를 위한 배타적인 특권을 확보할 수 없었다. 이런 상황은 우리의 식민지 정책의 모든 전통과 상반된다. 사실상 중국의 분할이나 다름없는 일에 가담하면서, 우리는 많은 것을 잃었고 아무것도 얻지 못하였다. 머지않아 우리는 자연스럽게 우리의 실수를 깨닫게 될 것이다. 그러나 남아프리카 전쟁(보어 전쟁)에서 우리가 보인 무력함과 그 여파는 우리 자신을 일깨워 준 계기가 되었다. 러시아는 만주에서 자신의 입지를 강화할 기회를 잡았으며, 중국 정치에 대해 완전히 풋내기였던 독일은 고압적인 태도를 보이기 시작하였다. 우리가 중국의 영토 보전을 존중하고자 독일과 — 우리에게는 전혀 아무런 대가가 없었던 — 협정을 맺었을 때, 뻔뻔스럽게도 독일은 그 협정에서 논한 세력 범위를 만주와 산둥에는 적용되지만, 양쯔 강 유역에는 그렇지 않다고 해석하였다. 그들은 우리에게 의심할 여지를 남겨 놓지 않으려고 상하이에 수비대를 보냈고 가능한 한 오랫동안 이를 유지하였다.

어떤 의미에서는 남아프리카 전쟁(보어 전쟁)의 부담이 괴롭지만 우리에게 더 나은 경험이었다고 여길 수 있을 것 같다. 왜냐하면 우리에게 세력 범위 정책의 극단적인 어리석음을 그렇지 않았을 경우보다 빠르게 그리고 강제적으로 잘 깨닫게 해 주었기 때문이다. 그러는 동안 미국은 이 투기장에 들어와서 '문호 개방'이라는 오래된 외침을 거론하며 새로운 압력으로 작용하기 시작하였다. 미국 정부의 입장에서 보았을 때 그들은 '문호 개방'이라는 원칙에서 결코 흔

들리지 않았다. 사실, 미국 정부는 '문호 개방'이 아니라면 어떠한 정책도 미국 국민들의 의지에 반한다는 사실에 강요받고 있었는지도 모른다. 왜냐하면 그들은 성장하고 있는 대외 무역에 신경을 써야 했고, 선천적으로도 영토의 확대를 싫어했기 때문이다. 그러나 우리의 '문호 개방'에 대한 요구는 줄곧 명확하였다. 다만, 러시아의 입장에 동조해서 막대한 보상을 얻었다고 믿으면서 속고 있을 때 올바른 행로에서 벗어났을 뿐이다. 올해만 해도 러시아는 만주 문제에 대해 미국에게 은밀한 거래를 제의하면서, 우리에게 한 비슷한 방법으로 미국 역시 바른 행로에서 벗어나게 하려고 시도하였다. 그러나 헤이 씨는 포섭되지 않았다. 그는 미국과 전 세계의 이익을 고려하여 러시아와 개별적으로 거래하는 것을 거부하였다.

만약 우리가 세력 범위 정책의 진정한 본질을 빠르게 이해하지 못하였다면, 이와 마찬가지로 철도가 가진 정치적 가치에 대해서도 역시 분명히 알지 못하였다고 할 수 있다. 러시아가 6년 전에 만주 철도의 첫 삽을 뜨면서부터 만주의 통제력을 확보하였다는 사실은 이제 상당히 명백해 보인다. 한 지역을 관통하는 교통의 주요 간선을 확보하고 자신의 군대로 그것을 보호할 수 있게 된다면, 공식적으로 합병한 것과 마찬가지로 사실상 그 지역의 주인이 되는 것이다. 만주 철도의 이권에 어떤 조건이 붙었는지에 대해서는 어떠한 비밀도 없었다. 그러나 그 이권의 결과는 예전부터 정해진 것이었다. 반면에, 6년 동안 영국 정부는 외무장관들과 차관들의 입을 통해서 만주는 중화제국의 일부이며 러시아는 반드시 철수해야 한다는 오래된 정책을 고집해 왔다. 하지만 자신이 이미 건설한 철도에 대한 이권을 포기하지 않는 한 러시아는 만주에서 진정한 의미의 철수를 하지 않을 것이며, 이것은 외교에 대해서 전혀 아무것도 모르는 신출내기도 인정할 것이다. 러시아가 철수하기를 기대하는 것은 분명히 어리석음의 극치이다. 그리고 러시아에게 이를 요구하며 그들을 끊임없이 자극하는 것 역시 똑같이 어리석은 일이다. 왜냐하면 우리는 러시아가 그럴 계획이 없다는 사실을 잘 알고 있으며, 우리가 그렇게 하도록 만들 수도 없다는 사실 또한 분명하기 때문이다. 이와는 다르게, 몇몇 사람들이 제안하는 것처럼 러시아와 협정을 맺는 것 역시 불필요한 일이다. 우리가 해야 할 일은 단지 그 사례의 사실들을 인정하고 그들과 일치하는 우리만의 계획을 세우는 것이다. 그리고 그 목적을 위한 첫걸음으로서 분명한 것은, 철도가 과거에 해 왔던 일을 인정하는 것이다. 그 일은 세력 범위들을 더 영구적인 본질을 가진 무언가로 전환시키기 위해 필요하다.

찾아보기

영국인 기자의 눈으로 본 근대 만주와 대한제국

펴낸날	초판 1쇄 2009년 10월 5일

지은이	헨리 위그햄
옮긴이	이영옥
펴낸이	심만수
펴낸곳	(주)살림출판사
출판등록	1989년 11월 1일 제9-210호

경기도 파주시 교하읍 문발리 파주출판도시 522-2
전화 031) 955-1350   팩스 031) 955-1355
기획·편집 031) 955-1373
http://www.sallimbooks.com
book@sallimbooks.com

ISBN   978-89-522-1267-2   03910
ISBN   978-89-522-0855-2   (세트)

※ 값은 뒤표지에 있습니다.
※ 잘못 만들어진 책은 구입하신 서점에서 바꾸어 드립니다.

책임편집 김태권